JN059409

教科書ガイド

三省堂版

精選 古典探究 古文編 第二部

TEXT BOOK GUIDE

文研出版

はしがき

本書は、三省堂発行の教科書「精選 古典探究 古文編」の「第二部」に準拠した教科書解説書として編集されたものです。

教科書内容がスムーズに理解できるよう工夫されています。

予習や復習、試験前の学習にお役立てください。

本書の特色

●教材解説
まず段落ごとの〔大意〕を簡潔にまとめています。

〔品詞分解／現代語訳〕では、教科書の原文を単語単位に分け、品詞名・種類・活用形を下記の略符号で原文右に示し、原文左には、適宜必要な言葉を補って現代語訳を示しています。また、〔語句の解説〕として、重要語句や文法上特におさえておきたい箇所についての解説や、脚問に対する解答(例)も加えています。

●課題・語句の解説
教科書教材末に提示されるそれぞれの課題に対しては、解答(例)、考え方や取り組み方などを示しています。

なお、前記以外に、「**学びを広げる**」にも適宜解説を設けています。

品詞分解の略符号

1 品詞名
(名詞・形容詞・形容動詞・動詞は省略)
連体＝連体詞　副＝副詞
接＝接続詞　感＝感動詞
助動＝助動詞　補動・補＝補助動詞

2 活用の種類
四＝四段　上一＝上一段
上二＝上二段　下一＝下一段
下二＝下二段
カ変・サ変・ナ変・ラ変＝変格
ク・シク＝形容詞
ナリ・タリ＝形容動詞

3 活用形
未＝未然形　用＝連用形
終＝終止形　体＝連体形
已＝已然形　命＝命令形

4 助動詞の意味
使＝使役　尊＝尊敬　受＝受身

可＝可能　自＝自発　打＝打消
過＝過去　詠＝詠嘆　完＝完了
強＝強意　存＝存続　推＝推量
定＝推定　意＝意志　勧＝勧誘
命＝命令　仮＝仮定　婉＝婉曲
当＝当然　適＝適当　伝＝伝聞
禁＝禁止　不＝不可能　願＝願望
比＝比況　例＝例示　断＝断定
存在＝存在　不確＝不確かな断定
過伝＝過去伝聞　事推＝事実推量
過推＝過去推量　現推＝現在推量
過婉＝過去婉曲　現婉＝現在婉曲
過原＝過去の原因推量
現原＝現在の原因推量
反仮＝反実仮想　打推＝打消推量
打意＝打消意志　打当＝打消当然

5 助詞の分類

格助＝格助詞　副助＝副助詞
係助＝係助詞　終助＝終助詞
接助＝接続助詞　間助＝間投助詞

6 その他

尊＝尊敬　謙＝謙譲　丁＝丁寧
（代）＝代名詞　（枕）＝枕詞
（音）＝音便　（連語）　（語幹）
（係）……（結）＝係り結び　など

目次

愛《め》づ――虫愛づる姫君

中村《なかむら》桂子《けいこ》

教科書P.148〜153

●教材のねらい

・「虫愛づる姫君」が成立したときの時代背景をおさえ、「虫愛づる姫君」の物語の特異性を理解する。
・「虫愛づる姫君」に登場する姫君に対する筆者の思いを捉える。

●主　題

「虫愛づる姫君」の姫君は、美しい蝶を蝶たらしめる基本はすべて毛虫にあるという、生命のふしぎの本質を捉えている。これは現代科学が求めている「究める」という態度である。

●段　落

一　教 p.148・1〜8　生命について考える鍵「愛づ」
二　教 p.148・9〜p.151・5　「虫愛づる姫君」について
三　教 p.151・6〜p.153・1　見事な生物学者「虫愛づる姫君」
四　教 p.153・2〜7　「愛づ」の意味

段落ごとの大意と語句の解説

第一段落　教148ページ1〜8行

「愛づ」の意味をとてもよく語っている物語が「虫愛づる姫君」。

教148ページ

7 **鍵《かぎ》**　問題解決の手がかり。最も大切な部分。

第二段落　教148ページ9行〜151ページ5行

「虫愛づる姫君」は、毛虫が好きな女の子の話。蝶になる毛虫の本質を観察し、合理的な態度は現代の生物学者のようだ。

11 **大納言《だいなごん》**　太政官《だいじょうかん》の役人。大臣の次の地位。

教149ページ

1 **男《お》の童《わらわ》**　召し使いの男の子。
6 **はかなくあやしけれ**　無意味で不思議なことだ。
8 **成《な》らむ《ン》さまを見《み》む《ン》**　(成虫に)なるような様子を見よう。
11 **よろづ《ズ》のことどもを尋《たず》ねて**　すべてのことを調べて。
12 **ことは、ゆゑ《エ》あれ**　ものごとには理由がある。
12 **いとを《オ》さなきことなり**　まったく幼稚なことだ。

教150ページ

10 **蚕《かいこ》のまだ羽根《はね》つかぬにし出《い》だし**　蚕がまだ羽根がつかないときに(絹を)作り出し。
11 **あだになりぬるをや**　無用になってしまうことよ。
13 **バイオテクノロジスト**　生物の機能や能力を人間の生活に役立つように研究している人。

15 **人《ひと》はすべて、つくろふ《ウ》ところあるはわろし**　人はなんでもすべて、装いつくろうところのあるのはよくないことだ。

教151ページ

5 **興《きょう》じ給《たま》ふ《ウ》**　おもしろがっていらっしゃる。

第三段落　教151ページ6行～153ページ1行

「虫愛づる姫君」の物語が書かれた背景には、このようなことが可能な社会の状況があったのかもしれない。現代自然科学は十七世紀の西欧で誕生したが、姫君は発生生物学の基本を捉えているといえる。

教152ページ

4 **実証的《じっしょうてき》**　実験や観察をもとにして事実を積み重ねて証明しようとする様子。

7 **革新的性質《かくしんてきせいしつ》**　それまでの仕組みや方法などを改めて新しくする様子。

10 **発生生物学《はっせいせいぶつがく》**　多細胞生物の個体発生を研究対象にする生物学の一分野。

16 **今様《いまよう》**　現代ふう。今のはやり。

第四段落　教153ページ2～7行

「愛づ」とは、生き物をよく観察して、ふしぎを見いだす作業であり、「究める」という態度である。

教153ページ

2 **筆《ふで》がどんどん滑《すべ》りそう**　勢いがついて余計なことまで書きそうな様子。

6 **蝶《ちょう》たらしめる**　蝶であることを決定づける要因となる。

6 **究《きわ》める**　深く研究してものごとの本質を明らかにする。

筆者は姫君のどのようなところに驚いているか、説明してみよう。

解答例　対象がときを刻んでいる様子を見ると、生きることの本質が見えてくるということがわかっていたところ。今の筆者が生命誌として生きものに向き合う気持ちと、姫君の気持ちがぴったり重なり合うところ。十一世紀に、発生生物学の基本を捉えていたところ。姫君がよく観察することで、ふしぎを見いだすという作業を行い、ふしぎの本質も捉えていたところ。

これまでに読んだ古典作品から、現代にも通じる人間の姿や現代とは異なる人間の姿を読み取った経験について、話し合ってみよう。

考え方　たとえば『枕草子』なら、「にくきもの」の文章で、急用のあるときに来て長話をする客、硯《すずり》のなかに髪の毛が入ってすられたもの、墨の中に石が入って、墨をすると、ぎしぎしと音を立てるのもにくらしいと述べられている。これらは、現代の私たちも感じるにくらしさだと言える。古典を読む楽しみは、現代とは異なる人間の姿が書かれていることにもあるが、現代に通じる人間の姿が書かれていると、はるか昔の人間と今の私たちとの間に通じるものを感じて、思わずにんまりしてしまうことにもある。その楽しみが古典の世界に、わたしたちをどんどん誘うことになると言えよう。

一　随筆

枕《まくらの》草《そう》子《し》

清少納言《せいしょうなごん》

教科書P.156〜165

木の花は

【大　意】　1　教156ページ1行〜157ページ3行

木の花では、紅梅、花びらが大きい桜、色のはっきりしている藤《ふじ》がすばらしい。橘《たちばな》の花は、雨の降っている早朝が特に情趣があり、ホトトギスにゆかりの深い花と思うからか、言い表すことができないほどすばらしい。

【品詞分解／現代語訳】

木 の〔格助〕 花 は〔係助〕、濃き〔ク・体〕 も〔係助〕 薄き〔ク・体〕 も〔係助〕、紅梅。桜 は〔係助〕 花びら 大きに〔ナリ・用〕、葉 の〔格助〕 色 濃き〔ク・体〕 が〔格助〕、枝 細く〔ク・用〕 て〔接助〕

木の花(で美しいもの)は、濃い色(に咲く)のも薄い色(に咲く)のも、紅梅(がすばらしい)。桜は花びらが大きく、葉の色が濃いのが、枝が細くて咲いて

咲き〔四・用〕 たる〔助動・存・体〕。藤 の〔格助〕 花 は〔係助〕、しなひ 長く〔ク・用〕、色 濃く〔ク・用〕 咲き〔四・用〕 たる〔助動・存・体〕、いと〔副〕 めでたし〔ク・終〕。

いる(のが美しい)。藤の花は、しなやかに垂れ下がっている花房が長く、色濃く咲いているのが、たいへんすばらしい。

四月 の〔格助〕 つごもり、五月 の〔格助〕 ついたち の〔格助〕 ころほひ、橘 の〔格助〕 葉 の〔格助〕 濃く〔ク・用〕 青き〔ク・体〕 に〔格助〕、花 の〔格助〕 いと〔副〕 白う〔ク・用(音)〕

四月の末、五月の初めの頃に、橘の葉(の色)が濃く青々としているところに、花がたいそう白く咲いてい

咲き〔四・用〕 たる〔助動・存・体〕 が〔格助〕、雨 うち降り〔四・用〕 たる〔助動・存・体〕 つとめて など〔副助〕 は〔係助〕、世 に〔格助〕 なう〔ク・用(音)〕 ①心ある〔ラ変・体〕 さま に〔助動・断・用〕 をかし〔シク・終〕。

るのが、雨が降っている早朝などは、世に類なく情趣がある様子で美しく心ひかれる。

花の〔格助〕中より〔格助〕黄金の〔格助〕玉か〔係助〕と〔格助〕見え〔下二・用〕て〔接助〕、いみじう〔シク・用（音）〕あざやかに〔ナリ・用〕見え〔下二・用〕たる〔助動・存・体〕など〔副助〕、朝露に〔格助〕濡れ〔下二・用〕
花の中から（橘の実が）黄金の玉かと思われて、非常にくっきりと見えているのなど、朝露に濡れた、

たる〔助動・完・体〕あさぼらけの〔格助〕桜に〔格助〕劣ら〔四・未〕ず〔助動・打・終〕。ほととぎすの〔格助〕よすがと〔格助〕さへ〔副助〕思へ〔四・已〕ば〔接助〕に〔助動・断・用〕や〔係助〕、
夜明け頃の桜（の美しさ）に劣らない。（その上、）ホトトギスにゆかりの深い木だとまで思うからであろうか、

なほ〔副〕さらに〔副〕言ふ〔四・終〕べう〔助動・可・用（音）〕も〔係助〕あら〔ラ変・未〕ず〔助動・打・終〕。

やはり改めて言い表すことができない（ほどすばらしい）。

語句の解説 1

教156ページ

1 **紅梅《こうばい》**　下に「いとめでたし」などが省略されている。

3 **いとめでたし**　たいへんすばらしい。

「めでたし」＝すばらしい、すぐれている、の意。

5 **つごもり**　（陰暦で）月末、月の下旬、の意。

5 **ついたち**　（陰暦で）月初め、月の上旬、の意。

7 **雨《あめ》うち降《ふ》りたるつとめて**　雨が降っている早朝。

「つとめて」＝「たる」を存続ととり、早朝、朝早く、の意とした。「たる」を完了ととれば、「（夜、）雨が降ったその翌朝」となる。

7 **世《よ》になう《ノウ》**　「世になく」のウ音便。

「世になし」＝類《たぐ》いまれである。

① 「心あるさま」とはどういうことか。

答　情趣がある様子であるということ。

8 **を《オ》かし**　美しくて心ひかれる、趣がある、風情がある、の意。

教157ページ

1 ***あさぼらけ**　朝、ほのぼのと空が明るくなった頃。明け方。

3 **言《い》ふ《ウ》べう《ビョウ》もあらず**　「べう」は「べく」のウ音便。言い表すことができない。言いようもない。慣用的表現。

【大　意】　2　教157ページ4～15行

梨の花は、興ざめするつまらないものに見えるが、中国では評価が高いので、強いて観察し、長恨歌《ちょうごんか》の一節などを連想してみると、類のないほど美しい。

【品詞分解／現代語訳】

格助　副　シク・体　助動・断・用　接助　ク・用(音)　四・未　助動・打・用　ク・体　副助　副助
梨の花、よにすさまじきものにして、近うもてなさず、はかなき文つけなどだに
梨の花は、まことに興ざめするものであって、身近において賞美しないし、ちょっとした手紙を花の咲いた木の枝に

サ変・未　助動・打・終　下二・用　助動・存・体　格助　副助　格助　上一・用　接助　係助　格助　四・体　係助　副　格助
せず。愛敬後れたる人の顔などを見ては、たとひに言ふも、げに葉の色
つけて贈ることさえしない。かわいらしさが欠けている人の顔などを見ては、(梨の花のようだと)たとえに言うのも、なるほど、葉の

格助　下二・用　接助　ク・用　下二・体　接助　格助　係助　ク・体　格助　格助　係助　四・体　副　接
よりはじめてあはひなく見ゆるを、唐土には限りなき物にて文にも作る、なほさりとも様
色からはじめて色の調和がとれていないように見えるが、中国ではこの上もないものとして漢詩文にも詠むのは、やはりそう(=梨の花が興

ラ変・未　助動・推・終　格助　副　上一・已　接助　格助　格助　シク・体　係助(係)　ク・用(音)　四・用
あらむと、せめて見れば、花びらの端にをかしきにほひこそ、心もとなうつき
ざめするものである)とは言っても理由があるのだろうと、強いて(よいところを探そうと)見ると、花びらの端に美しい色あいが、ほのかについているよう

助動・存・体(音)　助動・定・已(結)　格助　格助　格助　四・用　接助　四・用　助動・過・体　格助　下二・用　接助
ためれ。楊貴妃の、帝の御使ひに会ひて、泣きける顔に似せて、「梨花
だ。楊貴妃が、帝(=玄宗皇帝)のお使いに会って、泣いたという顔をたとえて、「梨花の

格助　上二・用　助動・存・終　副助　四・用　助動・完・体　係助　ナリ・未　助動・打推・終　格助　四・体　接助　副
一枝、春、雨を帯びたり。」など言ひたるは、おぼろけならじと思ふに、なほ
一枝が、春、雨にぬれている。」などと言ったのは、並ひと通りではあるまいと思うにつけて、やはり

シク・用(音)　ク・体　係助　ラ変・未　助動・打推・終　格助　下二・用　助動・完・終
いみじうめでたきことは、たぐひあらじとおぼえたり。
とてもすばらしいことは、比べるものもあるまいと思われた。

語句の解説 2

4 **よにすさまじきものにして**　まことに興ざめするものであって。
「よに」＝たいそう、まことに、の意。
「すさまじ」＝興ざめだ、おもしろくない、の意。

4 **近《ちこ》うもてなさず**　「近う」は「近く」のウ音便。
「もてなす」＝もてはやす、引き立てる、の意。つまり、生け花や前栽《せんざい》として賞美しない、ということ。

6 **愛敬《あいぎょう》後《おく》れたる人《ひと》**　かわいらしさが欠けている人。
「愛敬」＝(容姿や言動の)かわいらしさ。

7 **あはひ《ワイ》なく見《み》ゆるを**　色の調和がとれていないようにみえるが。
「あはひ」＝ここでは、色の調和、配色、の意。

9 **さりとも様《よう》あらむ《ン》**　そうは言っても理由があるのだろう。梨の花

を唐土で珍重する理由があるのだろうということ。
「様」＝事情、理由、の意。
10 にほ《オ》ひ《イ》 美しく映える色、美しい色あい、の意。
10 心《こころ》もとなう《ノウ》つきためれ 「心もとなう」は「心もとなく」のウ音便。「た」は「たり」の連体形「たる」の撥音無表記。
「心もとなし」＝ぼんやりしている、ほのか、の意。
13 おぼろけならじ 並々ではあるまい。
＊「おぼろけなり」＝並ひと通りだ、普通である、の意。

【大 意】 3 教158ページ1〜7行

桐《きり》の花は風情があるが、葉が広がった様子は不快だ。しかし、鳳凰《ほうおう》がとまることや琴を作ることなどは非常にすばらしい。楝《おうち》の花が、五月の節句に合わせて咲くのもおもしろい。

【品詞分解／現代語訳】

桐 の(格助) 木 の(格助) 花、 紫 に(格助) 咲き(四・用) たる(助動・存・体) は、(係助) なほ(副) をかしき(シク・体) に、(接助) 葉 の(格助) 広ごりざま ぞ、(係助) うたて(副)
桐の木の花が、紫色に咲いているのは、やはり風情があることだが、葉が広がった様子は、不快で

こちたけれ(ク・已) ど、(接助) 異木ども と(格助) 等しう(シク・用(音)) 言ふ(四・終) べき(助動・可・体) に(助動・断・用) も(係助) あら(ラ変・未) ず。(助動・打・終) 唐土 に(格助) ことごとしき(シク・体) 名
仰々しいが、他の木などと同列には言い表すことができない。中国に仰々しい名前のついた鳥(＝鳳凰)

つき(四・用) たる(助動・完・体) 鳥 の、(格助) 選り(四・用) て(接助) これ((代)) に(格助) のみ(副助) 居る(上一・終) らむ、(助動・伝・体) いみじう(シク・用(音)) 心異なり。(ナリ・終) まいて(副(音)) 琴 に(格助) つくり(四・用)
が、選んでこの(桐の)木だけにとまると聞くのは、この上なく格別である。まして(桐の木を)琴に作って、

て、(接助) さまざまなる(ナリ・体) 音 の(格助) 出で来る(カ変・体) など(副助) は、(係助) をかし(シク・終) など(副助) 世 の(格助) 常 に(格助) 言ふ(四・終) べく(助動・可・用) やは(係助(係)) ある。(ラ変・体(結))
いろいろな音色が出てくるなどは、趣があるなどと世間並みに言うことができるだろうか(、いや、できない)。

いみじう(シク・用(音)) こそ(係助(係)) めでたけれ。(ク・已(結))
非常にすばらしい(木である)。

木 の(格助) さま にくげなれ(ナリ・已) ど、(接助) 楝 の(格助) 花、 いと(副) をかし。(シク・終) 枯れ枯れに、(ナリ・用) さま異に(ナリ・用) 咲き(四・用) て、(接助) 必ず(副) 五月五日
木の姿はみっともないけれど、楝の花は、とても趣がある。花が枯れかかっているように、風変わりに咲いて、必ず五月五日(の節

に(格助) あふ(四・体) も(係助) をかし(シク・終)。

句)に咲き合うのもおもしろい。


（第三五段）

語句の解説 3

教158ページ

1 **うたてこちたけれど**　不快で仰々しいが。
＊「うたて」＝不快に、うとましく、の意。
＊「こちたし」＝仰々しい、ことごとしい、の意。

3 **心《こころ》異《こと》なり**　格別である。特別である。

4 **＊世《よ》の常《つね》**　世間並み、ありふれたこと、普通、の意。

4 **言《い》ふ《う》べくやはある**　言うことができるだろうか、いや、できない。
「べく」＝可能の助動詞。当然ともとれる。その場合は、言うべきであろうか、いや、言うべきではない、となる。

6 **にくげなれど**　みっともないけれど。
「にくげなり」＝醜い様子、愛想がない、の意。ここは木の様子であるから、「みっともない」と訳した。

6 **さま異《こと》に**　風変わりに。
「さま異なり」＝様子が普通でない、風変わりである、の意。

7 **あふ《う》**　その時期に咲き合わせる。「棟（あふち）」と「あふ」を掛けて、五月五日に、必ず「あふち」が咲き合うのは、その木の名のとおりで趣がある、と言っているのである。

課題

一　本文中で「木の花」は、どのような順序で並べてあるか、説明してみよう。

考え方　「紅梅」…春、「桜」…春、「藤」…春、「橘」…夏、「梨」…春、「桐」…夏、「楝」…夏

解答例　欠点もなくすばらしいものを「紅梅」→「桜」→「藤」→「橘」と季節の順に並べ、評価できない点があるがすばらしいものとして「梨」→「桐」→「楝」と季節の順に並べている。

二　「紅梅」「桜」「藤」「楝」について、筆者はどのようなところに魅力を感じているか、それぞれ整理してみよう。

解答例　「紅梅」＝花の色。色が薄いものにも濃いものにも魅力を感じている。

「桜」＝大きな花びらの花が細い枝に咲き、色の濃い葉がついているところ。

「藤」＝色の濃い花がしなやかに垂れた花房に咲いているところ。

「楝」＝枯れそうな様子で風変わりに花を咲かせ、必ず五月五日の端午の節句に合わせて咲くところ。

三　「橘」「梨」「桐」について、筆者が評価している点、評価していない点をそれぞれまとめてみよう。

解答例　「橘」＝評価している点―葉の濃い青と白い花が雨にぬれている様子が美しい。花の中から黄金の玉のような実がくっきりと見えるのが朝露にぬれた桜に劣らず美しい。ホトトギスとゆかりの深い木だというのがすばらしい。評価しない点はない。

「梨」＝評価している点―花びらの端に美しい色がほのかについていること、長恨歌に詠まれていることはすばらしい。

評価していない点―興ざめするもので、身近におかないし、手紙につけることもない。かわいらしくない人の顔を梨の花にたとえて言うように、葉の色もつまらない。

「桐」＝評価している点―紫色に咲いているのは、風情がある。中国で鳳凰が桐にだけとまるというのが格別である。琴にしていろいろな音色が出るのはすばらしい。

評価していない点―葉の広がった様子が、不快で仰々しい。

語句と表現

一 次の傍線部の助詞を文法的に説明してみよう。

①ほととぎすのよすがとさへ思へばにや、(157・2)

②はかなき文つけなどだにせず。(157・5)

考え方 ①前の部分で、橘が桜に劣らずに美しいと言っている。また、あとの部分で「なほさらに」とあることに注目しよう。

②前で「近うもてなさず」と言ってるのを受けて、もっと具体的に「文つけ」さえしない、と言っている。

解答 ①添加の意味を表す副助詞。②類推の意味を表す副助詞。

宮に初めて参りたるころ

【大意】 1 教159ページ1～9行

中宮の御所に初めて参上した頃は、恥ずかしくてたまらない状態だった。中宮の様子をそばで見ていて、このように美しくすばらしい方がこの世にいるのかと見とれてしまった。

【品詞分解／現代語訳】

宮 に(格助) 初めて(副) 参り(四・用) たる(助動・完・体) ころ、もの の(格助) 恥づかしき(シク・体) こと の(格助) 数 知ら(四・未) ず(助動・打・用)、涙 も(係助) 落ち(上二・用) ぬ(助動・強・終)

(私が中宮様の)御所に初めて参上した頃は、なんとなく恥ずかしいことが数多くあり、(今にも)涙もこぼれてしまいそ

べけれ(助動・推・已) ば(接助)、夜々 参り(四・用) て(接助)、三尺 の(格助) 御几帳 の(格助) 後ろ に(格助) 候ふ(四・体) に(接助)、絵 など(副助) 取り出で(下二・用) て(接助) 見せ(下二・未) させ(助動・尊・用)

うなので、(昼でなく)夜ごとに参上して、三尺の御几帳の後ろにお控え申しあげていると、(中宮様が)絵などを取り出して見せてくださるが、

給ふ(補尊・四・体) を(接助)、手 にて(格助) も(係助) え(副) さし出づ(下二・終) まじう(助動・不可能・用(音))、わりなし(ク・終)。「これ(代) は(係助)、と(副) あり(ラ変・終)、かかり(ラ変・終)。それ(代) か(係助)、かれ(代)

(私は)手さえも差し出すことができないほどで、(恥ずかしくて)どうしようもない。(中宮様は)「これ(＝この絵)は、ああです、こ

係助 副助 下二・終 格助 四・未 助動・使・用 助動・存・体 助動・断・已 接助 格助 副助 係助 副
か。」 など のたまはす。 高坏 に 参ら せ たる 大殿油 なれ ば、 髪 の 筋 など も、 なかなか 昼
うです。それか、あれか。」などとおっしゃる。（上下を逆にした）高坏におともし申しあげさせた灯火であるので、（明るくて）髪の（毛の）筋なども、かえって

格助 係助 ナリ・用 下二・用 接助 ク・已 接助 サ変・用 接助 上一・用 副助 サ変・終 副 ク・体 助動・断・已 接助
より も 顕証に 見え て まばゆけれ ど、 念じ て 見 など す。 いと 冷たき ころ なれ ば、
昼よりもはっきりと見えて恥ずかしいけれど、我慢して見たりする。たいそう冷える頃なので、

下二・未 助動・尊・用 補尊・四・已(命) 助動・存・体 格助 ナリ・用 下二・体 格助 シク・用(音) 四・用 助動・存・体
さし出で させ 給へ る 御手 の はつかに 見ゆる が、 いみじう にほひ たる 薄紅梅
（中宮様の）差し出していらっしゃるお手でほんの少し見えるのが、たいそうつやつやと美しい薄紅梅色であるのは、

助動・断・体 係助 ク・用 ク・終 格助 四・未 助動・打・体 格助 係助 ラ変・体 係助(係) 係助 格助
なる は、 限りなく めでたし と、 見知ら ぬ 里人心地 に は、 かかる 人 こそ は 世 に
この上もなくすばらしいと、（宮中のことを）見知らない里人（＝私）の気持ちには、このような（すばらしい）人がこの世においでに

四・用 助動・詠・已(結) 格助 四・未 助動・自・体 副助 係助(係) 四・用 補謙・下二・体(結)
おはしまし けれ と、 おどろか るる まで ぞ、 まもり 参らする。
なるのだなあと、はっとそれと気づかれるほどに、見つめ申しあげる。

語句の解説 1

教159ページ

1 **ものの恥《は》づ《ズ》かしき** なんとなく恥ずかしい。
「もの」＝漠然としたものの意を表す。
＊「恥づかし」＝ここでは、恥ずかしい、気が引ける、の意。

2 **見《み》せさせ給《たま》ふ《ウ》を** 見せてくださるが。
「させ給ふ」＝最高敬語。天皇・中宮・親王などに用いる。

3 **えさし出《い》づ《ズ》まじう《ジュウ》** 「まじう」は「まじく」のウ音便。
「え……（打消）」＝不可能を表す。ここでは「まじう」と呼応している。

3 **わりなし** どうしようもない。ここでは、筆者の恥ずかしくてたまらない気持ちを表している。

3 **とあり、かかり。それか、かれか** 中宮が新参者の筆者を気遣い、優しく絵の説明をしている様子を表す。

4 **のたまは《ワ》す** 「のたまふ」の未然形「のたまは」＋尊敬の助動詞「す」から成る「言ふ」の尊敬語。「のたまふ」より敬意が高い。

4 **参《まい》らせたる** おともし申しあげた。
「参らす」＝奉仕する意の謙譲語。ここでは、灯火をおともし申しあげる、ともして差しあげる、の意。

5 **なかなか** ここでは、かえって、むしろ、の意。

5 **顕証《けそう》に見《み》えてまばゆけれど** はっきりと見えて恥ずかしいけれど。
「顕証なり」＝はっきりしているさま。あらわなさま。

「まばゆし」＝ここでは、恥ずかしい、きまりが悪い、の意。

5 **念《ねん》じて**　我慢して。

「念ず」＝ここでは、我慢する、こらえる、の意。

6 **はつかに見《み》ゆるが**　ほんの少し見えるのが。

「はつかなり」＝ほんの少し。わずかだ。

7 **にほ《オ》ひ《イ》たる**　つやつやと美しい。

「にほふ」＝ここでは、つやつやと美しい、艶麗である、の意。

8 **おどろかるるまでぞ**　はっとそれと気づかれるほどに。

＊「おどろく」＝ここでは、はっとそれと気づく、の意。

8 **まもり参《まい》らする**　見つめ申しあげる。

「まもる」＝ここでは、じっと見つめる、見続ける、の意。

「参らす」＝謙譲の補助動詞。…申しあげる。

【大　意】　2　教159ページ10行～160ページ3行

夜明け前には早く退出しようとするが、中宮から引きとめられる。しかし、中宮は格子を開けるのを止めたり、話しかけたりして筆者を気づかってくれる。ようやく許されて筆者の姿が隠れるやいなや、女官たちが格子を上げたところ、外は雪景色でたいそう風情があった。

【品詞分解／現代語訳】

格助　係助　副　上二・用　助動・強・未　助動・意・終　格助　四・未　助動・自・体　格助　係助　副　副助　下二・未
暁 に は 疾く ①下り な む と いそが るる。「葛城 の 神 も しばし。」など 仰せ
夜明け前には早く退出してしまおうと気がせかれる。（中宮様は）「葛城の神（のようなあなた）もしばらく（お待ち

助動・尊・体　接助　副　係助(係)　四・用　サ変・未　助動・受・未　助動・意・体(結)　格助　接助　副　四・用　助動・存・已　接助　係助
らるる を、いかで かは 筋かひ 御覧ぜ られ む とて、なほ 臥し たれ ば、御格子 も
なさい）。」などとおっしゃるので、どうして（正面からでなく）斜めからでも（私の顔を）ご覧に入れようか、いや、ご覧に入れまいと思って、依然としてうつ伏

四・未　助動・打・終　四・用　接助　(代)　四・未　助動・尊・用　補尊・四・命　副助　四・体　格助　四・用　接助　格助　四・体　格助
参ら ず。女官ども 参り て、「これ、放た せ 給へ。」など 言ふ を 聞き て、女房 の 放つ を、
しているので、御格子もお上げしない。女官たちが参上して、「これ（＝御格子）を、お開けください。」などと言うのを聞いて、女房が開けるのを、

副　格助　下二・未　助動・尊・已　接助　四・用　接助　四・用　助動・完・終　副助　四・未　助動・尊・用　補尊・四・用　下二・体　格助
「まな。」と 仰せ らるれ ば、笑ひ て 帰り ぬ。もの など 問は せ 給ひ、のたまはする に、
（中宮様が）「だめです。」とおっしゃるので、（女官たちは）笑って戻った。（中宮様が）何かとお尋ねなさり、お話しなさるうちに、

シク・用(音)　四・用　助動・完・已　接助　上二・未　助動・願・用(音)　四・用　助動・完・用　助動・存・未　助動・推・終　接　副　係助
久しう なり ぬれ ば、「下り まほしう なり に たら む。さらば、はや。夜さり は、
時間がかなりたったので、（中宮様は）「退出したくなっているのでしょう。それならば、早く（下がりなさい）。夜分

疾く。」と 仰せ らる。ゐざり 隠るる や 遅き と、②上げ散らし たる に、雪 降り に
（副／格助／下二・未／助動・尊・終／四・用／下二・体／係助(係)／ク・体(結)／格助／四・用／助動・完・体／接助／四・用／助動・完・用）

は、早く(おいでなさい)。」とおっしゃる。(御前から)膝行して(姿が)隠れるやいなや、(女官たちが格子を)乱暴に上げたところ、雪が降っていたこと

けり。登花殿 の 御前 は 立部 近く て せばし。雪、いと をかし。
（助動・詠・終／格助／係助／ク・用／接助／ク・終／副／シク・終）

だ。登花殿の前庭は立蔀が近くて狭い。(しかし)雪は、たいそう風情がある。

語句の解説 2

① 「下りなむ」とはどういうことか。

答 中宮様の御前から、自分の局に戻りたい、ということ。

11 **御格子《みこうし》も参《まい》らず** 御格子もお上げしない。

「御格子参る」＝御格子をお上げする、お下げする、の意がある。

教160ページ

1 **夜《よ》さりは、疾《と》く** 下に「参れ」などが省略されている。

「夜さり」＝夜になって間もない頃。夜になる時分。夜。

2 **ゐ《イ》ざり隠《かく》るるや遅《おそ》き** 膝行《しっこう》して(姿が)隠れるやいなや、と解し、「上げちらし」たのは女官たちとした。膝行して(自分の部屋に)隠れるやいなや、と解せば、「上げちらし」たのは筆者となる。

＊「ゐざる」＝ここでは、座ったまま膝で移動する、膝行する、の意。

「や遅き」＝…やいなや、の意の慣用表現。

② 「上げ散らしたる」とは、何をどうするのか。

答 中宮の部屋の格子を荒々しく上げる(開け放す)。

【大 意】 3 教160ページ4～9行

昼頃、中宮からたびたびお召しがあり、局《つぼね》の主人からも、局に籠もって中宮の好意に背くのは腹立たしいことだとせき立てられ、参上するのがつらく思われる。火焼屋《ひたきや》の上に雪が積もっているのが珍しく、おもしろく感じられた。

【品詞分解／現代語訳】

昼つ方、「今日 は、なほ 参れ。雪 に 曇り て あらはに も ある まじ。」など、たびたび 召せ
（係助／副／四・命／格助／四・用／接助／ナリ・用／係助／ラ変・体／助動・打推・終／副助／副／四・已）

昼頃、(中宮様が)「今日は、やはり(昼間のうちに)参上しなさい。雪で(辺りが)曇ってはっきり見えることもないでしょう。」などと、たびたびお召し

ば、こ の 局 の 主 も、「見苦し。さ のみ やは 籠り たら む と する。あへなき まで
（接助／(代)／格助／格助／係助／シク・終／副／副助／係助(係)／四・用／助動・存・未／助動・意・終／格助／サ変・体(結)／ク・体／副助）

になるので、この局の主人も、「みっともない(ですよ)。そのようにばかり(局に)籠もっていようとしていられようか(、いや、いられません)。あっ

御前　許さ　れ　たる　は、さ　思し召す　やう　こそ　あら　め。思ふ　に　たがふ　は　にくき
（許さ：四・未／れ：助動・受・用／たる：助動・完・体／は：係助／さ：副／思し召す：四・体／こそ：係助(係)／あら：ラ変・未／め：助動・推・已(結)／思ふ：四・体／に：格助／たがふ：四・体／は：係助／にくき：ク・体）
けないほど(たやすく)御前(に伺候すること)を許されたのは、そのように(中宮様が)お気に召す理由があるのでしょう。(その)ご好意に背くのは腹立たしいも

もの　ぞ。」と、ただ　いそがし　に　出だし立つれ　ば、あれ　に　も　あら　ぬ　心地　すれ　ど
（ぞ：係助／と：格助／ただ：副／いそがし：四・用／に：格助／出だし立つれ：下二・已／ば：接助／あれ：(代)／に：助動・断・用／も：係助／あら：ラ変・未／ぬ：助動・打・体／すれ：サ変・已／ど：接助）
のですよ。」と(言って)、ひたすらせき立てて出仕させるので、(どうしてよいか)自分が自分でない気持ちがするけれども参上するのは、

参る　ぞ、いと　苦しき。火焼屋　の　上　に　降り積み　たる　も、めづらしう、をかし。（第一七七段）
（参る：四・体／ぞ：係助(係)／いと：副／苦しき：シク・体(結)／の：格助／に：格助／降り積み：四・用／たる：助動・存・体／も：係助／めづらしう：シク・用(音)／をかし：シク・終）
たいそうつらいことだ。火焼屋の上に(雪が)降り積もっているのも、珍しく、おもしろい。

語句の解説 3

4 **あらは《ワ》にもあるまじ**　はっきりと見えることもないでしょう。
「あらはなり」＝ここでは、はっきり見える、丸見えだ、の意。

5 **さのみやは**　そのようにばかり…していられようか、いや、いられない。
「やは」＝疑問・反語の係助詞。ここでは反語を表す。

5 **あへ《エ》なきまで**　あっけないほど。
＊「あへなし」＝ここでは、あっけない、張り合いがない、の意。

6 **思《おも》ふ《ウ》にたがふ《ウ》**　好意に背く。
「たがふ」＝ここでは、背く、反対する、の意。

7 **ただいそがしに**　ひたすらせき立てて。
「ただ」＝ここでは、ひたすら、むやみに、の意。
「いそがす」＝急ぐようにさせる。せき立てる。

7 **出《い》だし立《た》つれば**　出仕させるので。
「出だし立つ」＝ここでは、出仕させる、の意。

7 **あれにもあらぬ**　自分が自分でない気がする。無我夢中だ。

課題

一

「なかなか昼よりも顕証に見えてまばゆけれど」(159・5)とはどのようなことを述べているか、「なかなか」の意味に留意して説明してみよう。

考え方　「なかなか」は、かえって、むしろ、の意。

解答例　高坏《たかつき》にともした灯火がとても明るくて、髪の毛の筋なども、かえって昼間よりはっきり見えて恥ずかしい、ということ。

二

筆者の目に映った中宮はどのように描かれているか、まとめてみよう。

考え方　中宮の印象は第一段落に描かれている。

解答例　ほんの少し見える手がこの上なく美しく、世の中にこのような方がいるのかと、はっとするような気持ちで見つめてしまうほど、すばらしい人物として描かれている。

三 出仕したばかりの筆者に対して、中宮はどのような心づかいをしているか、整理してみよう。

考え方 段落ごとにまとめると整理しやすい。

解答例 第一段落＝自ら絵などを取り出して見せて、あれこれ絵の説明をするなどして、緊張をほぐそうとしている。
第二段落＝退出しようとするのを引き止めたり、恥ずかしい思いをしないように格子を上げるのを止めたり、夜分には早く出仕するよう言ったりして、細やかに気を配りかばっている。
第三段落＝雪ではっきり見えないから昼間に出仕するように言ったり、局に引きこもりがちな筆者にたびたび出仕を促している。

語句と表現

一 本文中の次の部分を、傍線部の敬語に注意して現代語訳してみよう。

①宮に初めて参りたるころ、(159・1)
②高坏に参らせたる大殿油なれば、(159・4)
③おどろかるるまでぞ、まもり参らする。(159・8)
④御格子も参らず。(159・11)

考え方 すべて筆者から中宮定子への敬意を表す謙譲語。

解答例 ①御所に初めて参上した頃は、
②高坏におともし申しあげさせた灯火であるので、
③はっとそれと気づかれるほどに、見つめ申しあげる。
④御格子もお上げしない。

二月《きさらぎ》つごもりごろに

【大意】 教161ページ1行～162ページ2行

藤原公任《ふじわらのきんとう》から下の句が届けられた。上の句を付けあぐね、中宮に相談したくともできず、どうにでもなれと返事を返した。評判が気になったが、好評だったと左兵衛督《さひょうえのかみ》が話してくれた。

【品詞分解／現代語訳】

二月つごもりごろ に(格助)、風 いたう(ク・用(音)) 吹き(四・用) て(接助)、空 いみじう(シク・用(音)) 黒き(ク・体) に(格助)、雪 少し(副) うち散り(四・用) たる(助動・存・体) ほど、

二月の末頃に、風がひどく吹いて、空がとても暗くて、雪が少し舞い散っている時、

黒戸 に(格助) 主殿寮 来(カ変・用) て(接助)、「かう(副(音)) て(接助) 候ふ(四・終)。」と(格助) 言へ(四・已) ば(接助)、寄り(四・用) たる(助動・完・体) に(接助)、「これ(代)、公任 の(格助) 宰相殿

黒戸の所に主殿寮の役人が来て、「ここに控えています。」と言うので、近寄ったところ、「これは、公任の宰相殿の（お手紙で

格助　格助　接助　ラ変・体　格助　上一・已　接助　格助
の。」と　て　ある　を　見れ　ば、懐紙　に、
ございます)。」と言って差し出すのを、見ると、　懐紙に、

副　ラ変・体　係助(係)　サ変・已(結)
少し　春　ある　心地　こそ　すれ
少し春らしい気持ちがするよ

格助　ラ変・体　係助　副　格助　格助　副　ク・用(音)　四・用　助動・存・体　(代)　格助　係助　副　係助(係)　下二・終
と　ある　は、げに　今日　の　気色　に、いと　よう　合ひ　たる、これ　が　①本　は　いかで　か　つく
と(書いて)あるのは、本当に今日の景色にたいそうよく合っているが、(しかし、それにしても)この歌の上の句はどのように付け

助動・適・未　助動・推・体(結)　格助　四・用　助動・完・終　(代)　係助　格助　四・已　接助　(代)　(代)　格助　四・終　副
べから　む　と　思ひ煩ひ　ぬ。「誰々　か。」と　問へ　ば、「それ　それ。」と　言ふ。みな　いと
るのがよかろうか　と(私は)思い悩んでしまった。(私は)「(公任と一緒にいるのは)誰と誰か。」と尋ねると、「誰それ(がいらっしゃいます)。」と言う。

シク・体　格助　格助　格助　副　係助(係)　格助　下二・未　助動・推・体(結)　格助
恥づかしき　中　に、宰相　の　御答へ　を、いかで　か　ことなしび　に　言ひ出で　む、と　心ひとつ
皆たいそう(こちらが気後れするほど)立派な方たちの中に、宰相殿へのご返事を、どうしていいかげんに言い出せようか、いや、言い出せない、と自分一人の

格助　シク・体　接助　格助　サ変・未　助動・使・未　助動・意・終　格助　サ変・已　接助　格助　四・用　接助　四・用　助動・存・終
に　苦しき　を、御前　に　②御覧ぜ　させ　む　と　すれ　ど、上　の　おはしまし　て、大殿籠り　たり。
心で考えるのは困難なので、中宮にお目にかけさせようとしたが、　天皇がおいでになられて、(中宮はご一緒に)おやすみになっ

係助　副　副　格助　四・終　副　ク・用(音)　副助　ラ変・未　助動・仮・体　係助　副　ク・已　接助
主殿寮　は　「とく　とく。」と　言ふ。げに　遅う　さへ　あら　む　は、いと　取りどころ　なけれ　ば、
ている。主殿寮の役人は「早く早く。」と言う。なるほど(歌が下手なうえに返事が)遅いとまであっては、たいそう取り柄がないので、

感　格助　接助
さはれ　と　て、
どうにでもなれと思って、

ク(語幹)　接尾　格助　下二・用　接助　四・体　格助
空　寒　み　花　に　まがへ　て　散る　雪　に
空が寒いので、花かと見まちがえるように散る雪に(よって)

（格助）（四・終）（四・終）（四・用）（接助）（下二・用）（接助）（副）（四・終）（助動・現推・体）（格助）（シク・終）

と、 わななく わななく 書き て 取らせ て、 いかに 思ふ らむ と わびし。

と、ふるえふるえ書いて（主殿寮の役人に）渡したが、（先方は）どのように思っているだろうかと（思うと）つらい。


（代）（格助）（格助）（四・未）（終助）（格助）（四・体）（接助）（四・未）（助動・受・用）（助動・存・未）（接助）（四・未）（助動・打意・終）（格助）（下二・体）
③これ が こと を 聞か ばや と 思ふ に、そしら れ たら ば 聞か じ と おぼゆる
この返事の評判を聞きたいと思うが、悪く言われているならば聞くまいと思われるが、

（接助）（格助）（副助）（副）（格助）（サ変・用）（接助）（四・未）（助動・意・終）（格助）（係助（係））（下二・用）（補尊・四・用）（助動・過・体（結））

を、「俊賢 の 宰相 など、『なほ 内侍 に 奏し て なさ む。』と なむ 定め 給ひ し。」

「俊賢の宰相などが、『やはり（清少納言を）内侍にと（天皇に）奏上してそうしよう。』とお決めになりました。」


（格助）（副助）（係助（係））（格助）（助動・断・用）（補尊・サ変・未）（助動・過・体）（四・用）（補尊・四・用）（助動・過・体（結））

と ばかり ぞ、左兵衛督 の 中将 に おはせ し、語り 給ひ し。

とだけを、（今の）左兵衛督で（当時）中将でいらっしゃった方が、（私に）お話しになった。


（第一〇二段）

語句の解説

教161ページ

3 **公任《きんとう》の宰相殿《さいしょうどの》の** 「の」の下に、「文なり」などの語句を補う。

3 ＊**懐紙《ふところがみ》** 折りたたんで懐中に入れておく紙。和歌を書きつけたり、鼻をかんだりする時に用いた。「畳紙《たとうがみ》」ともいう。

5 ＊**気色《けしき》** 景色、様子、の意。

❶ 「本」とは何か。

答 上の句。短歌の五七五の部分。

5 ＊**本《もと》** ここでは、歌の上の句。下の句は「末《すえ》」という。

6 **みないと恥《は》づかしき中《なか》に** 皆たいそう立派な方たちの中に。

＊「恥づかし」＝（こちらが気後れするほど）すぐれている、立派だ、の意。

❷ 何を「御覧ぜさせむ」としたのか。

答 公任の宰相殿からの手紙。

8 **大殿籠《おおとのごも》りたり** おやすみになっている。

「大殿籠る」＝「寝《ぬ》」の尊敬語。おやすみになる。お眠りになる。

9 **遅《おそ》うさへ《エ》あらむ《ン》は** （下手な上に返事までが）遅いとあっては。

「さへ」＝添加の副助詞で、その上……まで、の意。

11 **空寒《そらさむ》み** 空が寒いので。

＊「……み」＝形容詞の語幹に付いて、原因・理由を示す接尾語。
…ので。…から。

12 **わびし** つらい、苦しい、の意。

❸ 「これがこと」とは何か。

答　この返事（清少納言が返した上の句）の評判。

13 **聞《き》かばやと思《おも》ふ《ウ》に**　聞きたいと思うが。

「ばや」＝願望の終助詞。…たい。

13 **そしられたらば聞《き》かじ**　悪く言われているならば聞くまい。

「じ」＝打消の意志で、…まい、…しないようにしよう、の意。

教162ページ

2 **おは《ワ》せし**　いらっしゃった方が。「し」の下に「方」などを補う。

課題

一　**次の部分における筆者の心情はどのようなものか、説明してみよう。**

①御前に御覧ぜさせむ（161・8）

②わななくわななく書きて取らせて、（161・12）

解答例　①どのような上の句を作ればよいか、中宮定子に相談したいという心情。②公任から送られてきた和歌の下の句にふさわしい上の句を作るというお題に当たって、公任と一緒にいるのは立派な方たちなので、自分が作った上の句の出来が心配で落ち着かない心情。

二　**「なほ内侍に奏してなさむ」**（162・1）**とは、誰をどのように評しているか、説明してみよう。**

解答例　筆者（清少納言）がとっさに作った上の句に感心し、筆者を内侍（＝天皇の側近の女官）になるにふさわしいほどの才知であると評している。

語句と表現

一　**次の傍線部の敬語の種類を答え、誰から誰への敬意か説明してみよう。**

①御前に御覧ぜさせむとすれど、（161・8）

②なほ内侍に奏してなさむ。（162・1）

③定め給ひし。（162・1）

解答　①尊敬語。筆者（清少納言）から御前（中宮定子）に対する敬意。

②謙譲語。俊賢の宰相（源俊賢）から天皇（一条天皇）に対する敬意。

③尊敬語。左兵衛督（藤原実成）から俊賢の宰相（源俊賢）に対する敬意。

大納言殿参り給《たま》ひて

【大　意】　**1**　**教163ページ1行〜164ページ3行**

大納言（＝中宮定子《ていし》の兄の藤原伊周《これちか》）が一条《いちじょう》天皇に漢詩文などを進講するうちに夜も更け、女房たちは次々に寝てしまったが、筆者だけは眠気をこらえて控えていた。天皇も少し眠っている時、長女（＝中宮に仕える下級女官の長）が使う少女の隠していた鶏《とり》が犬に追われて鳴き騒いだ。なぜ鶏がいたのかという天皇の問いに、大納言はその場にふさわしい詩句を吟誦《ぎんしょう》したので、皆おもしろがり、筆者もすばらしいと思う。

【品詞分解／現代語訳】

四·用 補尊·四·用 接助 格助 副助 サ変·用 補尊·四·体 格助 格助 ク·用 下二·用 助動·完·已 接助
大納言殿 参り 給ひ て、文 の こと など 奏し 給ふ に、例 の、夜 いたく 更け ぬれ ば、
大納言殿が参上なさって、漢詩文のことなどを(一条天皇に)奏上なさるうちに、いつものように、夜がすっかり更けたので、

助動·存在·体 下二·用 接助 格助 副助 格助 四·用
御前 なる 人々、一人、二人づつ 失せ て、御屏風・御几帳 の 後ろ など に みな 隠れ臥し
(天皇の)おそば近くにいる女房たちは、一人、二人ずつ(次々に)姿を消して、御屏風や御几帳の陰などに皆隠れて寝てしまったので、

助動·完·已 接助 副 ク·体 格助 サ変·用 接助 四·体 接助 格助 サ変·終 助動·定·終 下二·用 補丁·ラ変·用
ぬれ ば、ただ 一人、眠たき を 念じ て 候ふ に、「丑四つ。」と 奏す なり。「明け 侍り
(私は)ただ一人、眠たいのを我慢してお控え申しあげていると、「丑四つ(＝午前二時半頃)。」と奏上しているようだ。(そこで私は)

助動·完·終 助動·定·終 格助 四·体 接助 ナリ·用 副 四·用 補尊·四·用 終助 格助 接助 下二·終
ぬ なり。」と 独りごつ を、大納言殿、「いまさらに、な 大殿籠り おはしまし そ。」と て、寝
「夜が明けてしまったようです。」と独り言を言うと、大納言殿が(天皇・中宮に)「今となっては、お休みなさいますな。」とおっしゃって、寝るは

助動·当·体 格助 係助 四·用(音) 助動·存·未 助動·打·体 接助 ク(語幹) 副 副 四·用 助動·完·終 助動·現原·体 格助 四·已
べき もの と も 思い たら ぬ を、うたて、何しに ①さ 申し つ らむ と 思へ
ずのものとも思っていらっしゃらないので、(まあ)嫌だ、なぜ(私は)そのように申しあげてしまったのだろうと思うけれども、

接助 副 格助 ラ変·未 接助 係助(係) 係助 下二·用 係助 四·未 助動·推·已(結) 格助 格助 四·未 助動·尊·用
ど、また 人 の あら ば こそ は 紛れ も 臥さ め。上の御前 の、柱 に よりかから せ
他の女房がいるのならばうまく紛れて寝るだろうが(私一人なのでどうしようもない)。天皇が、柱に寄りかかりなさって、

補尊·四·用 接助 副 四·未 助動·尊·用 補尊·四·体 格助 (代) 上一·用 補謙·四·未 助動·尊·用 補尊·四·命 係助
給ひ て、すこし 眠ら せ 給ふ を、「かれ 見 奉ら せ 給へ。今 は
少し眠っておられるのを、(大納言殿が)「あれをお見申しあげなさいませ。今は(もう)

下二·用 助動·完·体 接助 副(音) 四·終 助動·適·体 係助 格助 下二·用 補尊·四·已 接助 副 副助 格助 係助
明け ぬる に、かう 大殿籠る べき かは。」と 申させ 給へ ば、「げに。」など、宮の御前 に も
夜が明けてしまったのに、このようにお休みになってよいものでしょうか(、いや、よくないでしょう)。」と(中宮様に)申しあげなさると、「本当に。」など

四・用　補謙・下二・未　助動・尊・用　補尊・四・体　係助　四・未　助動・尊・用　補尊・四・未　助動・打・体　格助　格助　格助　格助
笑ひ 聞こえ させ 給ふ も 知ら せ 給は ぬ ほど に、長女 が 童 の、
と、中宮様におかれてもお笑い申しあげなさるのも(天皇は)ご存じないうちに、長女が使う少女が、

格助　下二・用　カ変・用　接助　格助　格助　四・未　助動・意・終　格助　四・用　接助　四・用　助動・完・用　助動・過・体
鶏 を 捕らへ 持てき て、「朝 に 里 へ 持ていか む。」と 言ひ て、隠しおき たり ける、
鶏を捕まえて持ってきて、「朝に(なったら)実家へ持っていこう。」と言って、隠しておいたのが、

副　サ変・用　助動・過原・体　下二・用　接助　四・用　助動・過・已　接助　格助　格助　四・用　接助
いかが し けむ、犬 見つけ て 追ひ けれ ば、廊 の 間木 に 逃げ入り て、
どうしたのだろう、犬が見つけて追いかけたので、(鶏は)廊の上長押の上の棚に逃げ込んで、

シク・用(音)　四・体　接助　上二・用　副助　サ変・用　助動・完・終　助動・定・終　係助　四・未　助動・尊・用
恐ろしう 鳴きののしる に、みな人 起き など し ぬ なり。上 も うち驚か せ
恐ろしく鳴き騒ぐので、(女房たちは)皆起きたりなどしてしまったようである。天皇も目をお覚ましになって、

補尊・四・用　接助　副　ラ変・用　助動・完・体　係助　副助　下二・未　助動・尊・用　補尊・四・体　接助　格助
給ひ て、「いかで あり つる 鶏 ぞ。」など 尋ね させ 給ふ に、大納言殿 の、「声、
「どうして(こんな所に)鶏がいたのか。」などお尋ねになると、大納言殿が「声、

格助　格助　四・終　格助　四・体　格助　ク・用(音)　四・用　補尊・四・已(命)　助動・完・体　ク・用(音)　シク・体
明王 の 眠り を 驚かす。」と いふ ことを、高う うち出だし 給へ る、めでたう をかしき
明王の眠りを驚かす(＝声が、明王の眠りを覚まさせる)。」という詩句を、声高に吟誦なさったのが、すばらしく趣深かったので、

接助　格助　ク・用　助動・完・体　係助　副　ナリ・用　四・用　助動・完・終　シク・体　格助　終助　格助
に、②ただ人 の 眠たかり つる 目 も いと 大きに なり ぬ。「いみじき 折 の こと かな。」と、
(明王ならぬ)臣下(＝私)の眠たかった目もたいそう大きく開いた。「すばらしく折に合ったこと(＝詩句)だよ。」と、

係助　係助　サ変・未　助動・尊・用　補尊・四・終　副　ラ変・体　係助(係)　ク・已(結)
上 も 宮 も 興ぜ させ 給ふ。なほ、かかる こと こそ めでたけれ。
天皇も中宮様もおもしろがりなさる。なんといってもこのような(即興で詩句を吟誦する)ことはすばらしい。

語句の解説 1

教163ページ

1 **参《まい》り給《たま》ひ《ィ》て**　参上なさって。
「参る」＝「行く」「来《く》」の謙譲語。筆者の天皇に対する敬意。
「給ふ」＝尊敬の補助動詞。筆者の大納言に対する敬意。

1 **文《ふみ》**　ここでは、漢籍、漢詩文、の意。

1 **奏《そう》し給《たま》ふ《ウ》に**　奏上なさるうちに。

「奏す」＝天皇や上皇に用いる絶対敬語。奏上する。

1 **例《れい》の**　ここでは、いつものように、例によって、の意。

2 **御前《おまえ》なる人々《ひとびと》**　おそば近くにいる女房たち。

「なり」＝存在の助動詞で、ここでは、…にいる、の意。

4 **明《あ》け侍《はべ》りぬなり**　夜が明けてしまったようです。

「侍り」＝丁寧の補助動詞。補助動詞の「侍り」は、必ず丁寧の意である。

4 **＊独《ひと》りごつ**　独り言を言う。名詞「独り言」の動詞化したもの。

4 **な大殿籠《おおとのごも》りおは《ワ》しましそ**　お休みなさいますな。

「な……そ」＝副詞の呼応で禁止の意を表す。

「おはします」＝尊敬の補助動詞。「大殿籠る」と合わせて二重尊敬(最高敬語)となり、動作の主体への高い敬意を表す。

5 **思《おぼ》いたらぬを**　「思《おぼ》い」は「思《おぼ》し」のイ音便。

「思す」＝「思ふ」の尊敬語。筆者の大納言に対する敬意。

5 **うたて**　嫌だ。嘆かわしい。形容詞「うたてし」の語幹の用法で、より強い気持ちを表す。(まあ)嫌だ、困ったわ、の意。

5 **何《なに》しに**　代名詞「何」＋動詞「す」の連用形「し」＋格助詞「に」。疑問を表す副詞で、なぜ、どうして、の意。連体形で結ぶ。

①「さ」は何を指すか。

答　筆者が、「明け侍りぬなり。」と独り言を言ったこと。

【大意】　2　教164ページ4〜9行

7 **かれ見奉《みたてまつ》らせ給《たま》へ《エ》**　あれをお見申しあげなさいませ。「かれ」は天皇が居眠りをしている様子を指す。

「奉る」＝謙譲の補助動詞。大納言の天皇に対する敬意。

「せ給ふ」＝尊敬の助動詞「せ」＋尊敬の補助動詞「給ふ」で最高敬語。大納言の中宮に対する敬意。

8 **申《もう》させ給《たま》へ《エ》ば**　申しあげなさると。

「申さす」＝「言ふ」の謙譲語。「申す」より敬度が高い。筆者の中宮に対する敬意。

「給ふ」＝尊敬の補助動詞。筆者の大納言に対する敬意。

10 **＊朝《あした》**　朝。翌朝。夜の終わりの時間帯を指す。

10 **いかがしけむ《ン》**　どうしたのだろう。

「いかが」＝疑問を表す副詞「いかにか」の転。連体形で結ぶ。

12 **上《うえ》もうち驚《おどろ》かせ給《たま》ひ《イ》て**　天皇も目をお覚ましになって。

＊「うち驚く」＝ここでは、目を覚ます、の意。

教164ページ

1 **高《たこ》う《ウ》うち出《い》だし給《たま》へ《エ》る**　声高に吟誦なさったのが。

「うち出だす」＝ここでは、口に出す、吟誦する、の意。

②「ただ人」とは誰か。

答　筆者(清少納言)。

解説　「ただ人」は、ここでは、(皇族に対して)臣下、の意。

翌日の夜、筆者が局に帰ろうとすると、大納言が送ってくれた。月の明るい夜で、大納言が筆者の袖を引っぱって歩きながら、口ずさんだ詩句は、折にかなってとてもすばらしいと思った。

【品詞分解／現代語訳】

また〔副〕の〔格助〕夜は〔係助〕、夜の御殿に〔格助〕参ら〔四・未〕せ〔助動・尊・用〕給ひ〔補尊・四・用〕ぬ〔助動・完・終〕。夜中ばかり〔副助〕に〔格助〕、廊に〔格助〕出で〔下二・用〕て〔接助〕人呼べ〔四・已〕ば〔接助〕、「下るる〔上二・体〕か〔係助〕。いで〔感〕送ら〔四・未〕む〔助動・意・終〕。」と〔格助〕のたまへ〔四・已〕ば〔接助〕、裳、唐衣は〔係助〕屏風に〔格助〕うち掛け〔下二・用〕て〔接助〕行く〔四・体〕に〔接助〕、月の〔格助〕いみじう〔シク・用(音)〕明かく〔ク・用〕、御直衣の〔格助〕いと〔副〕白う〔ク・用(音)〕見ゆる〔下二・体〕に〔接助〕、指貫を〔格助〕長う〔ク・用(音)〕踏みしだき〔四・用〕て〔接助〕、袖を〔格助〕ひかへ〔下二・用〕て〔接助〕、「倒る〔下二・終〕な〔終助〕。」と〔格助〕言ひ〔四・用〕て〔接助〕おはする〔サ変・体〕ままに〔格助〕、「遊子、なほ〔副〕残りの〔格助〕月に〔格助〕行く〔四・終〕」と〔格助〕誦し〔サ変・用〕給へ〔補尊・四・已(命)〕る〔助動・完・体〕、また〔副〕いみじう〔シク・用(音)〕めでたし〔ク・終〕。「かやう〔ナリ(語幹)〕の〔格助〕ことめで〔下二・用〕給ふ〔補尊・四・終〕。」と〔格助〕て〔接助〕は〔係助〕笑ひ〔四・用〕給へ〔補尊・四・已〕ど〔接助〕、いかで〔副〕か〔係助〕、なほ〔副〕をかしき〔シク・体〕ものを〔格助〕ば〔係助〕。

翌日の夜は、（中宮様が）天皇の寝室に参上なさった。（私は）夜中頃に、廊に出て人を呼ぶと、（大納言殿が）「（局に）下がるのか。さあ送ろう。」とおっしゃるので、裳、唐衣は屏風に軽く掛けて行くと、月がたいそう明るく、（大納言殿の）御直衣がとても白く見えて、指貫を長く踏みつけて、（私の）袖を引っぱって、「転ぶな。」と言って、（送って）いらっしゃるままに、「遊子、なほ残りの月に行く（＝旅人は、やはり残月の中を進んで行く）」と朗詠なさったのは、やはり、とてもすばらしい。（大納言殿は）「このような（程度の）ことをお褒めになる。」とおっしゃっては笑いなさるけれど、どうして、やはりすばらしいものを（褒めずにいられようか、いや、いられない）。

（第二九三段）

語句の解説 2

4 **またの夜《よ》**　翌日の夜。
「また」＝名詞の上に付いて、次の、翌、の意。

5 **下《お》るるか**　（局に）下がるのか。
「下る」＝ここでは、（高貴な人の前から）退く、退出する、下がる、の意。

5 **いで送《おく》らむ《ン》**　さあ送ろう。
＊「いで」＝さあ。相手に行動を促す場合に用いる感動詞。

6 **踏《ふ》みしだきて**　踏みつけて。
「踏みしだく」＝ここでは、指貫《さしぬき》などの裾を踏みつけて歩く意。

7 **袖《そで》をひかへ《エ》て**　袖を引っぱって。袖を引きとめて。
＊「ひかふ」＝ここでは、引っぱる、引きとめる、の意。

8 **誦《ず》し給《たま》へ《エ》る**　朗詠なさった。
「誦す」＝朗詠する。口ずさむ。

8 **かやう《ヨウ》のこと**　大納言が「遊子、……」の句を朗詠したことを指す。

9 **いかでか、なほ《オオ》をかしきものをば**　下に「めでざらむ」などを補って訳す。

課題

一　**「また人のあらばこそは紛れも臥《ふ》さめ」(163・6)には筆者のどのような思いがこめられているか、傍線部に注意して説明してみよう。**

考え方　「こそ……め」が、逆接の意となっていることに注意。

解答例　他に起きている女房がいれば、その女房たちに紛れて寝ることもできるだろうけれど、自分一人なのでどうすることもできずつらい、という気持ち。

二　**筆者が、大納言の言動を「めでたけれ」(164・3)、「いみじうめでたし」(164・8)と称賛したのはなぜか、説明してみよう。**

考え方　「いみじき折のことかな。」(教164ページ2行)という言葉や、月の明るい夜に朗詠した詩句などから読み取る。

解答例　突発的なできごとにも、詩を引き合いに出して優雅にとりなしたり、時宜にかなった詩句を朗詠したりするなど、機知的な言動にとても洗練された教養が感じられたから。

語句と表現

一　**次の傍線部の違いを文法的に説明してみよう。**

①**御前なる人々、**(163・2)
②**明け侍りぬなり。**(163・4)
③**いと大きになりぬ。**(164・2)

解答　①存在の助動詞「なり」の連体形。
②推定の助動詞「なり」の終止形。
③四段活用の動詞「なる」の連用形。

二　物語（二）

大鏡

教科書P.170〜186

道真《みちざね》と時平《ときひら》　東風《こち》吹かば

【大　意】　1　教170ページ1行〜171ページ2行

醍醐《だいご》天皇の御代、藤原時平《ふじわらのときひら》は左大臣、菅原道真《すがわらのみちざね》は右大臣であった。右大臣は学才や思慮にすぐれ、帝の寵愛も格別だったため、左大臣は心穏やかでなかったが、前世からの宿運か、右大臣に不都合なことが起きて、右大臣は大宰権帥《だざいのごんのそち》に左遷され流されることになった。

【品詞分解／現代語訳】

醍醐の帝　の［格助］　御時、　こ［(代)］　の［格助］　大臣、左大臣　の［格助］　位　に［助動・断・用］　て［接助］、年　いと［副］　若く［ク・用］　て［接助］　おはします［補尊・四・終］。

醍醐天皇の御代に、この大臣（＝藤原時平）は、左大臣の位であって、年がたいそう若くていらっしゃいます。

菅原の大臣、右大臣　の［格助］　位　に［助動・断・用］　て［接助］　おはします［補尊・四・終］。　そ［(代)］　の［格助］　折、帝、御年　いと［副］　若く［ク・用］　おはします［補尊・四・終］。　左右

菅原の大臣（＝道真）は、右大臣の位でいらっしゃいます。その時、帝は、たいそう若くていらっしゃいます。（帝は）

の［格助］　大臣　に［格助］　世　の［格助］　政　を［格助］　行ふ［四・終］　べき［助動・命・体］　よし　宣旨　下さ［四・未］　しめ［助動・尊・用］　給へ［補尊・四・已(命)］　り［助動・完・用］　し［助動・過・体］　に、［接助］　そ［(代)］

左右の大臣に天下の政治を行いなさいという旨の命令をお下しになりましたが、その

の［格助］　折、左大臣、御年　二十八、九　ばかり［副助］　なり［助動・断・終］。　右大臣　の［格助］　御年　五十七、八　に［助動・断・用］　や［係助(係)］　おはしまし［補尊・四・用］

頃、左大臣は、御年二十八、九ぐらいである。右大臣の御年は五十七、八でいらっしゃったでしょうか。

けむ。ともに世の政をせしめ給ひしあひだ、右大臣は才世に優れ
（けむ＝助動・過推・体(結)　に＝格助　の＝格助　を＝格助　せ＝サ変・未　しめ＝助動・尊・用　給ひ＝補尊・四・用　し＝助動・過・体　は＝係助　世に＝副　優れ＝下二・用）
ご一緒に天下の政治をおとりになっていらっしゃいましたが、右大臣は学才がたいそう秀でていらっし

めでたくおはしまし、御心おきても、ことのほかにかしこくおはします。左大臣は御年も若く、才
（めでたく＝ク・用　おはしまし＝補尊・四・用　も＝係助　ことのほかに＝ナリ・用　かしこく＝ク・用　おはします＝補尊・四・終　は＝係助　も＝係助　若く＝ク・用）
やいますし、ご思慮も、格別すぐれていらっしゃいます。左大臣はお年も若く、学

もことのほかに劣り給へるにより、右大臣の①御覚えことのほかにおはしまし
（も＝係助　ことのほかに＝ナリ・用　劣り＝四・用　給へ＝補尊・四・已(命)　る＝助動・存・体　に＝格助　より＝四・用　の＝格助　ことのほかに＝ナリ・用　おはしまし＝補尊・四・用）
才も格別劣っていらっしゃいましたので、右大臣に対する（帝の）ご寵愛も格別でいらっしゃいましたので、

たるに、左大臣安からず思したるほどに、さるべきにやおはし
（たる＝助動・存・体　に＝接助　安から＝ク・未　ず＝助動・打・用　思し＝四・用　たる＝助動・存・体　に＝格助　さる＝ラ変・体　べき＝助動・当・体　に＝助動・断・用　や＝係助(係)　おはし＝補尊・サ変・用）
左大臣は心穏やかでなくお思いになっているうちに、そうなるべき前世からの宿運でいらっしゃったのでしょうか、

けむ、右大臣の御ためによからぬこと出できて、昌泰四年正月二十五日、大宰権帥に
（けむ＝助動・過原・体(結)　の＝格助　に＝格助　よから＝ク・未　ぬ＝助動・打・体　出でき＝カ変・用　て＝接助　に＝格助）
右大臣のおために不都合なことが起こって、昌泰四年正月二十五日、（朝廷が道真を）大

なし奉りて、流され給ふ。
（なし＝四・用　奉り＝補謙・四・用　て＝接助　流さ＝四・未　れ＝助動・受・用　給ふ＝補尊・四・終）
宰権帥に任命申しあげて、（道真は大宰府へ）流されなさる。

語句の解説 1

教170ページ

2 **おはし《ワ》ます**　尊敬の補助動詞。…ていらっしゃる。

3 **行《おこな》ふ《ウ》べきよし宣旨《せんじ》**　行いなさいという旨の命令。

「よし」＝旨、…ということ、の意。

3 **下《くだ》さしめ給《たま》へ《エ》りしに**　お下しになりましたが。

「しめ給ふ」＝最高敬語。語り手の帝に対する敬意。

5 **あひ《イ》だ**　形式名詞。接続助詞的用法で、…ところ、…が、の意。

6 **才世《ざえよ》に優《すぐ》れめでたく**　学才がたいそう秀でてすぐれて。

「世に」＝非常に。たいそう。まことに。

「めでたし」＝すぐれている、すばらしい、の意。

6 **＊心《こころ》おきて**　心構え、気立て、思慮、の意。

6 **ことのほかにかしこく**　格別にすぐれて。

「ことのほかなり」＝格別、とりわけ、の意。

「かしこし」＝すぐれている、賢明である、の意。

答 ① 誰の、誰に対する「御覚え」か。

帝の、右大臣(道真)に対する「御覚え」。

8 **安《やす》からず**　心穏やかでなく、の意。

教171ページ

2 **なし奉《たてまつ》りて**　任命申しあげて。

「なす」＝役職に就かせる、任官する、の意。

【大意】 2 **教171ページ3行〜172ページ8行**

道真には多くの子どもがあったが、帝《みかど》の処置は厳しく、道真の子どもたちも幼児を除いて、皆ばらばらに流された。道真はその悲痛な思いを和歌や漢詩に託し、宇多《うだ》法皇や妻、明石駅の長に言い送るのだった。

【品詞分解／現代語訳】

こ(代) の(格助) 大臣、子ども あまた(副) おはせ(サ変・未) し(助動・過・体) に、(接助) 女君たち は(係助) 婿取り、(四・用) 男君たち は、(係助) みな(副) ほどほど

この大臣(＝道真)は、子どもが大勢いらっしゃいましたが、姫君たちは結婚し、男君たちは、皆それぞれの

に(格助) つけ(下二・用) て(接助) 位ども おはせ(サ変・未) し(助動・過・体) を、(接助) それ(代) も(係助) みな(副) かたがた に(格助) 流さ(四・未) れ(助動・受・用) 給ひ(補尊・四・用) て(接助) かなしき(シク・体)

年齢や才能に応じて官位がおありでしたが、それ(＝男君たち)も皆あちこちにお流されになって悲しいのに(その上に)、

に、(接助) 幼く(ク・用) おはし(補尊・サ変・用) ける(助動・過・体) 男君・女君たち 慕ひ泣き(四・用) て(接助) おはし(補尊・サ変・用) けれ(助動・過・已) ば、(接助) 「小さき(ク・体) は(係助) あへ(下二・用)

ご幼少でいらっしゃった男君・女君たちは(父・道真を)慕って泣いていらっしゃったので、「幼い者は(連れて行っても)

な(助動・強・未) む。」(助動・推・終) と、(格助) 朝廷 も(係助) 許さ(四・未) せ(助動・尊・用) 給ひ(補尊・四・用) し(助動・過・体) ぞ(係助) かし。(終助) 帝 の(格助) 御掟、 きはめて(副) あやにくに(ナリ・用)

差し支えないだろう。」と、天皇もお許しになったのですよ。帝のご処置が、きわめて厳しくていらっしゃる

おはしませ(補尊・四・已) ば、(接助) こ(代) の(格助) 御子ども を、(格助) 同じ(シク・体) 方 に(格助) 遣はさ(四・未) ざり(助動・打・用) けり。(助動・過・終) かたがたに(副) いと(副) かなしく(シク・用)

ので、このお子さま方を、(道真と)同じ方面におやりにならなかった。(道真は)あれこれとたいそう悲しくお思

思し召し(四・用) て、(接助) 御前 の(格助) 梅 の(格助) 花 を(格助) 御覧じ(サ変・用) て、(接助)

いになって、お庭先の梅の花をご覧になって(お詠みになった歌)、

東風 吹か ば 匂ひ おこせよ 梅 の 花 あるじ なし とて 春 を 忘る な
四・未｜接助｜下二・命｜格助｜ク・終｜格助｜格助｜下二・終｜終助
（春になって）東の風が吹いたなら、花のよい香りを（私のいる大宰府まで）送ってくれよ、梅の花よ。主人がいないからといって、春を忘れるなよ。

接
また、亭子の帝 に 聞こえさせ 給ふ、
亭子の帝（＝宇多法皇）に差しあげなさる（歌）、

流れゆく 我 は 水屑 と なり果て ぬ 君 しがらみ と なり て とどめよ
四・体｜（代）｜係助｜格助｜下二・用｜助動・完終｜ク・用｜格助｜四・用｜接助｜下二・命
流れてゆく私は、水中のくずのような身になり果ててしまいました。わが君よ、どうかしがらみとなって、私を引きとどめてください。

なき こと に より、かく 罪せ られ 給ふ を、かしこく 思し嘆き て、やがて 山崎 にて 出家せ
ク・体｜格助｜格助｜四・用｜副｜サ変・未｜助動・受・用｜補尊・四・体｜格助｜ク・用｜四・用｜接助｜副｜格助｜サ変・未
（道真は）無実の罪によって、このように処罰されなさるのを、非常にお嘆きになって、（旅の途中）そのまま山崎でご出家なさ

しめ 給ひ て、都 遠く なる ままに、あはれに 心細く 思さ れ て、
助動・尊・用｜補尊・四・用｜接助｜ク・用｜四・体｜格助｜ナリ・用｜ク・用｜四・未｜助動・尊・用｜接助
いますが、都が遠くなるにつれて、しみじみと心さびしくお思いになって（お詠みになった歌）、

君 が 住む 宿 の 梢 を ゆくゆくと 隠るる まで も 返り見 し はや
格助｜四・体｜格助｜格助｜副｜下二・体｜副助｜係助｜上一・用｜助動・過体｜終助｜間助
あなたの住んでいる家の木々の梢を、（大宰府へと）歩きながら、隠れて見えなくなるまで振り返って見たことですよ。

接
また、播磨の国 に おはしまし着き て、明石 の 駅 と いふ 所 に 御宿り せ しめ 給ひ て、
播磨の国にお着きになって、明石の駅という所にお泊まりになって、

また、駅 の 長 の いみじく 思へ る 気色 を 御覧じて、作ら しめ 給ふ 詩、いと かなし。
格助｜格助｜シク・用｜四・已（命）｜助動・存・体｜格助｜サ変・用｜接助｜四・未｜助動・尊・用｜補尊・四・用｜副｜シク・終
宿駅の長がひどく悲しく思っている様子をご覧になって、お作りになる漢詩は、たいそう悲しい（ものでした）。

駅 長 莫 驚 時 変 改
カレ　クコト　ノ
駅長よ、驚くことはない、（私が罪人となって流されていくという）時勢の移り変わりを。

一栄一落是《レ》春秋

春、草木の花が咲き、秋に散り落ちるというのが、時の移り変わり(であり、人の世の栄枯盛衰も同じ)なのだ。

語句の解説 2

4 **婿《むこ》取り**　結婚して。当時の結婚は、男を家に迎え入れる形で行われたため、このように言った。

7 **かなしきに**　悲しいのにその上に。

「に」＝添加の意を表す。…のにその上に。

10 ＊**朝廷《おおやけ》**　天皇(＝醍醐天皇)。

10 **帝《みかど》の御掟《おんおきて》**　帝のご処置。

「掟」＝命令、処置、指図、の意。

11 **きはめ《ワ》てあやにくに**　きわめて厳しくて。

「あやにくなり」＝あまりにも厳しい、無慈悲だ、の意。

12 **遣《つか》は《ワ》さざりけり**　おやりにならなかった。つまり、お流しにならなかった、ということ。

「遣はす」＝おやりになる、お流しになる、の意。

15 ＊**東風《こち》**　東から吹いてくる風。春の、東の風。

15 **おこせよ**　送ってくれよ。

「おこす」＝「遣す」と書く。送ってくる。こっちへ寄こす。

16 **聞《き》こえさせ給《たま》ふ《ウ》**　差しあげなさる。下に「歌」を補って訳す。

「聞こえさす」＝「言ふ」「やる」の謙譲語。申しあげる。差しあげる。語り手の亭子の帝に対する敬意。

「給ふ」＝尊敬の補助動詞。語り手の道真に対する敬意。

教172ページ

2 **なきこと**　無実の罪。何の罪もないこと。時平の讒言《ざんげん》の内容(道真が三女の婿である斉世《ときよ》親王を皇位につけようと画策しているということ)を指すが、ここでは述べられていない。

2 **かく罪《つみ》せられ給《たま》ふ《ウ》を**　このように処罰されなさるのを。

「罪す」＝罪をとがめて罰する。処罰する。

2 **かしこく**　「かしこし」の連用形の副詞的用法。非常に。大変に。

3 **心細《こころぼそ》く**　心さびしく。

＊「心細し」＝心さびしい。物さびしい。

4 **ゆくゆく**　歩きながら、行きながら、の意。

6 **いみじく思《おも》へ《エ》る気色《けしき》**　ひどく悲しく思っている様子。

「いみじ」＝程度のはなはだしいことを表す語。ここでは、「悲しく」などを補って訳す。

6 ＊**詩《からうた》**　漢詩。

道真《みちざね》と時平《ときひら》　都府楼の鐘

【大　意】 教172ページ9行～173ページ11行

配流の地筑紫《つくし》において道真《みちざね》様は門を堅く閉ざして謹慎していらっしゃる。その邸から都府楼がわずかに見えたり観音寺《かんおんじ》の鐘の音が聞こえてくるので、それを詩にお作りになる。白居易《はくきょい》の詩にまさるほどの詩だと学者たちは申します。また去年の九月の宮中で菊の宴の折に作った詩に因《ちな》んで、帝から賜《たまわ》った御衣を御覧になられて詩をお作りになられた。その詩のみごとさに周りの人々は深く感嘆し申しあげた。

【品詞分解／現代語訳】

筑紫 に おはします 所 の 御門 固め て おはします。大弐 の 居所 は 遥かなれ ども、楼 の 上
格助　四・体　格助　下二・用　接助　補尊・四・終　格助　係助　ナリ・已　接助　格助

(道真様は)筑紫ではお住まいになる所の御門を堅く閉ざして(謹慎して)いらっしゃいます。大弐のいる大宰府政庁ははるかに離れているけれど、大宰府政庁

の 瓦 など の、心 に も あら ず 御覧じやら れ ける に、また いと 近く 観音寺
格助　副助　格助　助動・断・用　係助　ラ変・未　助動・打・用　四・未　助動・自・用　助動・過・体　格助　接　副　ク・用

の大門の高楼の上の瓦などが、見るともなく自然とお目にとまりました上に、またすぐ近くに観音寺という寺が

と いふ 寺 の あり けれ ば、鐘 の 声 を 聞こし召し て、作ら しめ 給へ る 詩 ぞ
格助　四・体　格助　ラ変・用　助動・過・已　接助　格助　格助　四・用　接助　四・未　助動・尊・用　補尊・四・已　助動・完・体　係助

あったので、(その)鐘の音をお聞きになられて、お作りになられた詩(が次の詩)だよ、

かし、
終助

都府楼ハ纔カニ看ル二瓦ノ色ヲ一

遥か遠くに見える大宰府の楼は、わずかに屋根の瓦の色を眺めやるばかりだし、

観音寺ハ只聴ク二鐘ノ声ヲ一

近くの観音寺は詣でることもせず、ただ鐘の音に耳を傾けて聴くばかりである。

(代) 係助 格助 格助 格助 四・体 格助 ナリ・用

これは、文集の、白居易の「遺愛寺鐘欹《ノ》レ枕《ハ》聴《テ》、香炉峰雪撥《ヲ》レ簾《キ》看《ノ》」《ハ》《ゲテ》《ヲ》《ル》といふ詩に、まさざまに

この詩は、『白氏文集』にある、白居易の「遺愛寺の鐘は枕を傾けるようにして聴き、香炉峰の雪は簾をあげて看る」という詩に、勝るくらいにお

四・未 助動・尊・用 補尊・四・已(命) 助動・存・終 格助 係助(係) 格助 四・用 助動・過・已(結) 接 (代) 格助 格助

作らしめ給へりとこそ、昔の博士ども申しけれ。また、かの筑紫にて、

作りになっていらっしゃると、昔の学者たちは申しました。また、あの筑紫で、

格助 格助 サ変・用 助動・過・体 格助 副 格助 四・用 助動・過・体 格助

九月九日、菊の花を御覧じけるついでに、いまだ京におはしまし時、九月の

九月九日の重陽の節句に、菊の花をご覧になったついでに、まだ(道真様が)京にいらっしゃった時、(去年の)九月

格助 格助 格助 ラ変・用 助動・過・体 格助 (代) 格助 格助 四・未 助動・尊・用 補尊・四・用 助動・過・体 格助

今宵、内裏にて菊の宴ありしに、この大臣の作らせ給ひける詩を、帝

のちょうど今夜、宮中で菊の宴があった折、この大臣(＝道真)がお作りになった詩を、帝

ク・用 サ変・用 補尊・四・用 接助 四・用 補尊・四・已(命) 助動・完・用 助動・過・体 接助 格助 四・未

かしこく感じ給ひて、御衣賜はり給へりしを、筑紫にもて下ら

(＝醍醐天皇)が甚だしく感動なされて、お召物をお授けくださされたが、(それを)筑紫にお持ちになって

助動・尊・用 補尊・四・已(命) 助動・完・用 助動・過・已 接助 サ変・体 接助 副 (代) 格助 下二・用 接助 四・未 助動・尊・用

しめ給へりければ、御覧ずるに、いとどその折思し召し出でて、作らしめ

下られましたので、(それを)ご覧になると、いよいよその折を思い出されて、お作りになられた

補尊・四・用 助動・過・体

給ひける、

(詩)、

去年《ノ》今夜侍《シ》二清涼《ニ》一

去年の今夜、内裏の清涼殿の菊の宴に伺候し、

秋思《ノ》詩篇《ニ》独《リ》断《チキ》レ腸《ヲ》

「秋思」という御題で詩一編を作ったが、自分は感ずるところがあって独りひそかに断腸の思いを述べたのであった。

恩賜ノ御衣ハ今在リレ此ニ
（その時、）天皇は（この詩をおほめくださって）御衣を賜ったが、その御衣は今もなおここにある。

捧ゲ持チテ毎日拝シタテマツル二余香ヲ一
毎日捧げ持っては、御衣にたきしめられた香の残り香を拝し（、君恩を思い出し）ている。

こ	の	詩、	いと	かしこく	人々	感じ	申さ	れ	き。
（代）	格助		副	ク・用		サ変・用	補謙・四・未	助動・尊・用	助動・過・終

この詩を、人々はたいそう深く感嘆申しあげた。

語句の解説

9 **おはします**《ワ》　お住まいになる。
「おはす」＝「あり」「をり」の尊敬語。そこに「ます」＝尊敬の補助動詞がついて一語になったもの。

10 **心《こころ》にもあらず**　見るともなく。（見ようとして）注意をそこに傾けているわけでもなく、の意。

10 **御覧《ごらん》じやられけるに**　自然とお目にとまります上に。
「御覧じやら」＝「見る」の尊敬語「御覧ず」＋「やる」の未然形「やら」で複合動詞となったもの。
「れ」＝自発の助動詞「る」の連用形。「自然と…する」と訳す。

11 **聞《き》こし召《め》して**　お聞きになられて。
「聞こし召す」＝お聞きになる。「聞こす」より敬意が高い。

12 **作《つく》らしめ給《たま》へ《エ》る**　お作りになられた。ここの「しめ」は使役ではなく尊敬の助動詞。

教173ページ

4 **かしこく感《かん》じ給《たま》ひ《イ》て**　甚だしく感動なされて。「かしこく」はここでは形容詞の副詞的用法。↓並々でなく。甚だしく。

4 **もて下《くだ》らしめ給《たま》へ《エ》りければ**　お持ちになって下られましたので。
「もて」＝「持ちて」の短縮形。ここの「しめ」も尊敬。

5 **思《おぼ》し召《め》し出《い》でて**　お思い出しになられて。
「思し召す」に「出づ」がついて複合動詞になったもの。

道真《みちざね》と時平《ときひら》　北野天神

【大　意】　1　**教173ページ12行〜174ページ2行**

道真様はそのまま筑紫の地でお亡くなりになられた。その御霊が一夜のうちに京の北野の地に松をお生《は》やしになられたので、その地を北野天満宮とした。霊験あらたかなので天皇も行幸なされる。ご遺体が納められた筑紫の安楽寺には朝廷から別当、所司などが任命された。

【品詞分解／現代語訳】

やがて（副）　彼処　にて（格助）　失せ（下二・用）　給へ（補尊・四・已(命)）　る、（助動・完・体）　夜　の（格助）　内　に、（格助）　この（(代)格助）　北野　に（格助）　そこら（副）　の（格助）　松　を（格助）　生ほし（四・用）

そのままかの地（＝筑紫）でお亡くなりになられた（道真様の御霊が）、一夜のうちに、この（京の）北野の地にたくさんの松をお生やしになられて、

給ひ（補尊・四・用）　て、（接助）　②わたり住み（四・用）　給ふ（補尊・四・体）　を（格助）　こそ（係助）　は、（係助）　ただ今　の（格助）　北野　の（格助）　宮　と（格助）　申し（四・用）　て、（接助）　現人神　に（助動・断・用）

移り住まれた（その所）を、現在の北野天満宮と申して、霊験あらたかな神であ

おはします（補尊・四・終）　めれ（助動・定・已）　ば、（接助）　おほやけ　も（係助）　行幸せ（サ変・未）　しめ（助動・尊・用）　給ふ。（補尊・四・終）　いと（副）　かしこく（ク・用）　あがめ（下二・用）　奉り（補謙・四・用）　給ふ（補尊・四・終）

られるようですので、天皇も行幸なされます。たいそう畏れ多いものとして崇め申しあげていらっしゃるよ

めり。（助動・定・終）　筑紫　の（格助）　おはしまし所　は（係助）　安楽寺　と（格助）　いひ（四・用）　て、（接助）　朝廷　より（格助）　別当・所司　など（副助）　なさ（四・未）　せ（助動・尊・用）

うです。筑紫のご遺体がおさめられなさった所は安楽寺といって、朝廷から別当や所司などをご任命になられて、

給ひ（補尊・四・用）　て、（接助）　いと（副）　やむごとなし。（ク・終）

たいそう尊いお寺です。

語句の解説 1

12 **彼処《かしこ》にて**　あの地で。かの地で。

＊「彼処」＝遠称。彼《か》の地の意。「あしこ」とも読む。「此処《ここ》」と対照させて覚えるとよい。

12 **そこらの**　たくさんの。「そこら」は副詞。「そこらの＋名詞」という形で使用されることが多い。

「ら」は数量や程度を表す接尾語。「ここら」も数の多いことを表す。

13 **生《おオ》ほし給《たまイ》ひて**　生《は》やしなさって。

「生ほす」は他動詞。「生ほす」という動詞の主体は、ここでは「大臣《おとど》の御霊」。

② 誰が「わたり住み給ふ」のか。

答　大臣（菅原道真）の御霊。

14 **行幸《ぎょうごう》せしめ給《たまウ》ふ**　行幸なされます。

＊「行幸」＝天皇のおでまし。天皇が外出すること。「みゆき」とも読む。

15 **おは《ワ》しまし所《どころ》**　（大臣のご遺体の）おさめられた所＝墓所。

「おはします」は「あり」「をり」の尊敬語。

【大　意】　2　教174ページ3～15行

道真は、雷神におなりになって、清涼殿に雷を落とそうとなさったが、時平が太刀を抜いて、存命中自分の次の位だったのだから、自分に遠慮するべきだと言ってにらみつけたところ、道真（雷神）は鎮まった。しかし、それは、時平が立派だからではなく、天皇の威光に対して、道理を示したからだ。

【品詞分解／現代語訳】

また、北野の、神にならせ給ひて、いと恐ろしく雷鳴りひらめき、清涼殿に

（接／格助／格助／四・未／助動・尊・用／補尊・四・用／接助／副／シク・用／四・用／格助）

また、（死後）北野（＝道真）が、雷神におなりになって、たいそう恐ろしく雷が鳴り光がひらめき、清涼殿に

落ちかかりぬと見えけるが、本院の大臣、太刀を抜きさけて、「生きても③わが次

（四・用／完・終／格助／下二・用／助動・過・体／接助／格助／下二・用／接助／四・用／接助／係助／(代)／格助）

落ちてしまうと思われたが、本院の大臣（＝時平）が、太刀を抜き放って、「（あなたは）生きて（いたとき）も

にこそものし給ひしか。今日、神となり給へりとも、この世には、

（助動・断・用／係助(係)／サ変・用／補尊・四・用／助動・過・已(結)／格助／四・用／補尊・四・已(命)／助動・完・終／接助／(代)／格助／格助／係助）

私の次の位でいらっしゃった。今、雷神とおなりになったとしても、この世では、

我に所置き給ふべし。いかでかさらではあるべきぞ。」とにらみやりて

（(代)／格助／四・用／補尊・四・終／助動・適・終／副詞／係助／ラ変・未／接助／係助／ラ変・体／助動・推・体／係助／格助／四・用／接助）

私に遠慮なさるのがよい。どうしてそうでないことがあるでしょうか。（いや、当然遠慮なさるべきだ。）」とにらみつけて

のたまひける。一度はしづまらせ給へりけりとぞ、世の人、申し

（四・用／助動・過・体／係助／四・未／助動・尊・用／補尊・四・已(命)／助動・完・用／助動・過・終／格助／係助(係)／格助／四・用）

おっしゃった。（それで）ひと時は（雷神・道真は）お鎮まりになったと、世間の人は、申しま

侍りし。されど、それは、かの大臣のいみじうおはするにはあらず、

（補丁・ラ変・用／助動・過・体(結)／接／(代)／係助／(代)／格助／格助／シク・用(音)／補尊・サ変・体／助動・断・用／係助／ラ変・未／助動・打・用）

した。しかし、それは、あの大臣（＝時平）がご立派でいらっしゃるからではなく、

王威の限りなくおはしますによりて、理非を示させ給へるなり。（左大臣時平）

（格助／ク・用／補尊・四・体／格助／四・用／接助／格助／四・未／助動・尊・用／補尊・四・已(命)／助動・完・体／助動・断・終）

天皇のご威光がこの上なくいらっしゃることによって、（雷神・道真は）道理をお示しになったのだ。

語句の解説 2

教174ページ

4 清涼殿《せいりょうでん》 平安京の内裏にある館の一つ。天皇が普段生活する。

6 抜《ぬ》きさけて 抜き放って。

「さく」＝放つ。遠くへやる。

③ 「わが次」とはどういうことか。

答 自分より一つ下の位であるということ。(時平は左大臣、道真は右大臣だが、左大臣のほうが上席とされた。)

7 ものし給《たま》ひ《イ》しか いらっしゃった。

「ものす」＝ある、いる、……する。さまざまな動詞の代用として用いられる。

8 所《ところ》置《お》き給《たま》ふ《ウ》べし 遠慮なさるのがよい。

＊「所置く」＝遠慮する。

9 いかでかさらではあるべきぞ どうしてそうでないことがあるでしょうか。

「さらで」＝そうでなくて。「さら」は、ラ変動詞「さり」の未然形で指示語。ここでは、上席に遠慮することを指す。

10 のたまひ《イ》ける ここでは、係り結びではないが、強調、詠嘆を表すために、連体形で文が終わっている。

12 それ 雷神・道真が鎮まったことを指す。

13 王威《おうい》 王や天皇の威光・威厳。

14 理非《りひ》 道理にかなっていることと外れていること。

課題

一 道真が時平に妬まれた原因と、「よからぬこと」(170・9)が起こった原因について、語り手はどのような見方をしているか、それぞれ説明してみよう。

考え方 時平と比べて道真はどのような人物と描かれているか。

解答例 道真は学才も心遣いもすぐれていたのに対して、時平は年若く、学才も劣っていて、帝も道真を格別に寵愛していたために、「左大臣安からず思したる」、つまり時平は道真を妬むようになったのである。また、「よからぬこと」は「さるべきにやおはしけむ」と述べられ、前世からそうなる宿命だったのだと見られている。

二 「東風吹かば……」(171・15)、「流れゆく……」(172・1)の和歌にこめられた道真の心情を、説明してみよう。

解答例 東風吹かば……＝長年住み慣れた家を離れ、遠く大宰府に流されることになった嘆きと悲しみの心情。

流れゆく……＝宇多法皇に、なんとか冤罪を晴らし、都にとどまれるよう救ってほしいという心情。

三 「都府楼」(172・13)、「去年今夜……」(173・7)の漢詩にこめられた道真の心情を、説明してみよう。

解答例 ・都府楼の詩＝門を堅く閉ざしてひたすら謹慎の体を示す道真にかろうじて見えるものは政庁の瓦であり、近くの観音寺の鐘の音のみが耳に達するばかりである。ひたすら身を慎む以外にない、暗くて重い心がそこに見えてくる。

・去年今夜の詩＝無実の思いを詩の内面に込め断腸の心情を述べた昨年の菊の宴を思い出しながら、帝より賜った御衣の余香を拝して帝の御恩を思い涙にくれている。万に一つも許されて帰京できるはずはないとは思いつつも、どこかに帝にすがりたい作者の悲痛極まりない心情がうかがわれる。

四　**道真が、死後に現人神としてまつられたのはなぜか、話し合ってみよう。**

考え方　当時の人々の間には、「不幸な死に方をした人の霊が祟《たた》り、災いをもたらす」という考え方があった(これを「御霊信仰《ごりょうしんこう》」という)。そこから、人々を脅《おびや》かすような天災や疫病の発生もこうした非業の死を遂げた人間の怨霊のしわざと見なして畏怖《いふ》し、これを鎮めて「御霊」とすることで祟りを免れ、平穏と繁栄を実現しようとする信仰が起こったのである。それによって、道真の霊が怨霊となって祟る恐ろしい力を持っていると人々は思っている。その恐ろしい力は、恨みを持って非業の死を遂げたからであり、その恨みを和らげ、復位させたり、諡号《しごう》・官位を贈り怒りを鎮め、神としてまつることで、かえって鎮護の神となるのではないか、と当時の人々は考えたようである。祟る力が大きければ大きいほど、神としてまつられた時の力もまた大きいとされた。これらをヒントとして話し合ってみよう。

語句と表現

一　**本文中の次の部分を、傍線部に注意して現代語訳してみよう。**

①かしこくおはします。(170・6)
②かしこく思し嘆きて、(172・2)

考え方　ともにク活用形容詞「かしこし」の連用形で、①は「すぐれて」という意味、②は副詞的に「たいへん」「非常に」という意味。

解答例　**【大意】**1・2を参照。

二　**「去年今夜……」(173・7)の漢詩について、形式と押韻を説明してみよう。**

解答　形式…七言絶句　　押韻…涼・腸・香

学びを広げる　日本三大怨霊

教科書P.176

菅原道真は、平将門《たいらのまさかど》、崇徳院《すとく》とともに「日本三大怨霊」といわれることがある。これらの人物から一人を選び、その経歴やまつわるできごと、さらには怨霊化した彼らを取り扱った作品にどのようなものがあるか、調べて発表してみよう。また、お互いの発表を聞いて、これらの人物の事跡が現在まで伝えられている理由について話し合ってみよう。

考え方　菅原道真…【経歴】学者、漢詩人、政治家。【できごと】遣唐使の廃止を進言したことで知られる。学才にもすぐれ、忠臣であったことから、天皇からの信頼も厚く、のちに右大臣にまで出世した。しかし、左大臣・藤原時平は道真をねたみ、醍醐天皇に「道真が天皇の廃立を企てている」とうそをつき、道真に無実の罪を着せる。時平の言葉を信じた醍醐天皇により左遷され、大宰府に送られた道真は、当地にてわずか二年で没した。その後、落雷が発生して複数の有力な貴族が命を落としたり、時平も三十九歳で突如亡くなったり、宮廷内で不可解なことが立て続けに起こるようになる。ついに道真を左遷した醍醐天皇も病で亡くなると、道真のたたりだと恐れられるようになった。道真の魂を鎮め、神として祀《まつ》るために、北野天満宮が建立され、時がたつにつれて怨霊としての恐ろしさよりも、道真の生前の学問の才能が注目されるようになり、「学問の神様」として崇《あが》められるようになった。

【作品】室町時代に書かれた御伽《おとぎ》草子『天神の本地』、能の演目『雷電』、近松門左衛門が書いた浄瑠璃『天神記』などがある。

平将門…【経歴】平安中期の関東の豪族で、平氏の一族。

【できごと】平氏一族の領地の相続問題を巡る争いで、武勇により勢いに乗った将門は、自らを「新皇」と名乗ったが、朝廷への反逆とみなされ、将門の追討令が出されると、わずか二か月で平貞盛《たいらのさだもり》と藤原秀郷《ふじわらのひでさと》に討ち取られた(平将門の乱)。討ち取られた将門の首は平安京でさらし首になったが、何か月も腐ることなく目を閉じなかったとか、夜中に歯ぎしりをしたといった奇妙な噂が後を絶たなかった。歌人の藤六左近《とうろくさこん》が和歌を詠むと、急に笑いだしたという話もある。首が体を求めて飛んでいったという伝説まであり、飛んでいった先に建てられたのが、現在の東京都千代田区大手町にある将門塚だといわれる。

【作品】古くからさまざまな作品に翻案されてきた。歌舞伎には『忍夜恋曲者《しのびよるこいはくせもの》(将門)』がある。近年の小説でも、夢枕獏《ゆめまくらばく》『陰陽師《おんみょうじ》』瀧《たき》夜叉姫《やしゃひめ》』や高田崇史《たかだたかふみ》『QED〜ventus〜御霊将門』など、しばしば取り上げられている。

崇徳院…【経歴】鳥羽《とば》天皇と藤原璋子《しょうし》の間に誕生し、三歳で天皇として即位。実権を握ることなく退位させられた。

【できごと】自分の不当な扱いを不満に思った崇徳院は、後白河《ごしらかわ》天皇と対立。鳥羽上皇の死後、戦に発展し「保元の乱」が勃発したが、崇徳院側が敗れ、讃岐(現在の香川県)へ流された。讃岐に幽閉された崇徳院は、仏教に傾倒し、京都の寺に経文の写本を納めてほしいと朝廷に差し出したところ、呪いが込められているのではないかと疑われ、受け取りを拒否された。怒った崇徳院は、舌をかみ切り、「皇を取って民とし民を皇となさん」として死ぬまで髪と爪を伸ばし、天狗になったといわれる。また、死後、遺体を納めたひつぎから、蓋を閉めているにもかかわらず、血があふれてきた、という話も残る。その後、大火事が発生したり(安元の大火)、政変を企てる陰謀が発覚したり(鹿ケ谷《ししがたに》の陰謀)するなどして、社会不安が広がり、後白河法皇の身内が次々と亡くなると、崇徳院の怨霊のたたりであるとの噂が広がった。そこで保元の乱の古戦場である春日河原に「崇徳院廟《びょう》」が建てられ、罪人の扱いは取り消されることとなった。

【作品】能の『松山天狗《てんぐ》』、江戸時代に書かれた、上田秋成『雨月物語』「白峯《しらみね》」や滝沢馬琴『椿説弓張月《ちんせつゆみはりづき》』などがある。

以上の内容を参考に、これらの人物の事跡が現在まで伝えられている理由について、思ったことを話し合ってみよう。

最後の除目《じもく》

【大　意】　1　教177ページ1行～178ページ9行

堀河殿《ほりかわどの》（＝藤原兼通《ふじわらのかねみち》）と東三条殿《とうさんじょうどの》（＝藤原兼家《かねいえ》）の兄弟は、長年仲が悪かった。堀河殿がもう最期という時、先払いの声がしたので、東三条殿が見舞いに来たと待っていると、東三条殿は邸《やしき》を通り過ぎて内裏へ行ってしまった。そうと知った堀河殿は、病をおして参内した。

【品詞分解／現代語訳】

この 殿たち の 兄弟 の 御仲、年ごろ の 官位 の 劣り優り の ほど に、御仲 悪しく て 過ぎ
（(代) 格助／格助／格助／格助／格助／格助／格助／シク・用 接助 上二・未）
この殿たち（＝兼通と兼家）のご兄弟のお仲は、長年の官位の優劣争いの間に、お仲が悪くてお過ごしになってい

させ 給ひ し あひだ に、堀河殿 御病 重く なら せ 給ひ て、今は限り に
（助動・尊・用 補尊・四・用 助動・過・体 格助／ク・用 四・未 助動・尊・用 補尊・四・用 接助 (連語) 助動・断・用）
らっしゃいましたうちに、堀河殿のご病気が重くなられて、もうこれが最期という状態

て おはしまし し ほど に、東 の 方 に、先追ふ 音 の すれ ば、御前 に 候ふ 人たち、「誰 ぞ。」

（接助 補尊・四・用 助動・過・体 格助／格助 格助／四・体 格助 サ変・已 接助／格助 四・体 (代) 係助）

でいらっしゃった時に、（邸の）東の方で、先払いする声がするので、（堀河殿の）おそば近くにお仕えする人たちが、

など 言ふ ほど に、「東三条の大将殿 参ら せ 給ふ。」と 人 の 申し けれ ば、殿 聞か せ
（副助 四・体 格助／四・未 助動・尊・用 補尊・四・終 格助 格助 四・用 助動・過・已 接助 四・未 助動・尊・用）
「誰だろうか。」などと言ううちに、「東三条殿の大将殿（＝兼家）が参上なさいます。」と（ある）人が申しましたので、（それを）殿（＝堀河殿）が

給ひ て、年ごろ 仲らひ よから ず して 過ぎ つる に、今は限り に なり たる と
（補尊・四・用 接助／ク・未 助動・打・用 接助 上二・用 助動・完・体 接助 (連語) 格助 四・用 助動・完・体 格助）
お聞きになられて、数年来仲がよくない状態で過ごしてきてしまったが、臨終が近いと聞いて、

聞き て、とぶらひ に おはする に こそ は と て、御前 なる 苦しき もの 取りやり、

（四・用 接助／格助 サ変・体 助動・断・用 係助 係助 格助 接助／助動・存在・体 シク・体 四・用）

見舞いにおいでになるのだろうと思って、おそばにある見苦しい物を取りのけ、

大殿籠り たる 所 ひきつくろひ など し て、入れ 奉ら む と て、待ち 給ふ に、

（四・用 助動・存・体 四・用 副助 サ変・用 接助／下二・用 補謙・四・未 助動・意・終 格助 接助／四・用 補尊・四・体 接助）

お休みになっている所を整えなどして、（東三条殿を）お入れ申しあげようとして、待っていらっしゃると、

副　上二・用　接助　格助　四・未　助動・尊・用　補尊・四・用　助動・完・終　格助　格助　四・体　接助　副　シク・用　ク・用　接助
「早く 過ぎ て、内裏 へ 参ら せ 給ひ ぬ。」と 人 の 申す に、いと あさましく 心憂く て、
「とっくに通り過ぎて、内裏へ参上なさいました。」と(ある)人が申しますので、(堀川殿は)たいそう驚きあきれて不愉快で、

格助　四・体　係助　シク・用　四・終　助動・現推・終　サ変・用　助動・完・未　接助　副助　四・体　副助
「御前 に 候ふ 人々 も、をこがましく 思ふ らむ。おはし たら ば、関白 など 譲る こと など
「(私の)おそばにお仕えする人たちも、(私を)みっともないと思っているだろう。(東三条殿が)いらっしゃったならば、関白などを譲ることなども申しあげ

四・未　助動・意・終　格助　係助　四・用　助動・完・体　接助　接　係助(係)　ク・未　接助　上二・用　助動・完・已(結)
申さ む と こそ 思ひ つる に。かかれば こそ、年ごろ 仲らひ よから で 過ぎ つれ。
ようと思っていたのに。このようであるからこそ、長年仲がよくなくて過ぎてきたのだ。

シク・用　ク・未　助動・打・体　助動・断・終　格助　接助　格助　助動・断・用　接助　四・用　補尊・四・已(命)　助動・存・体　格助
あさましく 安から ぬ こと なり。」と て、限り の さま に て 臥し 給へ る 人 の、
驚きあきれて心穏やかでないことだ。」とおっしゃって、臨終が近い様子で体を横たえていらっしゃる人が、

四・命　格助　四・已　接助　シク・終　格助　四・体　格助　格助　サ変・命　四・命
「かき起こせ。」と のたまへ ば、人々、あやし と 思ふ ほど に、「車 に 装束せよ。御前 もよほせ。」
「抱き起こせ。」とおっしゃるので、人々が、普通でないと思っているうちに、「車に(乗るための)支度をせよ。先駆の者たちを召集せ

格助　下二・未　助動・尊・已　接助　格助　四・未　助動・尊・用　補尊・四・已(命)　助動・存・体　係助　係助　ク・用　接助　下二・未　助動・尊・体
と 仰せ らるれ ば、物 の 憑か せ 給へ る か、うつし心 も なく て 仰せ らるる
よ。」とお命じになるので、(人々は)物の怪がおとり憑きになっているのか、正気もなくておっしゃるのかと、

係助　格助　シク・用　上一・用　補謙・四・体　格助　下二・用　接助　副助　サ変・未　助動・尊・用　補尊・四・用　接助
か と、あやしく 見 奉る ほど に、御冠 召し寄せ て、装束 など せ させ 給ひ て、内裏
不審に(思って)見申しあげていますと、(堀河殿は)御冠をお取り寄せになって、装束などをお召しになられて、内裏へ

格助　四・未　助動・尊・用　補尊・四・用　接助　格助　係助　格助　四・用　接助　格助　格助　格助　四・未
へ 参ら せ 給ひ て、陣 の 内 は 君達 に かかり て、滝口の陣 の 方 より、御前 へ 参ら
参内なさって、近衛の陣の内側は息子たちに寄りかかって、滝口の陣の方から、(帝の)御前へ参上な

助動・尊・用　補尊・四・用　接助　格助　格助　格助　下二・未　助動・尊・用　補尊・四・已(命)　助動・完・体　接助
せ 給ひ て、昆明池 の 障子 の もと に さし出で させ 給へ る に、昼の御座
さって、昆明池の障子の辺りにお出になられたところ、昼間の御座所

に（格助）、東三条の大将、御前 に（格助） 候ひ（四・用） 給ふ（補尊・四・体） ほど なり（助動・断・用） けり（助動・過・終）。

に、東三条の大将（＝兼家）が、（帝の）御前に伺候なさるところでした。

語句の解説 1

教177ページ

2 **＊今《いま》は限《かぎ》り**　名詞「今」＋係助詞「は」＋名詞「限り」で、もうこれが最期、臨終、の意。

2 **おは《ワ》しまししほどに**　いらっしゃった時に。

「おはします」＝尊敬の補助動詞。…ていらっしゃる。

「ほど」＝名詞で、時、時分、の意。

3 **先《さき》追《お》ふ《ウ》音《おと》**　先払いする声。貴人などが通行するときに、先に立った者が人などを追い払う声。

3 **御前《おまえ》に候《さぶら》ふ《ウ》人《ひと》たち**　おそば近くにお仕えする人たち。

「御前」＝ここでは、おそば近く、の意。

「候ふ」＝ここでは、「仕ふ」の謙譲語。お仕えする、おそばに控え申しあげる、の意。

4 **人《ひと》**　（ある）人。誰か。堀河殿の家来を指す。

5 **仲《なか》らひ《イ》よからずして**　仲がよくない状態で。

＊「仲らひ」＝ここでは、仲、間柄、の意。

「して」＝状態を表す接続助詞。…の状態で。…で。…て。

6 **とぶらひ《イ》におは《ワ》するにこそは**　下に「あらめ」が省略されている。

「とぶらひ」＝ここでは、見舞い、訪問、の意。

6 **苦《くる》しきもの取《と》りやり**　見苦しい物を取りのけ。

「苦し」＝ここでは、見苦しい、不快だ、の意。

「取りやる」＝取りのける。取り除く。

7 **ひきつくろひ《イ》などして**　整えなどして。

＊「ひきつくろふ」＝ここでは、整える、の意。「ひき」は接頭語。

7 **入《い》れ奉《たてまつ》らむ《ン》とて**　お入れ申しあげようとして。

「奉る」＝謙譲の補助動詞。お…申しあげる。お…する。

8 **早《はや》く過《す》ぎて**　とっくに通り過ぎて。

＊「早く」＝下に完了・過去の助動詞を伴って、とっくに、すでに、の意。

8 **いとあさましく心憂《こころう》くて**　たいそう驚きあきれて不愉快で。

「あさまし」＝ここでは、驚きあきれるばかりだ、意外だ、の意。

「心憂し」＝ここでは、不愉快だ、おもしろくない、の意。

9 **をこ《オ》がましく思《おも》ふ《ウ》らむ《ン》**　みっともないと思っているだろう。

＊「をこがまし」＝ここでは、みっともない、愚かに見える、の意。

10 **かかればこそ**　このようであるからこそ。このように薄情な弟

(東三条殿)だからこそ、ということ。

11 **安《やす》からぬことなり**　心穏やかでないことだ。

「安からず」＝心穏やかでない。不安だ。

11 **限《かぎ》りのさまにて**　臨終が近い様子で。つまり、危篤状態ということ。

12 **「かき起こせ。」とのたまへ《エ》ば**　「抱き起こせ。」とおっしゃるので。

＊「かき起こす」＝抱き起こす。

「のたまふ」＝「言ふ」の尊敬語。おっしゃる。

12 **あやし**　ここでは、普通でない、変だ、妙だ、の意。

13 **仰《おお》せらるれば**　お命じになるので。

「仰す」＝「仰せらる」の形で、「命ず」「言ふ」の尊敬語。お命じになる。おっしゃる。

13 ＊**うつし心《ごころ》**　意識のはっきりした状態の心。正気。

教178ページ

1 **あやしく**　不審に(思って)。

「あやし」＝ここでは、不審だ、疑わしい、心配だ、の意。

6 **もと**　ここでは、辺り、そば、かたわら、の意。

6 **さし出《い》でさせ給《たま》へ《エ》るに**　お出になられたところ。

「さし出づ」＝ここでは、出る、現れる、の意。

【大　意】　2　教178ページ10行～179ページ7行

東三条殿が円融《えんゆう》天皇に関白のことを奏上しているところに堀河殿が現れる。東三条殿が退室すると、堀河殿は除目を行って東三条殿を左遷し、間もなく亡くなってしまった。

【品詞分解／現代語訳】

こ〔代〕の〔格助〕大将殿は〔係助〕、堀河殿すでに〔副〕失せ〔下二・未〕させ〔助動・尊・用〕給ひ〔補尊・四・用〕ぬ〔助動・完・終〕と〔格助〕聞か〔四・未〕せ〔助動・尊・用〕給ひ〔補尊・四・用〕て〔接助〕、内に〔格助〕

この大将殿(＝東三条殿)は、堀河殿がすでにお亡くなりになったとお聞きになって、円融天皇

関白の〔格助〕こと申さ〔四・未〕む〔助動・意・終〕と〔格助〕思ひ〔四・用〕給ひ〔補尊・四・用〕て〔接助〕、こ〔代〕の〔格助〕殿の〔格助〕門を〔格助〕通り〔四・用〕て〔接助〕、参り〔四・用〕て〔接助〕①申し〔四・用〕

に(次の)関白のことを申しあげようとお思いになって、この殿(＝堀河殿)の門(の前)を通って、参内して(帝に)申しあ

奉る〔補謙・四・体〕ほどに〔格助〕、堀河殿の〔格助〕目を〔格助〕つづらかに〔ナリ・用〕さし出で〔下二・用〕給へ〔補尊・四・已(命)〕る〔助動・完・体〕に〔接助〕、帝も〔係助〕大将も〔係助〕、いと〔副〕

げているところに、堀河殿が(怒りの)目をかっと見開いて現れなさったので、帝も大将も、たいそ

あさましく〔シク・用〕思し召す〔四・終〕。大将は〔係助〕うち見る〔上一・体〕ままに〔格助〕、立ち〔四・用〕て〔接助〕鬼の間の〔格助〕方に〔格助〕おはし〔サ変・用〕ぬ〔助動・完・終〕。関白殿、

う驚きあきれたこととお思いなさる。大将は(堀河殿を)ちらっと見るやいなや、立って鬼の間の方へいらっしゃった。関白殿(＝堀

格助 上一・用 補尊・四・用 接助 副 シク・用 接助 格助 四・用 格助 四・用 接助 補丁・ラ変・用

御前 に つい居 給ひ て、御気色 いと 悪しく て、「最後 の 除目 行ひ に 参り て 侍り

河殿)は、(天皇の)御前にかしこまってお座りになって、ご機嫌がたいそう悪くて、「最後の除目を行いに参内いたしました。」と申しあげて、

助動・完・体 助動・断・終 格助 接助 四・用 接助 格助 係助 格助 格助 四・用 接助

つる なり。」 と て、蔵人頭 召し て、関白 に は 頼忠の大臣、東三条殿 の 大将 を 取り て、

蔵人頭をお呼び寄せになって、関白には頼忠の大臣(=藤原頼忠)を(お任じになり)、東三条殿の大将(の職)を取り上げて、

格助 格助 四・用 補謙・下二・体 四・用 接助 格助 係助 格助 四・用

小一条の済時の中納言 を 大将 に なし 聞こゆる 宣旨 下し て、東三条殿 を ば 治部卿 に なし

小一条の済時(=藤原済時)の中納言を大将にお任じ申しあげる宣旨を下して、東三条殿を治部卿にお任じ申しあげて、

補謙・下二・用 接助 下二・未 助動・尊・用 補尊・四・用 接助 ク・用 下二・用 補尊・四・用 助動・過・体 係助 終助 助動・断・用 接助

聞こえ て、出で させ 給ひ て、ほどなく 失せ 給ひ し ぞ かし。心意地 に て

ご退出なさって、間もなくお亡くなりになったのですよ。意地っ張りでいらっしゃった

補尊・サ変・未 助動・過・体 助動・断・用 接助 副 助動・断・用 補尊・サ変・未 助動・過・体 接助 格助 格助 四・用

おはせ し 殿 に て、さばかり 限り に おはせ し に、ねたさ に 内裏 に 参り

殿で、あれほど最期のご様子でいらっしゃったのに、憎しみのために内裏に参内して(この

接助 四・未 助動・尊・用 補尊・四・用 助動・過・体 サ変・終 助動・可・用(音) 係助 ク・用 助動・過・体 係助 終助

て 申さ せ 給ひ し ほど、異人 す べう も なかり し こと ぞ かし。

除目を行い)申しあげなさったことは、他の人には(まねの)できるものでもないことでしたよ。

(太政大臣兼通)

語句の解説 2

10 **失《う》せさせ給《たまイ》ひぬ**　お亡くなりになった。

「失す」=ここでは、死ぬ、の意。

❶ **何を「申し奉」ったのか。**

答　関白である堀河殿(=兼通)が亡くなったので、次は自分を関白に任じてほしいということ。

15 **あさましく思《おぼ》し召《め》す**　驚きあきれたこととお思いなさる。兼通が唐突に現れたので、帝も兼家も驚いたということ。

「思し召す」=「思ふ」の尊敬語。お思いになる。

16 **うち見《み》るままに**　ちらっと見るやいなや。

「うち見る」=ちらっと見る。見る。「うち」は接頭語。

「ままに」=ここでは、…するやいなや、…するとすぐに、の意。

教179ページ

1 **つい居《い》給《たまイ》ひて**　かしこまってお座りになって。

「つい居る」=ここでは、かしこまって座る、の意。

2 ＊**除目《じもく》** 大臣以外の官職を任命する朝廷儀式。ここは、定期のものではなく、堀河殿の独断で行われた「臨時の除目」。

4 **なし聞《き》こゆる** お任じ申しあげる。

「なす」＝ここでは、官職や位につかせる、任命する、の意。

6 **さばかり** あれほど。あんなにまで。

6 **異人《ことひと》すべう《ビョウ》もなかりしこと** 「べう」は「べく」のウ音便。

＊「異人」＝他の人。別の人。

課題

一 兼家に対する兼通の心情は、どのように変化しているか、順を追って整理してみよう。

解答例 長年の官位の優劣争いのため、快く思っていなかった。↓自分がもう最期と聞いて兼家が見舞いにきたと思い、関白を譲ってもよいとまで思った。↓兼家が屋敷の前を通り過ぎ、参内したと聞いて心穏やかでなくなる。↓病身を押して参内し、除目を行って、関白はおろか、兼家の官位をひき下げてやろうと決心する。

二 次の人たちは兼通の言動をどのように感じたか、それぞれ説明してみよう。

①御前に候ふ人々　②帝・大将　③語り手

解答例 ①もう最期だと思っていたが、いきなり参内の支度を命じられたので、物の怪《け》がとり憑《つ》いて正気を失ったのではないかと不審に思っている。

②死んだと聞いていた兼通が怒りの表情で目の前に現れたので、驚きあきれている。

③あれほどの危篤状態であったのに、憎しみのために参内して除目を行うなど、他の人にはまねできることではないと思っている。

語句と表現

一 次の傍線部を敬語ではない動詞に直してみよう。

①とぶらひにおはするにこそはとて、（177・6）

②鬼の間の方におはしぬ。（179・1）

③心意地にておはせし殿にて、（179・5）

解答 ①「来」、②「行く」、③「あり」

肝試し

【大　意】　1　教180ページ1行～181ページ5行

道長《みちなが》のように後年偉くなる人は、若い頃から胆力が強かったと思われる。花山院《かさんいん》の御代のある雨の夜に、帝《みかど》(＝花山天皇)が道長ら三兄弟に肝試しを命じた。道隆《みちたか》と道兼《みちかね》は顔色を変えたが、道長は証拠を残すための小刀を帝から借り、平然と出発した。兄二人も、しぶしぶ出かけて行った。

【品詞分解／現代語訳】

ラ変・体　助動・当・体　係助　ク・用(音)　格助　格助　ク・用　係助　ク・体　助動・断・体(音)　助動・定・終　格助

さる　べき　人　は、疾う　より　御心魂　の　猛く、御守り　も　こはき　な　めり　と

(道長のように)後年偉くなるはずの人は、若い頃からご胆力が強く、(神仏の)ご加護も堅くしっかりしているようだと思われますよ。

下二・用　補丁・ラ変・体　終助

おぼえ　侍る　は。

格助　格助　格助　係助　上二・用　接助　副　シク・用　下二・用　格助　四・体

花山院　の　御時　に、五月下つ闇　に、五月雨　も　過ぎ　て、いと　おどろおどろしく　かき垂れ　雨　の　降る

花山院がご在位の時、五月下旬の闇夜に、五月雨(の時期)も過ぎて、たいそう不気味にざあざあと激しく雨が降る夜、

シク・終　格助　係助(係)　四・用　助動・過原・体(結)　格助　下二・未　助動・尊・用　補尊・四・用　接助　四・用

夜、帝、さうざうし　と　や　思し召し　けむ、殿上　に　出で　させ　おはしまし　て　遊び

帝は、もの寂しいとお思いになったのだろうか、清涼殿の殿上の間にお出ましになって、管弦の

補尊・四・用　助動・過・体　接助　四・用　副助　サ変・用　補尊・四・用(音)　接助　シク・用　助動・過・体

おはしまし　ける　に、人々、物語　申し　など　し　給う　て、昔　恐ろしかり　ける　ことども

遊びなどなさっていたところ、人々が、世間話を申しあげなどなさって、昔恐ろしかったことなどを申しあげるようにおな

副助　格助　四・用　補尊・四・已(命)　助動・完・体　接助　係助(係)　副　ナリ・体　助動・断・体(音)　助動・定・已(結)

など　に　申しなり　給へ　る　に、「今宵　こそ　いと　むつかしげなる　夜　な　めれ。

りになったところ、(帝は)「今夜はひどく気味の悪い夜のようだ。

副 ナリ・体 副助 下二・終 副 下二・用 助動・存・体 副助 ナリ・未 助動・推・終 副 ラ変・未
かく人がちなるだに、気色おぼゆ。まして、もの離れたる所などいかならむ。さあら
このように人が多くいてさえ、不気味な感じがする。まして、(人けのない)遠く離れた所などはどうであろうか。そんな所に一

助動・婉・体 格助 ナ変・未 助動・推・終 係助 格助 下二・未 助動・尊・用 助動・過・体 接助 副 四・未 助動・打推・終 格助
む所に一人往なむや。」と仰せられけるに、「えまからじ。」と
人で行けるだろうか。」とおっしゃったところ、(皆は)「とても参れないでしょう。」とば

副助 四・用 補尊・四・用 助動・過・体 接助 係助 (代) 助動・断・終 接助 四・用 助動・強・未 助動・意・終 格助 四・用
のみ申し給ひけるを、入道殿は、「いづくなりともまかりなむ。」と申し
かり申しあげなさったのに、入道殿(＝道長)は、「どこへなりとも参りましょう。」と申しあげなさったので、

補尊・四・用 助動・過・已 接助 連体 四・体 助動・断・用 接助 副 ラ変・体 助動・断・終 接 四・命
給ひければ、さるところおはします帝にて、「いと興あることなり。さらば行け。
そのような(ことをおもしろがる)ところのおありになる帝で、「たいそうおもしろいことだ。それならば行け。

係助 係助 格助 係助 格助 四・命 格助 下二・未 助動・尊・用 助動・過・已 接助
道隆は豊楽院、道兼は仁寿殿の塗籠、道長は大極殿へ行け。」と仰せられければ、
道隆は豊楽院、道兼は仁寿殿の塗籠、道長は大極殿へ行け。」とおっしゃいましたので、

格助 係助 ク・体 格助 係助 サ変・用 助動・完・用 助動・過・体 終助 格助 四・終 接 四・未 助動・尊・用
よその君達は、便なきことをも奏してけるかなと思ふ。また、承らせ
(命じられた三人以外の)他の君達は、(入道殿は)都合の悪いことを申しあげたものだなあと思う。また、(帝のご命令を)お引

補尊・四・已(命) 助動・完・体 係助 四・用 接助 ク・終 格助 四・用 助動・存・体 接助 係助 副 連体
給へる殿ばらは、御気色変はりて、益なしと思したるに、入道殿は、つゆさる
き受け申し上げなさった(道隆・道兼の)殿方たちは、お顔の色も変わって、困ったことだとお思いになっているのに、入道殿は、少しもそんなご

係助 ク・用 接助 (代) 格助 格助 係助 サ変・用 補丁・四・未 助動・打意・終 (代) 格助 格助 (連語) (連語)
御気色もなくて、「私の従者をば具し候はじ。この陣の吉上まれ、滝口まれ、
様子もなくて、「私の従者は連れて参りますまい。この近衛の陣の吉上でも、滝口の武士でも、

格助 副助 四・命 格助 四・命 (代) 格助 格助 係助 四・用 補丁・ラ変・未 助動・意・終 格助
一人を『昭慶門まで送れ。』と仰せ言賜べ。それより内には一人入り侍らむ。」と
一人を(召して)『昭慶門まで送れ。』とご命令をお下しください。そこから内には一人で入りましょう。」と申しあげなさると、

申し〔四・用〕 給へ〔補尊・四・已〕 ば、〔接助〕 「証 なき〔ク・体〕 こと。」 と〔格助〕 仰せ〔下二・未〕 らるる〔助動・尊・体〕 に、〔接助〕 「げに。」〔副〕 と〔格助〕 て、〔接助〕 御手箱 に〔格助〕 置か〔四・未〕 せ〔助動・尊・用〕
「（一人では大極殿まで行ったかどうか）証拠のないことだ。」とおっしゃいますので、（入道殿は）「なるほど。」と言って、（帝が）お手

給へ〔補尊・四・已(命)〕 る〔助動・存・体〕 小刀 申し〔四・用〕 て〔接助〕 立ち〔四・用〕 給ひ〔補尊・四・用〕 ぬ。〔助動・完・終〕 いま〔副〕 二所 も、〔係助〕 苦む苦む〔副〕 おのおの〔副〕 おはさうじ〔サ変・用〕
箱に置いていらっしゃる小刀をもらい受けて（座を）お立ちになった。もうお二人も、しぶしぶそれぞれお出かけになった。

ぬ。〔助動・完・終〕

語句の解説　1

教180ページ

1 **こは《ワ》きなめり**　堅くしっかりしているようだ。
＊「こはし」＝強い、堅くしっかりしている、の意。
4 **さうざう《ソウゾウ》しと**　もの寂しいと。
＊「さうざうし」＝もの足りない、もの寂しい、の意。
5 **遊《あそ》びおは《ワ》しましけるに**　管弦の遊びなどなさっていたところ。
「遊ぶ」＝詩歌・管弦などをして楽しむ、の意。
6 **申《もう》しなり給《たま》へ《エ》るに**　申しあげるようにおなりになったところ。
「申しなり」＝「言ひ成る」の謙譲語で、申しあげているうちに話題がその方面になる、の意。
6 **むつかしげなる夜《よる》なめれ**　気味の悪い夜であるようだ。
＊「むつかしげなり」＝気味の悪いさま、の意。
「なめれ」＝「なるめれ」の撥音便「なんめれ」の撥音無表記。
7 **人《ひと》がちなるだに**　人が多くいてさえ。
「人がちなり」＝人の多くいるさま。

8 **えまからじ**　とても参れないでしょう。
＊「まかる」＝参る。退出する。身分の高い人（ここでは花山院）のもとから離れることを表す。
「え……（打消・反語）」＝不可能を表す。ここでは、打消推量の「じ」と呼応している。…できないだろう。
12 **便《びん》なきことをも**　都合の悪いことを。
＊「便なし」＝都合が悪い、具合が悪い、の意。
13 **承《うけたまわ》らせ給《たま》へ《エ》る殿《との》ばらは**　お引き受け申し上げなさった殿方たちは。
「承る」＝「引き受ける」の意の謙譲語。お受けする。
＊「殿ばら」＝高貴な身分の男性たちの敬称。殿方たち。「ばら」は接尾語で、複数を表す。
13 **益《やく》なしと思《おぼ》したるに**　困ったことだとお思いになっているのに。
＊「益なし」＝困ったことだ、まずい、の意。

教181ページ

1 **つゆさる御気色《みけしき》もなくて**　少しもそんなご様子もなくて。
＊「つゆ……（打消）」＝少しも…（ない）。全く…（ない）。ここで

は「なし」が呼応している。

2 仰《おお》せ言《ごと》賜《た》べ　ご命令をお下しください。

「仰せ言」＝帝や貴人のお言葉、ご命令。

＊「賜ぶ」＝「与ふ」「くる」の尊敬語。お与えになる。くださる。

3 証《そう》なきこと　証拠のないことだ。

＊「証」＝証拠。確かなしるし。

4 苦《にが》む苦《にが》む　しぶしぶ。いやいやながら。苦々しい顔をして。

5 おはさう《ワソウ》じぬ　お出かけになった。

「おはさうず」＝ここは、（複数の人が）「行く」「来」の尊敬語で、いらっしゃる、おいでになる、の意。

【大　意】 2 教181ページ6行～182ページ14行

中関白殿《なかのかんぱくどの》（＝道隆）と粟田殿《あわたどの》（＝道兼）は恐怖のため途中で引き返して来たが、入道殿（＝道長）は、行った証拠に高御座《たかみくら》の柱の削り屑《くず》を持ち帰り、帝をはじめ人々を感心させた。翌朝、帝が削り屑をもとの所にあてがわせてみると、ぴったり一致したのだった。

【品詞分解／現代語訳】

「子 四つ。」と 奏し て、かく 仰せ られ 議する ほど に、丑 に も なり に けむ。

（と＝格助／奏し＝サ変・用／て＝接助／かく＝副／仰せ＝下二・未／られ＝助動・尊・用／議する＝サ変・体／に＝格助／に＝格助／も＝係助／なり＝四・用／に＝助動・完・用／けむ＝助動・過推・終）

「子四つ。」と申しあげ（る声を聞い）て（から）、このようにおっしゃって相談するうちに、丑の刻にもなったであろう。

「道隆 は 右衛門 の 陣 より 出でよ。道長 は 承明門 より 出でよ。」と、①それ を さへ 分かた せ 給へ ば、しか おはしましあへ る に、

（は＝係助／の＝格助／より＝格助／出でよ＝下二・命／は＝係助／より＝格助／出でよ＝下二・命／と＝格助／それ＝（代）／を＝格助／さへ＝副助／分かた＝四・未／せ＝助動・尊・用／給へ＝補尊・四・已／ば＝接助／しか＝副／おはしましあへ＝四・已／る＝助動・完・体／に＝接助）

（帝は）「道隆は右衛門の陣から出よ。道長は承明門から出よ。」と、それ（＝出る門）までもお分けなさるので、その（帝の勅命の）ようにお出かけになったところ、

中関白殿、陣 まで 念じ て おはしまし たる に、宴の松原 の ほど に、そ の もの と も なき 声ども の 聞こゆる に、術なく て 帰り 給ふ。

（まで＝副助／念じ＝サ変・用／て＝接助／おはしまし＝四・用／たる＝助動・完・体／に＝接助／の＝格助／に＝格助／そ＝（代）／の＝格助／と＝格助／も＝係助／なき＝ク・体／の＝格助／聞こゆる＝下二・体／に＝接助／術なく＝ク・用／て＝接助／帰り＝四・用／給ふ＝補尊・四・終）

中関白殿は、（右衛門の）陣までは我慢していらっしゃったが、宴の松原の辺りで、なんとも得体の知れない声々が聞こえるので、どうしようもなくてお帰りになる。

粟田殿 は、露台 の 外 まで、わななくわななく おはし たる に、仁寿殿 の 東面 の 砌 の ほど に、軒 と ひとしき 人 の ある やうに 見え 給ひ けれ ば、もの も おぼえ で、「身 の 候は

（は＝係助／の＝格助／まで＝副助／わななくわななく＝副／おはし＝サ変・用／たる＝助動・完・体／に＝接助／の＝格助／の＝格助／の＝格助／に＝格助／と＝格助／ひとしき＝シク・体／の＝格助／ある＝ラ変・体／やうに＝助動・比・用／見え＝下二・用／給ひ＝補尊・四・用／けれ＝助動・過・已／ば＝接助／も＝係助／おぼえ＝下二・未／で＝接助／の＝格助／候は＝四・未）

粟田殿は、露台の外まで、ぶるぶる震えていらっしゃったが、仁寿殿の東側の敷石の辺りに、軒（の高さ）と同じ人がいるようにお見えになったので、正気を失って、「わが身が（無事で）

接助　係助(係)　係助　四・未　助動・推・已(結)　格助　接助　副　四・用　四・用　補尊・四・已(命)　助動・完・已　接助　格助
ば　こそ、仰せ言　も　承ら　め。」　と　て、おのおの　立ち帰り　参り　給へ　れ　ば、御扇　を
ありますればこそ、(はじめて帝の)ご命令もお受けできるだろう。」と思って、それぞれ引き返して参上なさったので、(帝は)御扇

四・用　接助　四・未　助動・尊・用　補尊・四・体　接助　係助　副　シク・用　下二・未　助動・尊・用　補尊・四・未　助動・打・体　接助　副
たたき　て　笑は　せ　給ふ　に、入道殿　は　いと　久しく　見え　させ　給は　ぬ　を、いかが
をたたいてお笑いになりますが、入道殿はたいそう長い間お見えにならないので、どうした

格助　四・体　格助　係助(係)　副　ク・用　助動・断・用　係助　ナリ・用　接助　四・未　助動・尊・用
と　思し召す　ほど　に　ぞ、いと　さりげなく、こと　に　も　あらずげに　て　参ら　せ
のかとお思いになっていらっしゃるうちに、本当に何気なく、何事もなかった様子で参上なさいました。

補尊・四・已(命)　助動・完・体(結)　副　副　格助　四・未　助動・尊・用　補尊・四・已　接助　副　ナリ・用　格助
給へ　る。「いかに　いかに。」と　問は　せ　給へ　ば、いと　のどやかに、御刀　に、
(帝が)「どうしたどうした。」とお尋ねなさると、(入道殿は)たいそう落ち着いて、御刀に、

四・未　助動・尊・用　助動・完・体　格助　サ変・用　接助　四・未　助動・尊・用　補尊・四・体　接助　(代)　係助　(代)　係助　格助　下二・未　助動・尊・已
削ら　れ　たる　物　を　取り具し　て　奉ら　せ　給ふ　に、「こ　は　何　ぞ。」と　仰せ　られ
(刀で)削り取りなさったものを取り添えて(帝に)差しあげなさるので、(帝は)「これは何か。」とおっしゃると、

接助　ナリ・用　接助　四・用　接助　補丁・ラ変・未　助動・仮・体　係助　四・終　助動・打推・体　格助　四・用　格助　格助
ば、「ただに　て　帰り参り　て　侍ら　む　は、証　候ふ　まじき　に　より、高御座　の　南面　の
(入道殿は)「何も持たないで帰って参りましたならば、証拠がございますまい(と思った)ので、高御座の南側の柱の下の所を

格助　格助　四・用　接助　補丁・四・体　助動・断・終　格助　ク・用　四・用　補尊・四・体　接助　副　シク・用　四・未
柱　の　もと　を　削り　て　候ふ　なり。」と、つれなく　申し　給ふ　に、いと　あさましく　思し召さ
削って参りました。」と、平然と申しあげなさるので、(帝は)たいそう驚きあきれたこととお思

助動・尊・終　格助　係助　副　係助　副　四・未　接助　(代)　格助　格助　副　四・用　補尊・四・已(命)
る。②異殿たち　の　御気色　は、いかに　も　なほ　直ら　で、この　殿　の　かくて　参り　給へ
いになる。他の(お二方の)殿のお顔の色は、どうしてもやはり直らないで、この殿(＝道長)がこのように帰って参られたのを、

助動・完・体　格助　格助　格助　サ変・用　四・未　助動・自・用　補尊・四・已　接助　シク・体　助動・断・用　係助　接
る　を、帝　より　はじめ　感じ　ののしら　れ　給へ　ど、うらやましき　に　や、また
帝をはじめとして(みな)自然と感心して褒めたたえなさるけれど、(中関白殿と粟田殿は)うらやましいのだろうか、また

ナリ・体｜助動・断・用｜係助｜係助｜四・未｜接助｜係助(係)｜四・用｜補尊・四・用｜助動・過・体(結)
いかなる に か、もの も 言は で ぞ 候ひ 給ひ ける。
それともどういうことだろうか、ものも言わないでお控えになっていらっしゃいました。

副｜シク・用｜四・未｜助動・尊・用｜助動・過・已｜接助｜格助｜格助｜四・用｜接助｜上一・命
なほ、疑はしく 思し召さ れ けれ ば、つとめて、「蔵人 して、削り屑 を つがはし て みよ。」
(帝は)それでも、疑わしいとお思いになられたので、翌朝、「蔵人に、削り屑を(もとの所に)あてがってみよ。」とご命

格助｜ラ変・用｜助動・過・已｜接助｜四・用｜接助｜下二・用｜接助｜上一・用｜補尊・四・用｜助動・過・体｜接助｜副｜四・未｜助動・打・用
と 仰せ言 あり けれ ば、持て行き て 押しつけ て 見 たうび ける に、つゆ 違は ざり
令があったので、(蔵人が)持って行って(柱に)押しつけてご覧になったところ、少しも違わなかった。

助動・過・終｜(代)｜格助｜係助｜副｜ナリ・用｜接助｜補丁・ラ変・体(音)｜助動・婉・終｜格助｜係助｜上一・体｜係助｜副
けり。その 削り跡 は、いと けざやかに て 侍 めり。末の世 に も、見る 人 は なほ
その削り跡は、たいそうはっきりと残っているようです。のちの世にも、(それを)見る人はやはり驚

シク・体｜格助｜係助(係)｜四・用｜助動・過・体(結)｜終助
あさましき こと に ぞ 申し し かし。
きあきれることと申しましたよ。

(太政大臣道長)

語句の解説 2

① 「それ」とは、何を指すか。

答 内裏を出る門。

9 **しかおはしましあへるに** そのようにお出かけになったところ。
「しか」＝そのように。ここは、帝の勅命のように、ということ。
「おはしましあふ」＝「おはします」＋「あふ」(皆…し合う)の複合動詞。(複数の人が)「行く」「来」の尊敬語。

11 **そのものともなき声《こゑ》ども** なんとも得体の知れない声々。
「そのものともなし」＝取り立ててこれだと言ってしまえない。得体の知れない。

12 **術《ずち》なくて** どうしようもなくて。
＊「術なし」＝手段・方法がない。困った。

16 **ものもおぼえで** 正気を失って。
「ものもおぼえず」＝何がなんだかわからなくなる。正気を失う。

16身《み》の候《そうら》は《ワ》ばこそ、仰《おお》せ言《ごと》も承《うけたまわ》らめ　無事でなくてはご命令をお受けすることもできない、の意。

教182ページ

3ことにもあらずげにて　何事もなかった様子で。
「ことにもあらず」＝たいしたことでもない。取るに足りない。
「げ」＝いかにも…の様子である、の意の形容動詞を作る接尾語。

4いとのどやかに　たいそう落ち着いて。
「のどやかなり」＝ゆったり落ち着いている、くつろいでいる、の意。＝のどかなり

4取《と》り具《ぐ》して奉《たてまつ》らせ給《たまう》ふに　取り添えて差しあげなさるので。
「取り具す」＝取りそろえる。取り添える。

7つれなく　すげなく、平然と。
「つれなし」＝すげない。冷淡である。

7いとあさましく思《おぼ》し召《め》さる　肝試しを平然とやってのけた上に、天皇の座の柱を削り取るという大胆な行動をとった道長に、帝はあきれるほど驚嘆したのである。

②「異殿たち」とは、誰のことか。

答　中関白殿（道隆）と粟田殿（道兼）。

8いかにもなほ《オ》直《なお》らで　どうしてもやはり直らないで。
「いかにも……（打消）」＝どうしても。どんなことをしても。ここでは、「で」（打消の接続助詞）と呼応している。

8感《かん》じののしられ給《たま》へ《エ》ど　自然と感心して褒めたたえなさるけれど。
「感じののしる」＝感心して褒めたたえる。しきりに褒める。

9うらやましきにや　下に「あらむ」を補って訳す。

9いかなるにか　ここも、下に「あらむ」を補って訳す。

12見《み》た《ト》う《ウ》びけるに　ご覧になったところ。
「たうぶ」＝「賜（給）ぶ」と書き、動詞の連用形に付いて、その主語を高める尊敬の補助動詞。「給《たま》ふ」「給《た》ぶ」と同じ。

13けざやかにて侍《はべ》めり　はっきりと残っているようです。
＊「けざやかなり」＝ここでは、はっきりしている、明瞭だ、の意。
「侍めり」＝「はべるめり」の撥音便「はべんめり」の撥音無表記。

課題

一　花山院の言動を順を追って整理し、どのような人物として描かれているか、話し合ってみよう。

解答例　道長ら三人に肝試しを命じ、証拠も示すように促す。道長が帰ってくると、感心する一方、道長が持ち帰った削り屑が本物か確かめさせている。変わったことに興味をもつ、もの好きで好奇心旺盛な人物でありつつ、物証によって物事を判断する論理的な人物として描かれている。

二　道長はどのような人物として描かれているか、道隆・道兼と対比してまとめてみよう。

考え方　勅命を受けた時と、内裏を出発してからの様子を整理してからまとめるとよい。

解答例　道隆・道兼＝小心で臆病な人物。
道長＝思慮深く豪放な人物。

語句と表現

一　次の傍線部の敬語の違いを文法的に説明してみよう。

①具し候はじ。（181・1）
②証候ふまじきにより、（182・6）
③ものも言はでぞ候ひ給ひける。（182・9）

解答　①の「候ふ」は、ハ行四段活用の補助動詞。丁寧の意味を表す。②と③の「候ふ」は、ハ行四段活用の本動詞。②は「あり」の丁寧語。③は「仕ふ」の謙譲語。

道《みち》長《なが》と詮《せん》子《し》

【大　意】　1　教184ページ1行～185ページ3行

女院《にょういん》（＝藤原詮子）は弟の入道殿（＝藤原道長）をひいきにしていたので、帥殿《そちどの》（＝藤原伊周《これちか》）は女院を嫌い、いつも帝（＝一条天皇）のおそばにいて女院と入道殿のことを悪く言った。女院は、入道殿に関白の宣旨《せんじ》を下すよう帝を説得するが、帝はそれを煩わしく思った。

【品詞分解／現代語訳】

女院 は（係助）、入道殿 を（格助） 取り分き（四・用） 奉ら（補謙・四・未） せ（助動・尊・用） 給ひ（補尊・四・用） て（接助）、いみじう（シク・用（音）） 思ひ（四・用） 申さ（補謙・四・未） せ（助動・尊・用） 給へ（補尊・四・已（命））
女院は、入道殿を特別にお扱い申しあげなさって、たいそう愛し申しあげていらっしゃったので、

り（助動・存・用） しか（助動・過・已） ば（接助）、帥殿 は（係助）、疎々しく（シク・用） もてなさ（四・未） せ（助動・尊・用） 給へ（補尊・四・已（命）） り（助動・存・用） けり（助動・過・終）。帝、皇后宮 を（格助）
帥殿は、（女院に対して）よそよそしくふるまっていらっしゃいました。帝が、皇后宮（＝定子）

ねんごろに（ナリ・用） 時めかさ（四・未） せ（助動・尊・用） 給ふ（補尊・四・体） ゆかり に（格助）、帥殿 は（係助） 明け暮れ（副） 御前 に（格助） 候は（四・未） せ（助動・尊・用） 給ひ（補尊・四・用） て（接助）、
を心からご寵愛なさる関係から、（皇后の兄である）帥殿はいつも帝の御前に伺候していらっしゃって、

入道殿 を（格助） ば（係助） さらに（副） も（係助） 申さ（四・未） ず（助動・打・用）、女院 を（格助） も（係助） よから（ク・未） ず（助動・打・用）、こと に（格助） 触れ（下二・用） て（接助） 申さ（四・未） せ（助動・尊・用）
入道殿は申すまでもなく、女院をもよくないように、何かにつけて申しあげなさるのを、

補尊・四・体　格助　副　下二・用　係助(係)　サ変・未　助動・尊・用　補尊・四・用　助動・過原・体(結)　副　ク・体　格助
給ふ を、①おのづから 心得 や せ させ 給ひ けむ、いと 本意なき こと に
(女院も)自然とお気づきになっていらっしゃったのでしょうか、たいそう不本意なこととお思いにならなら

四・用　助動・過・体　ナリ・終　終助
思し召し ける、理なり な。
れましたのは、もっともなことですよ。

格助　格助　四・未　助動・尊・用　補尊・四・未　助動・婉・体　格助　シク・用(音)　四・未　助動・尊・用　補尊・四・用
入道殿 の 世 を しら せ 給は む こと を、帝、いみじう しぶら せ 給ひ
入道殿が国を治めなさるようなことを、帝は、たいそうお渋りなさいました。

助動・過・終　四・未　接助　格助　四・未　助動・尊・用　補尊・四・未　助動・婉・体　格助　副
けり。皇后宮、父大臣 おはしまさ で、世の中 を ひき変はら せ 給は む こと を、いと
皇后宮は、父大臣(＝道隆)がいらっしゃらないで、世の中の情勢が中宮(＝定子)にとって一変してしまいはしないかということを、(帝は)

シク・用(音)　四・用　接助　格助　係助　副　係助(係)　四・未　助動・尊・用　補尊・四・用　助動・過・体(結)　接
心苦しう 思し召し て、粟田殿 に も、とみに やは 宣旨 下さ せ 給ひ し。されど、女院
たいそう気の毒にお思いになられて、粟田殿(＝道兼)にも、すぐに(関白の)宣旨をお下しになったでしょうか(、いや、お下しにはなりませんでした)。しかし、

格助　格助　格助　格助　四・用　接　格助　係助　ク・未　助動・打・用　四・用　補謙・下二・未　助動・尊・用
の 道理 の まま の 御事 を 思し召し、また 帥殿 を ば よから ず 思ひ 聞こえ させ
女院が(兄から弟へという順序で関白職が移るべきだという)道理にかなったことをお考えになり、また帥殿を好ましくなく思い申しあげていらっしゃったので、

補尊・四・用(音)　助動・過・已　接助　格助　格助　シク・用(音)　四・未　助動・尊・用　補尊・四・用　助動・過・已　接助　副　副
給う けれ ば、入道殿 の 御事 を、いみじう しぶら せ 給ひ けれ ど、「いかで かく
(帝は)入道殿の御事(＝入道殿を関白になさること)を、たいそうお渋りなさいましたけれど、「どうしてそのよう

係助　四・用　下二・未　助動・尊・体　係助　下二・未　助動・受・用　助動・完・体　副助　副　シク・用　補丁・ラ変・用
は 思し召し 仰せ らるる ぞ。大臣 越え られ たる こと だに、いと いとほしく 侍り
にお考えになっておっしゃられるのですか。(入道殿が帥殿に)大臣(昇進を)越えられたことでさえ、たいそう気の毒でございましたのに、

助動・過・体　接助　格助　ナリ・用　サ変・用　補丁・ラ変・用　助動・過・体　助動・断・已　接助　上二・未　助動・尊・用　補尊・四・未
し に、父大臣 の あながちに し 侍り し こと なれ ば、②いなび させ 給は
(それは帥殿の)父大臣が無理やりにしたことでございますから、(帝も)お断りになれなくなってしま

ず 助動・打・用 なり 四・用 に 助動・完・用 し 助動・過・体 こそ 係助(係) 侍れ。 補丁・ラ変・已(結)

ったのでございます。

栗田の大臣 に 格助 は 係助 せ サ変・未 させ 助動・尊・用 給ひ 補尊・四・用 て、 接助 これ (代)

栗田の大臣には(関白の宣旨を)お下しになって、これ

に 格助 しも 副助 侍ら ラ変・未 ざら 助動・打・未 む 助動・仮・体 は、 係助 いとほしさ より 格助 も、 係助 御ため なむ、 係助(係) いと 副 便なく、 ク・用 世 の 格助 人 も 係助

(＝入道殿)にだけございませんとしたならば、(入道殿への)気の毒さよりも、(帝の)御ためにたいへん不都合だと、世の人もことさら言い

言ひなし 四・用 侍ら 補丁・ラ変・未 む。」 助動・推・体(結) など、 副助 いみじう シク・用(音) 奏せ サ変・未 させ 助動・尊・用 給ひ 補尊・四・用 けれ 助動・過・已 ば、 接助 むつかしう シク・用(音) や 係助(係)

立てますでしょう。」などと、(女院が)並ひととおりでなく奏上なさったので、(帝は)煩わしくお思いにな

思し召し 四・用 けむ、 助動・過原・体(結) のち に 格助 は 係助 渡ら 四・未 せ 助動・尊・用 給は 補尊・四・未 ざり 助動・打・用 けり。 助動・過・終

ったのでしょうか、その後は(女院の所に)いらっしゃいませんでした。

語句の解説 1

教184ページ

1 **取《と》り分《わ》き奉《たてまつ》らせ給《たま》ひ《イ》て** 特別にお扱い申しあげなさって。

＊「取り分く」＝ここでは、特別に扱う、特に重んじる、の意。

1 **思《おも》ひ《イ》申《もう》させ給《たま》へ《エ》りしかば** 愛し申しあげていらっしゃったので。

「思ふ」＝ここでは、愛する、慕う、の意。

「申す」＝謙譲の補助動詞。語り手の道長に対する敬意。

「せ給ふ」＝最高敬語。語り手の女院に対する敬意。

2 **疎々《うとうと》しく** よそよそしく。

＊「疎々し」＝よそよそしい。他人行儀だ。

2 **もてなさせ給《たま》へ《エ》りけり** ふるまっていらっしゃいました。

「もてなす」＝ここでは、ふるまう、行う、の意。

2 **ねんごろに時《とき》めかさせ給《たま》ふ《ウ》** 心からご寵愛《ちょうあい》なさる。

「ねんごろなり」＝心のこもったさま。手厚いさま。

3 **さらにも申《もう》さず** 「さらにも言はず」の謙譲語。申すまでもなく。

1 「おのづから心得」たのは誰か。

答 女院(詮子)。

5 **本意《ほい》なきこと** 不本意なこと。

「本意なし」＝ここでは、不本意である、残念だ、の意。

7 **おは《ワ》しまさで** いらっしゃらないで。つまり、お亡くなりになって、ということ。

7 **心苦《こころぐる》しう《シュウ》思《おぼ》し召《め》して** 「心苦しう」は「心苦しく」のウ音便。

「心苦し」＝気の毒だ。いたわしい。心配だ。

8 **とみにやは** すぐに…か、いや…ない。

「やは」＝疑問・反語の係助詞。ここは反語を表す。

10 **いかで** どうして。なぜ。

11 **いとほ《オ》しく侍《はべ》りしに**　気の毒でございましたのに。
「いとほし」＝ここでは、気の毒だ、かわいそうだ、の意。

12 **あながちにし侍《はべ》りしこと**　無理やりにしたこと。
「あながちなり」＝ここでは、無理やりなさま、強引だ、の意。

❷ 「いなびさせ給はず」とは、誰のとった態度か。

答　帝（一条天皇）。

解説　「いなぶ」は、断る、承知しない、の意。

教185ページ

1 **便《びん》なく**　不都合だと。
「便なし」＝ここでは、不都合だ、よろしくない、の意。

1 **言《い》ひ《イ》なし侍《はべ》らむ《ン》**　ことさら言い立てますでしょう。
「言ひなす」＝ことさら言い立てる。誇張して言う。

2 **むつかしう《シュウ》**　「むつかしく」のウ音便。
「むつかし」＝ここでは、煩わしい、面倒だ、の意。

2 **渡《わた》らせ給《たま》は《ワ》ざりけり**　いらっしゃいませんでした。主語は帝で、女院の所に来なくなったということ。

【大　意】　2　**教185ページ4行～13行**

そこで女院は、天皇の寝所へ出向いて直接泣きながら説得する。その時、入道殿は上《うえ》の御局《みつぼね》にお控えしていたが、しばらくして女院が出てきて入道殿に関白の宣旨が下ったと言う。入道殿は女院のご恩を忘れず、後年女院の葬送の折、その遺骨を首にかけたほどであった。

【品詞分解／現代語訳】

されば〔接〕、**上の御局** **に**〔格助〕 **上ら**〔四・未〕 **せ**〔助動・尊・用〕 **給ひ**〔補尊・四・用〕 **て**〔接助〕、**「こなた**〔代〕 **へ**〔格助〕**。」** **と**〔格助〕 **は**〔係助〕 **申さ**〔四・未〕 **せ**〔助動・尊・用〕 **給は**〔補尊・四・未〕 **で**〔接助〕、**我**〔代〕、
そこで、（女院は）上の御局においでになって、（帝に）「こちらへ（おいでください）。」とは申しあげなさらないで、ご自

夜の御殿 **に**〔格助〕 **入ら**〔四・未〕 **せ**〔助動・尊・用〕 **給ひ**〔補尊・四・用〕 **て**〔接助〕、**泣く泣く**〔副〕 **申さ**〔四・未〕 **せ**〔助動・尊・用〕 **給ふ**〔補尊・四・終〕。**そ**〔代〕**の**〔格助〕 **日** **は**〔係助〕、**入道殿** **は**〔係助〕
身、天皇の寝所にお入りになりまして、泣きながら（入道殿の件を）申しあげなさいます。その日は、入道殿は上の御

上の御局 **に**〔格助〕 **候は**〔四・未〕 **せ**〔助動・尊・用〕 **給ふ**〔補尊・四・終〕。**いと**〔副〕 **久しく**〔シク・用〕 **出で**〔下二・未〕 **させ**〔助動・尊・用〕 **給は**〔補尊・四・未〕 **ね**〔助動・打・已〕 **ば**〔接助〕、**御胸** **つぶれ**〔下二・未〕 **させ**〔助動・尊・用〕
局にお控え申しあげていらっしゃいます。（女院が）たいそう長い間お出になりませんので、（入道殿が）胸をどきどきさせて

給ひ〔補尊・四・用〕 **ける**〔助動・過・体〕 **ほど** **に**〔格助〕、**とばかり**〔副〕 **あり**〔ラ変・用〕 **て**〔接助〕、**戸** **を**〔格助〕 **押し開け**〔下二・用〕 **て**〔接助〕 **出で**〔下二・未〕 **させ**〔助動・尊・用〕 **給ひ**〔補尊・四・用〕 **ける**〔助動・過・体〕。**御顔**
いらっしゃったところ、しばらくたって、（女院が）戸を押し開けて出ていらっしゃいました。お顔は

係助　四·用　下二·用　四·未　助動·尊·用　補尊·四·用　接助　係助　ク·用　四·未　助動·尊·用　補尊·四·用　接助
は 赤み 濡れ つやめか せ 給ひ ながら、御口 は こころよく 笑ま せ 給ひ て、
赤らみ（涙に）濡れてつやつやと光っていらっしゃりながら、お口元は気持ちよくほほ笑みなさって、

感　四·用　助動·完·終　格助　係助(係)　四·未　助動·尊·用　補尊·四·用　助動·過·已(結)　副　格助　副助
「あはや、宣旨 下り ぬ。」と こそ 申さ せ 給ひ けれ。いささか の こと だに、この世
「ああ、（入道殿に関白の）宣旨が下りました。」と申しあげなさったのでした。少しばかりのことでさえ、現世にお

助動·断·未　助動·打·用　補丁·ラ変·体　助動·伝·已　接助　副　副　格助　係助　格助　副
なら ず 侍る なれ ば、いはむや、かばかり の 御ありさま は、人 の、ともかくも
ける言動の結果ではなく、前世に作られた原因による結果なのだそうですから、ましてや、これほどの（重大な）ご事態は、人（＝女院）が、どのようにも

四·未　助動·婉·体　格助　四·未　助動·尊·用　補尊·四·終　助動·当·体　助動·断·用　係助　ラ変·未　助動·打·已　接助　副　係助(係)
思し置か む に よら せ 給ふ べき に も あら ね ども、いかで か は 院
思い定めていらっしゃるようなことによってお決まりになるはずのものでもありませんが、（入道殿は）どうして女院

格助　ナリ·用　四·用　補謙·四·未　助動·尊·用　補尊·四·未　助動·推·体(結)　(代)　格助　格助　係助　上二·用　接助　係助(係)　係助
を おろかに 思ひ 申さ せ 給は まし。その 中 に も、道理 すぎ て こそ は
をおろそかに思い申しあげなさいましょうか（、いや、おろそかにはなさいますまい）。（入道殿が女院のご恩に報いようとした）その中でも、道理を越えてご恩

サ変·用　補謙·四·用　四·未　助動·尊·用　補尊·四·用　助動·過·已(結)　格助　副助　係助(係)　係助　下二·未　助動·尊·用
報じ 奉り 仕うまつら せ 給ひ しか。御骨 を さへ こそ は 懸け させ
に報い申しあげお仕えなさいました。（女院がお亡くなりになった折、女院の）ご遺骨をまで（ご自分の首に）

補尊·四·已(命)　助動·完·用　助動·過·已(結)
給へ り しか。
お懸けになりました。

（太政大臣道長）

語句の解説 2

4 **こなたへ**　こちらへ（おいでください）。
＊「こなた」＝近称の指示代名詞。こちら。こっち。
6 **御胸《おおんむね》つぶれさせ給《たま》ひける**　胸をどきどきさせていらっしゃった。
「胸つぶる」＝胸がどきどきする。はらはらする。
8 **つやめかせ給《たま》ひながら**　つやつやと光っていらっしゃりながら。
「つやめく」＝つやつやと光る。つやつやとして見える。
8 **こころよく笑《え》ませ給《たま》ひて**　気持ちよくほほ笑みなさって。
「こころよし」＝気持ちがよい。愉快である。
8 **あはや《ワ》**　やれやれという気持ちを表す言葉。ああ。
9 **いささかのことだに**　少しばかりのことでさえ。
「いささか」＝少しばかり。ほんのちょっと。

10 **いはむ《ワン》や**　ましてや。言うまでもなく。
10 **かばかりの**　これほどの。「か」は、入道殿が関白の宣旨を受けることを指す。
10 **思《おぼ》し置《お》かむ《ン》**　思い定めていらっしゃるようなこと。「思し置く」=ここでは、思い定めていらっしゃる、あらかじめ心に決めておかれる、の意。
11 **よらせ給《たまウ》ふべきにも**　お決まりになるはずのものでも。「よる」=ここでは、(…に)よって決まる、の意。
11 **いかでかは**　ここでは反語を表す。どうして…か、いや、…ない。
11 **おろかに**　おろそかに。「おろかなり」=ここでは、おろそかだ、いいかげんだ、の意。
12 **仕《つこウ》うまつらせ給《たまイ》ひしか**　お仕えなさいました。「仕うまつる」=「仕ふ」の謙譲語。お仕えする。

課題

一　一条天皇が、道長を関白にとの主張を受け入れなかった理由を説明してみよう。

解答例　寵愛する皇后定子の父道隆はすでに亡く、道長に政治の実権が移ることによって、定子や伊周の一族の声望や権力が衰えていくのが気の毒であったから。

二　詮子は道長のためにどのような行動をとったか、また、それはどのような心情からか、説明してみよう。

解答例　行動=・道長を関白にするよう道理(関白職は兄弟の順で移るべきこと)を帝に説き、道隆、道兼の次は道長が継ぐべきだと説得した。
・帝が自分の部屋に来なくなったため、帝の寝所に行って泣きながら訴え、道長の関白の宣下を認めさせた。
心情=道隆、次は道兼、その次は道長と、兄から弟へという順序で関白職が移るのが道理であると考えているのと同時に、詮子自身に道長をひいきする心情があった。

語句と表現

一　次の傍線部の敬語について、誰から誰への敬意か説明してみよう。

①帥殿をばよからず思ひ聞こえさせ給うければ、(184・9)
②粟田の大臣にはせさせ給ひて、(184・13)
③いかでかは院をおろかに思ひ申させ給はまし。(185・11)

解答　①「聞こえ」=作者から帥殿への敬意。「させ」「給う」=作者から女院への敬意。
②「させ」「給ひ」=女院から帝(一条天皇)への敬意。
③「申さ」=作者から女院への敬意。「せ」「給は」=作者から入道殿(藤原道長)への敬意。

三　日記

蜻《かげ》蛉《ろう》日記

藤原道綱母《ふじわらのみちつなのはは》

教科書P.188〜193

●『蜻蛉日記』とは

作者は藤原道綱母。三巻。天暦《てんりゃく》八年（九五四）から天延《てんえん》二年（九七四）の二十一年間のことを記す、自叙伝的回想録的な日記。藤原兼家《かねいえ》との結婚の初めから筆を起こし、夫兼家との関係を中心に、妻として母として生きる女性の心が綴《つづ》られている。自照文学の最初の作品であり、女性の筆による最初の日記。後の文学に与えた影響も大きい。

うつろひたる菊

【大　意】　1　教188ページ1行〜189ページ1行

作者は、夫兼家が他の女にあてて書いた手紙を見つける。その女との結婚も成立したようで、三晩続けて姿を見せない時があったが、兼家は平然として、思わせぶりな言い訳をするのだった。

【品詞分解／現代語訳】

さて、九月ばかりになりて、出でにたるほどに、
さて（接）　九月　ばかり（副助）　に（格助）　なり（四・用）　て（接助）、　出で（下二・用）　に（助動・完・用）　たる（助動・完・体）　ほど　に（格助）、
そうして、九月頃になって、（兼家が）出て（行って）しまった時に、

箱のあるを手まさぐりに開けて見れば、
箱　の（格助）　ある（ラ変・体）　を（格助）　手まさぐり　に（格助）　開け（下二・用）　て（接助）　見れ（上一・已）　ば（接助）、
文箱があるのを（見つけて）何気なく開けて見ると、

人のもとに遣らむとしける文あり。

人　の（格助）　もと　に（格助）　遣ら（四・未）　む（助動・意・終）　と（格助）　し（サ変・用）　ける（助動・過・体）　文　あり（ラ変・終）。

他の人（＝女）の所に届けようとした手紙がある。


あさましさに、見てけりとだに知られむと思ひて、書きつく。

あさましさ　に（格助）、　見（上一・用）　て（助動・完・用）　けり（助動・過・終）　と（格助）　だに（副助）　知ら（四・未）　れ（助動・受・未）　む（助動・意・終）　と（格助）　思ひ（四・用）　て（接助）、　書きつく（下二・終）。

驚きあきれて、（せめて私がその手紙を）見てしまったと（いうこと）だけでも知られようと思って、（余白に歌を）書きつける。

シク・終 格助 四・已(命) 助動・存・体 上一・已 接助 (代) 係助(係) 格助 四・未 助動・推・終 格助
うたがはし ほか に 渡せ る ふみ 見れ ば ここ や とだえ に なら む と
疑わしいこと。他(の女の方)に送ろうとする手紙を見ると、もうこちら(の私の所にあなたが来るの)は途絶えようとしているの

サ変・終 助動・現推・体(結)
す らむ
でしょうか。

副助 四・体 格助 ク・用(音) 格助 四・用 接助 下二・未 助動・打・体 ラ変・終 ク・用(音)
など 思ふ ほど に、むべなう、十月 つごもりがた に、三夜 しきり て 見え ぬ 時 あり。つれなう
などと思っているうちに、案の定、十月の末ごろに、三晩続いて(兼家が)姿を見せない時があった。(兼家は)平然

接助 副 上一・体 格助 副助 ラ変・終
て、「しばし こころみる ほど に。」など、気色 あり。
として、「しばらく、(あなたの気持ちを)試しているうちに(三日もたってしまった)。」などと、(来なかった)言い訳をする。

語句の解説 1

教188ページ

2 **手《て》まさぐりに** 何気なしに。

＊「手まさぐり」＝手先でもてあそぶこと。転じて、ここでは、何気なしに、手なぐさみに、の意。

3 **遣《や》らむ《ン》と** 届けようと。

「遣る」＝送る、届ける、の意。

4 **見《み》てけりとだに知《し》られむ《ン》** せめて手紙を見てしまったということだけでも兼家に知られよう、ということ。

「だに」＝最小限の限度を表す副助詞。せめて…だけでも。

8 **むべなう《ノウ》** 「むべなく」のウ音便。

「むべなし」＝案の定。思ったとおり。

8 **十月《かみなづき》つごもりがたに** 十月の末頃に。

「つごもり」＝月末、下旬、の意。

9 **三夜《みよ》しきりて見《み》えぬ時《とき》あり** 三晩続けて兼家が来ない時があった、ということ。当時、結婚する場合は、三晩続けて男性が女性の家に通う習慣があった。作者はこの意を察したのである。

教189ページ

1 **つれなう《ノウ》て** 「つれなう」は「つれなく」のウ音便。

＊「つれなし」＝平然としている、さりげない、の意。

1 **気色《けしき》あり** はっきりとは言わず、それとなく伝えてきた、ということ。ここでは、言い訳をする、と訳した。

「気色」＝意向、非侯、態度、の意。

【大意】 2 教189ページ2〜15行

作者は、兼家の通い先が町の小路の女であることを知る。ある夜訪れた兼家を家に入れなかった作者は、翌日、歌に色あせた菊の花をつけて兼家に送った。作者の腹立ちをもっともだと言いながらも、平気で女の所に通い続ける。そんな兼家に作者は憤りを抑えきれないのだった。

【品詞分解／現代語訳】

(代) 格助 格助 四・用 助動・詠・終 格助 接助 下二・体 接助 下二・未 接助 格助 下二・用
これ より、夕さりつかた、「内裏 の 方 ふたがり けり。」と て 出づる に、心得 で、人 を つけ
こちら（＝私の家）から、夕方頃、「宮中が禁忌の方角にあたっていたのだよ（方違えのために出かけよう）。」と言って出かけるので、納得しないで、

接助 下二・已 接助 格助 助動・存在・体 (代) 格助 係助(係) 四・用 補尊・四・用 助動・完・体(結) 格助 接助 カ変・用
て 見すれ ば、「町 の 小路 なる そこそこ に なむ、とまり 給ひ ぬる。」と て 来
召し使いに尾行させて見届けさせたところ、「町の小路にあるどこそこに、（車を）お止めになりました。」と言って（帰って）来た。

助動・完・終 連 格助 シク・用(音) ク・終 格助 四・已 接助 四・未 助動・適・体 係助 四・未 接助 ラ変・体 格助
たり。 さればよ と、いみじう 心憂し と 思へ ども、言は む やう も 知ら で ある ほど に、
思ったとおりだと、たいそう情けないと思うけれど、どう言おうか方法もわからずにいるうちに、

副助 ラ変・用 接助 格助 格助 四・体 ラ変・終 副 助動・断・体(音) 助動・婉・終 格助 四・体 接助 ク・用
二日三日 ばかり あり て、暁がた に 門 を たたく 時 あり。①さ な めり と 思ふ に、憂く
二、三日ほどたって、夜明け頃に門をたたく（音がする）時があった。そう（＝あの人の訪れ）であるようだと思うと、気が進

接助 下二・未 助動・使・未 助動・打・已 接助 格助 格助 シク・体 格助 サ変・用 助動・完・終 副 係助
て、開け させ ね ば、例 の 家 と おぼしき ところ に ものし たり。つとめて、なほ も
まなくて、開けさせないでいると、（兼家は）例の（町の小路の女の）家と思われる所に行ってしまった。翌朝、やはりこのま

ラ変・未 助動・打意・終 格助 四・用 接助
あら じ と 思ひ て、
まではいられまいと思って、

四・用 接助 下二・体 格助 下二・体 係助 副 シク・体 格助 係助(係) 四・体(結)
なげき つつ ひとり 寝る 夜 の あくる ま は いかに 久しき もの と かは 知る
嘆きながら独りで寝る夜が明けるまでの間がどんなに長（くつら）いものかおわかりですか（、いえ、おわかりになりますまい）。

格助 格助 係助 四・用 接助 四・用 接助 四・用 助動・完・体 格助 四・用 助動・完・終
と、例 より は ひきつくろひ て 書き て、うつろひ たる 菊 に さし たり。返り言、
と、いつもよりは体裁を整えて書いて、色のあせた菊に挿し（て送っ）た。返事は、

「あくる（下二・体） まで（副助） も（係助） こころみ（上一・未） む（助動・意・終） と（格助） し（サ変・用） つれ（助動・完・已） ど、（接助） とみなる（ナリ・体） 召し使ひ の（格助） 来あひ（四・用） たり（助動・完・用） つれ（助動・完・已） ば（接助） なむ。（係助） いと（副） 理なり（ナリ・用） つる（助動・完・体） は。（終助）

「夜が開けるまで待って（様子を）みようとしたが、急な（用件を伝える）召し使いが来合わせたので（引き返してしまいました）。（あなたが怒るのも）全くもっともですよ。

げに（副） や（間助） げに（副） 冬 の（格助） 夜 なら（助動・断・未） ぬ（助動・打・体） 真木 の（格助） 戸 も（係助） おそく（ク・用） あくる（下二・体） は（係助） わびしかり（シク・用） けり」（助動・詠・終）

全く本当に（冬の夜はなかなか明けないが）、冬の夜でもない真木の戸でも遅く開くのはつらいことですよ。」

さても、（接） いと（副） あやしかり（シク・用） つる（助動・完・体） ほど に、（格助） ことなしび（上二・用） たり。（助動・存・終） しばし（副） は、（係助） 忍び（上二・用） たる（助動・存・体） さま に、（助動・断・用）

それにしても、全く不思議なくらい、（兼家は）そしらぬふりをしている。しばらくは、私の目を避けている様子で、

「内裏 に。」（格助） など（副助） 言ひ（四・用） つつ（接助） ぞ（係助） ②ある（ラ変・体） べき（助動・当・体） を、（接助） いとどしう（シク・用（音）） 心づきなく（ク・用） 思ふ（四・体） こと ぞ、（係助（係）） 限りなき（ク・体（結）） や。（間助）

「宮中に（行く）。」などと言いながら（女のもとへ）通うのが当然であるのに、（平然と女のもとに通う兼家を）ますます不愉快に思うこと、この上ないよ。

語句の解説 2

3 **人《ひと》をつけて見《み》すれば** 召し使いに尾行させて見届けさせたところ。
「人」＝召し使い、家来、の意。

4 **さればよ** 思ったとおりだ。ラ変動詞「さり」の已然形「され」に接続助詞「ば」と間投助詞「よ」がついたもの。

6 **ものしたり** 行ってしまった。
＊「ものす」＝動作や行為を婉曲に表現する語。文脈により、いろいろな動詞の代用として用いられる。ここでは、行く、の意。

9 **うつろひたる菊《きく》** 色のあせた菊。兼家の心変わりを暗示。
＊「うつろふ」＝（色が）あせていく、変わっていく、の意。

10 **とみなる召《め》し使《つか》ひ《イ》** 急な（用件を伝える）召し使い。
＊「とみなり」＝にわかであるさま。急なさま。

11 **いと理《ことわり》なりつるは** 全くもっともですよ。
「理なり」＝もっともである。いうまでもない。

❶ 「さ」とは、どのようなことを指すか。

答 兼家が作者のもとを訪れてきたこと。

12 **げにやげに**　全く本当に。「実《げ》にや」をさらに強めた言い方。

12 **おそくあくる**　「夜が遅く明ける」と「戸を遅く開ける」を掛けている。

13 **＊さても**　ここは接続詞で、それにしても、ところで、の意。

13 **忍《しの》びたる**　「忍ぶ」は上代では上二段活用だったが、平安時代以降、四段にも活用するようになった。ここでは、どちらともいえる。

課題

一　作者の身に起こったできごとを、時間を追って整理してみよう。

解答例　九月、夫・兼家が他の女に宛てた手紙を見つける。十月末、三晩続けて兼家が来ないことがあった。ある日、兼家が方違えのためという口実で他の女のところへ行く。二、三日後、兼家が訪ねてくるが、門を開けさせずにいたところ、また、例の女のところへ行く。翌朝、和歌に色あせた菊を添えて兼家に送ると、そっけない返事が来て、恨めしく思う。

二　「なげきつつ……菊にさしたり」（189・8～9）から、作者のどのような心情が読み取れるか、説明してみよう。

考え方　「かは」という反語の係助詞、いつもよりは体裁を整えて書いていること、色のあせた菊などから、読み取ろう。

解答例　男を待つ一途な女心と、あなたにはこの嘆きが理解できないでしょうという批判、そしてこのまま黙ってはいられないという男に対する抗議の心情等が読み取れる。

❷　「あるべきを」とは、誰に向けて求めたものか。

答　兼家。

14 **いとどしう《シュウ》**　「いとどしく」のウ音便。
＊「いとどし」＝いよいよはなはだしい、ますます激しい、の意。

三　「返り言」（189・9）には、兼家のどのような心情がこめられているか、説明してみよう。

解答例　作者の怒りをなだめようとし、贈歌の語句を受けて詠みながらも弁解の言葉を入れて、作者の詰問をうまくかわそうという心情。作者の切実な思いとは相容れない、おざなりな心情。

語句と表現

一　次の傍線部の「らむ」の違いを文法的に説明してみよう。

①人のもとに遣らむとしける文あり。（188・3）
②ここやとだえにならむとすらむ（188・7）

解答　①ラ行四段活用動詞「遣る」の未然形の活用語尾の「ら」と意志の助動詞「む」の終止形。
②上の「らむ」は、ラ行四段活用動詞「なる」の未然形活用語尾の「ら」と推量の助動詞「む」の終止形。下の「らむ」は現在推量の助動詞「らむ」の連体形。上の「や」を受けて係り結びの一部を構成している。

学びを広げる　広がる逸話——『拾遺和歌集』『大鏡』

教科書P.190～191

●『拾遺和歌集』恋四

【大意】 教191ページ1～4行

入道摂政（藤原兼家）が来たときに、道綱母が門をなかなか開けなかったことに対して、入道摂政が「立ち疲れた」と言ってきたので、道綱母は歌を詠んだ。

【品詞分解／現代語訳】

入道摂政　まかり（四・用）　たり（助動・完・用）　ける（助動・過・体）　に、（格助）　門　を（格助）　遅く（ク・用）　開け（下二・用）　けれ（助動・過・已）　ば、（接助）　立ちわづらひ（四・用）　ぬ（助動・完・終）　と（格助）

入道摂政（藤原兼家）が来ましたときに、門をなかなか開けなかったので、（入道摂政が）「立ち疲れてしまったよ」と

言ひ入れ（下二・用）　て（接助）　侍り（ラ変・用）　けれ（助動・過・已）　ば（接助）

言い入れてきましたので（次のように詠んだ。）

右大将道綱母

なげき（四・用）　つつ（接助）　ひとり　寝る（下二・体）　夜　の（格助）　あくる（下二・体）　ま　は（係助）　いかに（副）　久しき（シク・体）　もの　と（格助）　かは（係助（係））　知る（四・体（結））

嘆きながら独りで寝る夜が明けるまでの間がどんなに長（くつら）いものかおわかりですか（、いえ、おわかりになりますまい）。

●『大鏡』太政《だいじょう》大臣兼家

【大意】 教191ページ5～12行

道綱母は和歌の名手で、兼家とのことや和歌を集めて『蜻蛉日記』を書いて、世に広めた。兼家がいらっしゃったときに、門をなかなか開けずにいたところ、たびたび催促なさるので、歌を詠んだところ、兼家がおもしろがり、歌を返した。

【品詞分解／現代語訳】

こ（（代））　の（格助）　母君、　きはめ（下二・用）　たる（助動・存・体）　和歌　の（格助）　上手に（ナリ・用）　おはし（サ変・用）　けれ（助動・過・已）　ば、（接助）　こ（（代））　の（格助）　殿　の（格助）　通は（四・未）　せ（助動・尊・用）

この母君は、非常にすぐれた和歌の名人でいらっしゃったので、この殿がお通いになっていらっしゃった

たまひ［補尊・四・用］ ける［助動・過・体］ ほど の［格助］ こと、歌 など［副助］ 書き集め［下二・用］ て［接助］、『かげろふの日記』 と［格助］ 名づけ［下二・用］ て［接助］、世 に［格助］ 広め［下二・用］

頃のことや、歌などを書いて集めて、『蜻蛉日記』と名づけて、世にお広めになった。

給へ［補尊・四・已（命）］ り［助動・完・終］。殿 の［格助］ おはしまし［四・用］ たり［助動・完・用］ ける［助動・過・体］ に［格助］、門 を［格助］ 遅く［ク・用］ 開け［下二・用］ けれ［助動・過・已］ ば［接助］、たびたび［副］

殿がいらっしゃったとき、門をなかなか開けなかったので、（殿が）たびたび

御消息 言ひ入れ［下二・未］ させ［助動・使・用］ たまふ［補尊・四・体］ に［接助］、女君、

来意を告げさせなさったところ、女君（道綱母）は、（次のように詠んだ）

なげき［四・用］ つつ［接助］ ひとり 寝る［下二・体］ 夜 の［格助］ あくる［下二・体］ ま は［係助］ いかに［副］ 久しき［シク・体］ もの と［格助］ かは［係助（係）］ 知る［四・体（結）］

嘆きながら独りで寝る夜が明けるまでの間がどんなに長（くつら）いものかおわかりですか（、いえ、おわかりになりますまい）。

いと［副］ 興 あり［ラ変・終］ と［格助］ 思し召し［四・用］ て［接助］、

（殿は）大層面白くお思いになって、（次のように返歌した。）

げに［副］ や［間助］ げに［副］ 冬 の［格助］ 夜 なら［助動・断・未］ ぬ［助動・打・体］ 真木 の［格助］ 戸 も［係助］ おそく［ク・用］ あくる［下二・体］ は［係助］ 苦しかり［シク・用］ けり［助動・詠・終］

全く本当に（冬の夜はなかなか明けないが）、冬の夜でもない真木の戸でも遅く開くのはつらいことですよ。

語句の解説

教191ページ

2 **まかりたりけるに**　来ましたときに。

2 **遅《おそ》く開《あ》けければ**　なかなか開けなかったので。

「遅し」＝なかなか……しない

9 **御消息《おおんしょうそこ》**　来意を告げること。案内を乞うこと。

『蜻蛉日記』「うつろひたる菊」で描かれている逸話は、次の作品でも扱われている。それぞれを読み比べて、内容の違いを指摘してみよう。

解答例　『蜻蛉日記』は、作者が自分の体験をそのまま書いている。別の女のところへ通っていたことなどが書かれ、兼家の不貞さが目立つ。対して、『拾遺和歌集』では、兼家とのやり取りは軽減されて書かれている。『大鏡』では、兼家の不貞な所はあまり見られない。

鷹《たか》を放つ

【大　意】　1　教192ページ1〜5行

夫兼家の不実を嘆く作者は、早く死んでしまいたいと思うが、一人残る道綱のことを思うと、やはり死にがたいと思い返すのだった。

【品詞分解／現代語訳】

副　下二・体　係助　副　副　副　副　ナ変・用　係助　サ変・用　終助　格助　四・体　格助
つくづくと　思ひ続くる　こと　は、なほ　いかで　心と　疾く　死に　も　し　にしがな　と　思ふ　より　ほか
しみじみと思い続けることは、やはりなんとかして自分の意志で早く死んでしまいたいものだなあと思うより他のこともないが、

格助　係助　ク・体　接助　副　(代)　格助　ラ変・体　格助　四・体　格助　係助(係)　副　シク・体(結)　格助　四・用　接助
の　こと　も　なき　を、ただ　こ　の　ひとり　ある　人　を　思ふ　に　ぞ、いと　悲しき。人　と　なし　て、
ただこの一人ある人（＝道綱）のことを思うと、たいそう悲しい。（この子を）一人前にして、

ク・未　助動・婉・体　副助　格助　下二・用　接助　係助(係)　係助　ク・未　助動・推・終　格助　係助　四・用　助動・過・已(結)
うしろやすから　む　妻　など　に　あづけ　て　こそ、死に　も　心やすから　む　と　は　思ひ　しか、
信頼できる妻などに（世話を）まかせてこそ、死ぬことも心配ないだろうと思ったけれど、

ナリ・体　サ変・用　接助　下二・未　助動・推・終　助動・現推・終　格助　四・体　接助　副　副　ク・終
いかなる　心地し　て　①さすらへ　むず　らむ　と　思ふ　に、なほ　いと　死にがたし。
（もし私が死んだら道綱は）どんな気持ちで（落ちぶれ）さまようだろうと思うと、やはりとても死ににくい。

語句の解説 1

教192ページ

1 **つくづくと**　しみじみと、しんみりと、の意。

1 **いかで心《こころ》と疾《と》く死《し》にもしにしがな**　なんとかして自分の意志で早く死んでしまいたいものだなあ。

「いかで……（願望・意志）」＝なんとかして…たい。

「疾く」＝ク活用形容詞「疾し」の連用形の副詞化したもの。早く。急いで。

「にしがな」＝願望の終助詞。完了の助動詞「ぬ」の連用形＋願望の終助詞「しが」＋詠嘆の終助詞「な」。…たいものだなあ。

3 **うしろやすからむ《ン》妻《め》など**　信頼できる妻など。

＊「うしろやすし」＝信頼できる。心配ない。あとあと安心だ。

3 **死《し》にも心《こころ》やすからむ《ン》**　死ぬことも心配ないだろう。

「心やすし」＝心配ない、安心できる、の意。

❶ 「さすらへむずらむ」とは、誰のことをいったものか。

答　道綱。

【大 意】 2 教192ページ6行～193ページ3行

作者が、いっそ出家しようかと道綱に話すと、自分も法師になると言う。法師になると鷹を飼えないと聞いた道綱は、飼っていた鷹を放つ。その姿に女房たちも涙をこらえきれない。その日の夕方、兼家から作者のもとに手紙が届いたが、気分が悪いからと言って、使者を帰した。

【品詞分解／現代語訳】

副 係助 サ変・未 助動・意・体 格助 下二・用 接助 格助 下二・終 終助 格助 上一・未 助動・意・終 格助 四・已
「いかが は せ む。かたち を 変へ て、世 を 思ひ離る や と 試み む。」と 語らへ
「どうしようか。尼となって、(兼家との)夫婦の仲を思い切れるかどうか試してみようか。」と(道綱に)話すと、

接助 副 ク・用 係助 ラ変・未 助動・打・体 助動・断・已 接助 シク・用(音) 係助 副 四・用 接助 副 四・用 補尊・四・未
ば、まだ 深く も あら ぬ なれ ど、いみじう さくり も よよと 泣き て、「さ なり 給は
まだ深い事情もわからない(年頃)であるのに、たいそうしゃくりあげて激しく泣いて、「そのように(＝尼になるこ

接助 (代) 係助 格助 四・用 接助 係助(係) ラ変・未 助動・意・已(結) (代) サ変・未 助動・意・体 格助 係助(係) 格助 係助
ば、まろ も 法師 に なり て こそ あら め。何 せ む に か は、世 に も
とに)おなりになるのならば、私も必ず法師になろう。どうして、世間に交わって

四・未 助動・意・体(結) 格助 接助 シク・用 副 四・已 接助 (代) 係助 副 下二・未 助動・打・已 接助 格助
まじろは む。」と て、いみじく よよと 泣け ば、我 も え せきあへ ね ど、いみじさ に、
(暮らして)いこうか(、いや、いけない)。」と言って、たいそうおいおいと泣くので、私も(涙を)こらえきれないけれど、(あまりの)真剣さに、

格助 四・未 助動・意・終 格助 接助 接 四・未 接助 係助 副 サ変・用 補尊・四・未 助動・意・体 格助 四・用
戯れ に 言ひなさ む と て、「さて、鷹 飼は で は、いかが し 給は むずる。」と 言ひ
冗談に言い紛らわそうと思って、「それでは、鷹を飼わないでは、どのように暮らしなさるおつもりですか。」と言ったところ、

助動・完・已 接助 副 四・用 四・用 接助 下二・用 助動・完・体 格助 四・用 四・用 助動・完・終 上一・体 係助 下二・未
たれ ば、やをら 立ち 走り て、し据ゑ たる 鷹 を 握り 放ち つ。見る 人 も 涙 せきあへ
そっと立ち上がって走って(行って)、止まり木に止まらせておいた鷹を(手で)つかんで放ってしまった。(これを)見ている女房も涙をこら

助動・打・用 副 副 シク・終 格助 下二・体
ず、まして、日暮らし 悲し。心地 に おぼゆる やう、
えきれない、まして(母である私は)、一日中悲しい。心の中で思われることは、

四・已 接助 格助 上二・体 格助 副 四・体 係助(係) シク・用 助動・詠・体(結)
あらそへ ば 思ひ に わぶる あまぐも に まづ そる 鷹 ぞ 悲しかり ける
(夫と)言い争い、夫婦のいざこざに思い悩んで、いっそ尼にでもなろうかと話すと、それを聞いた子が空へと自分の鷹をまず放って、剃髪(=出家)の決意を示すとはなんと悲しいことだなあ。

格助 係助
と ぞ。
ということだった。

下二・体 格助 下二・用 助動・完・終 助動・断・未 助動・推・終 格助 四・已 接助 副 シク・用
日 暮るる ほど に、文 見え たり。天下虚言 なら む と 思へ ば、「ただ今、心地 悪しく
日が暮れる頃に、(兼家から)手紙が届いた。天下一のうそであろうと思うので、「現在、気分がすぐれませ

接助 副 係助 格助 接助 四・用 助動・完・終
て、え 今 は。」と て、遣り つ。
んので、今は(お返事ができません)。」と言って、(使いを)帰した。

語句の解説 2

6 **いかがはせむ《ン》** どうしようか。
「いかが」=「いかにか」の転。「か」が係助詞のため、結びは連体形になる。

7 **いみじう《ジュウ》さくりもよよと** 「いみじう」は「いみじく」のウ音便。
「さくりもよよと」=しゃくりあげて激しく泣く意の慣用表現。

7 **さなり** 「さ」は、母である作者が尼になることを指す。

8 **まろ** 男女ともに用いる自称の代名詞。私。

8 **何《なに》せむ《ン》にかは** 「何せむに」で一語の副詞ともとれる。

8 **世《よ》にもまじろはむ《ワン》** 世間に交わっていこうか、いや、いけない。
「まじろふ」=仲間に入る、交際する、の意。

9 **えせきあへ《エ》ねど** (涙を)こらえきれないけれど。
「え……(打消)」=不可能を表す。…できない。

*「せきあふ」=我慢する。こらえきる。

9 **いみじさ** 接尾語「さ」が付いて名詞化した語。修飾語でない「いみじ」は、文脈から適当な語を補って訳す場合もあるので注意。

10 **やを《オ》ら** そっと。おもむろに。

12 **おぼゆるやう《ヨウ》** 思われることは。
「おぼゆ」=自然に思われる、の意。

教193ページ

2 **天下《てんげ》虚事《そらごと》ならむ《ン》** 天下一のうそであろう。
「天下」=天下一である、の意。

2 **ただ今《いま》** 今この時、現在、の意。「今」を強めた語。

3 **え今《いま》は** 下に「返し侍らず」などの語が省略されている。

3 **遣《や》りつ** 行かせた。返事を持たせずに使いを帰したということ。
「遣る」=人を行かせる、遣わす、の意。

課題

一 道綱が、飼っている鷹を放ったのはなぜか、説明してみよう。

考え方 道綱が鷹を放つきっかけとなったのは、母の「さて、鷹飼はでは、いかがし給はむずる。」(教192ページ10行)であったことに着目する。「さて」は道綱が法師になる(出家する)ことを受けている。出家すれば殺生はできず、鷹狩りのための鷹も必要ではなくなる。

解答例 母が出家して尼となるのならば、自分も母とともに出家するという決意を示そうとしたため。

二 「あらそへば……」(192・13)の歌には作者のどのような心情がこめられているか、話し合ってみよう。

考え方 幼い道綱にとって、母の存在がいかに大きいかを改めて知り、込み上げてきたいとおしさ、切なさを歌に託したのだろう。まだ幼い道綱をいとおしく思うと同時に、彼を夫婦の争いと、その結果としての出家願望に巻き込んでしまい、申し訳ないと思う心情が和歌に込められていると思われる。気づいたことを発表してみよう。

語句と表現

一 次の傍線部を品詞分解し、文法的に説明してみよう。

①死にもしにしがなと思ふ(192・1)

②さすらへむずらむと思ふ(192・4)

解答 ①ナ行変格活用動詞「死ぬ」の連用形「死に」が転化して名詞の働きをした「死に」+係助詞「も」+サ行変格活用動詞「す」の連用形+終助詞「にしがな」。

②ハ行下二段動詞「さすらふ」の未然形+推量の助動詞「むず」の終止形+現在推量の助動詞「らむ」の終止形。

和泉式部《いずみしきぶ》日記

和泉式部

教科書P.194～196

●『和泉式部日記』とは

作者は和泉式部。為尊《ためたか》親王の喪に服していた長保《ちょうほう》五年（一〇〇三）、親王の同母弟である敦道《あつみち》親王の使いが作者のもとを訪れてから十か月間の、二人の恋愛の経緯が、贈答歌約百五十首を中心に歌物語風に綴《つづ》られている。

夢よりもはかなき世の中を

【大　意】　1　教194ページ1行～195ページ13行

今は亡き故宮《こみや》（＝為尊《ためたか》親王）との恋を嘆きながら過ごしていた女（＝作者）のもとに、かつて故宮に仕えていた小舎人童《こどねりわらわ》がやって来て、今仕えている故宮の弟宮帥宮《そちのみや》（＝敦道《あつみち》親王）からだと言って、橘《たちばな》の花を差し出す。橘の花に故宮がしのばれたが、女はほととぎすを詠みこんだ歌を返した。

【品詞分解／現代語訳】

夢　より　も　はかなき　世の中　を、　嘆きわび　つつ　明かし暮らす　ほど　に、　四月十余日　に　も　なり

（より＝格助　も＝係助　はかなき＝ク・体　を＝格助　嘆きわび＝上二・用　つつ＝接助　明かし暮らす＝四・体　に＝格助　に＝格助　も＝係助　なり＝四・用）

夢よりもはかない男女の仲（＝故宮との恋）を、悲嘆に暮れながら日々を過ごすうちに、四月十日過ぎにもなったので、

ぬれ　ば、　①木　の　下　くらがり　もてゆく。　築地　の　上　の　草　青やかなる　も、　人　は　ことに　目　も

（ぬれ＝助動・完・已　ば＝接助　の＝格助　くらがり＝四・用　もてゆく＝四・終　の＝格助　の＝格助　青やかなる＝ナリ・体　も＝係助　は＝係助　ことに＝副　も＝係助）

木陰がしだいに暗くなっていく。土を固めて作った塀の上の草が青々と鮮やかなのも、人はとりわけ目にもとめないけれ

とどめ　ぬ　を、　あはれ　と　眺むる　ほど　に、　近き　透垣　の　もと　に　人　の　けはひ　すれ　ば、　誰

（とどめ＝下二・未　ぬ＝助動・打・体　を＝接助　あはれ＝ナリ（語幹）　と＝格助　眺むる＝下二・体　に＝格助　近き＝ク・体　の＝格助　に＝格助　の＝格助　すれ＝サ変・已　ば＝接助　誰＝（代））

ど、しみじみともの思いにふけって見ているうちに、近くの垣根の辺りで人の気配がするので、誰だ

なら　む　と　思ふ　ほど　に、　故宮　に　候ひ　し　小舎人童　なり　けり。

（なら＝助動・断・未　む＝助動・推・体　と＝格助　思ふ＝四・体　に＝格助　に＝格助　候ひ＝四・用　し＝助動・過・体　なり＝助動・断・用　けり＝助動・詠・終）

ろうと思っているうちに、（姿を現したのは）故宮にお仕えしていた小舎人童であったよ。

ナリ・用 格助 下二・体 格助 カ変・用 助動・完・已 接助 副 シク・用 下二・未 助動・打・用 助動・完・体
あはれに もの の おぼゆる ほど に 来 たれ ば、「などか 久しく 見え ざり つる。
しみじみともの思いのされる時に来たので、(女は)「どうして長い間姿を見せなかったのか。

四・体 格助 格助 係助 四・体 終助 副助 四・未 助動・使・已 接助 (代) 格助 格助 四・未 接助 係助
遠ざかる 昔 の 名残 に も 思ふ を。」など 言は すれ ば、「その こと と 候は で は、
遠ざかっていく昔の面影(＝故宮との思い出)とも(あなたのことを)思っているのに。」などと(取り次ぎの侍女に)言わせたところ、(童は)「これといった用事が

シク・体 助動・断・用 係助 格助 シク・用(音) 補丁・四・体 格助 係助 格助 四・用 接助
なれなれしき さま に や と、つつましう 候ふ うち に、日ごろ は 山寺 に まかり歩き て
ございませんでは、(伺うのは)なれなれしいようで(あろうか)と、遠慮しておりますうちに、近頃は山寺(詣で)に出歩いておりました。

係助 副 ク・用 ナリ・用 四・用 補謙・下二・未(音) 助動・自・已 接助 格助 係助 上一・用 補謙・四・未
なむ。いと たよりなく、つれづれに 思ひ 給う らるれ ば、御代はり に も 見 奉ら
(宮様が亡くなられた後は)全く頼るものがなく、やるせなく寂しく存じられますので、(故宮の)御代わりとしてお世話申しあげようと(思

助動・意・終 格助 接助 係助(係) 格助 四・用 接助 補丁・四・体(結) 格助 四・終 副 ク・体 助動・断・用 係助(係) ラ変・体(音)
む と て なむ、帥宮 に 参り て 候ふ。」と 語る。「いと よき こと に こそ あ
いまして)、(弟宮である)帥宮様の所にお仕えしております。」と語る。「とてもよいことであるようですね。

助動・定・已(結) (代) 格助 係助 副 ナリ・用 シク・用(音) 補尊・四・終 助動・伝・体 終助 格助 助動・比・用 係助 副 副助
なれ。その 宮 は、いと あてに けけしう おはします なる は。昔 の やうに は え しも
その宮様は、たいそう高貴で親しみにくくていらっしゃるそうですね。昔の(亡き宮様のときの)ようには必ずしもで

ラ変・未 助動・打推・終 副助 四・已 接助 副 四・已 接助 副 ク・用 補尊・四・用 接助 副 四・終 係助 格助
あら じ。」など 言へ ば、「しか おはしませ ど、いと けぢかく おはしまし て、『常に 参る や。』と
きないでしょう。」などと言うと、(小舎人童は)「(評判では)そのようでいらっしゃいますけれど、(実際は)たいそう親しみやすくていらっしゃっ

四・未 助動・尊・用 補尊・四・用 接助 四・用 補丁・ラ変・終 格助 四・用 補丁・四・用 助動・完・已 接助 (代) 四・用 接助 副
問は せ おはしまし て、『参り 侍り。』と 申し 候ひ つれ ば、『これ もて参り て、いかが
て、『いつも(あなた様のもとへ)伺うのか。』とお尋ねなさいまして、(私が)『お伺いいたします。』と申しあげましたところ、(帥宮様は)『これを持って参って、

上一・用 補尊・四・体 格助 接助 下二・命 格助 下二・用 助動・完・体 格助 接助 格助 格助 下二・用 助動・完・已 接助
見 給ふ と て 奉らせよ。』と のたまはせ つる。」と て、橘 の 花 を とり出で たれ ば、
どうご覧になりますかと言って差しあげなさい。』とおっしゃいました。」と言って、橘の花を取り出したので、

「昔の人の」と言はれて、「さらば参りなむ。いかが聞こえさすべき。」と言へ

の 格助／の 格助／と 格助／言は 四・未／れ 助動・自・用／て 接助／さらば 接／参り 四・用／な 助動・強・未／む 助動・意・終／いかが 副／聞こえさす 下二・終／べき 助動・適・体／と 格助／言へ 四・已

(女は)「昔の人の」と(いう古歌の一節が)自然と口をついて出て、(童は)「それでは参ります。(帥宮様には)どのように申しあげたらよいですか。」と言うので、

ば、ことばにて聞こえさせむもかたはらいたくて、なにかは、あだあだしくもまだ聞こえ

ば 接助／にて 格助／聞こえさせ 下二・未／む 助動・婉・体／も 係助／かたはらいたく ク・用／て 接助／なに 副／かは 係助／あだあだしく シク・用／も 係助／まだ 副／聞こえ 下二・用

文章でご返事申しあげるようなのもきまりが悪くて、なんの構わない、(帥宮様が)浮気っぽいともまだ評判になって

給はぬを、はかなきことをもと思ひて、

給は 補尊・四・未／ぬ 助動・打・体／を 接助／はかなき ク・体／を 格助／も 係助／と 格助／思ひ 四・用／て 接助

いらっしゃらないので、とりとめのない和歌でも(お返ししておけばよい)と思って、

薫る香によそふるよりはほととぎす聞かばや同じ声やしたると

薫る 四・体／に 格助／よそふる 下二・体／より 格助／は 係助／聞か 四・未／ばや 終助／同じ シク・体／や 係助(係)／し サ変・用／たる 助動・存・体(結)／と 格助

橘の香りにことよせ(て亡き宮様をおしのびす)るよりは、ほととぎす(＝あなた)のお声を聞きたいものです。(亡き宮様と)同じお声をしているかどうか

と。

と聞こえさせたり。

と 格助／聞こえ 下二・未／させ 助動・使・用／たり 助動・完・終

と(ご返事を)申しあげさせた。

語句の解説 1

教194ページ

1 「木の下くらがりもてゆく」とはどういうことか。

答 木の葉がうっそうと茂って、木陰がしだいに暗くなっていくということ。

2 **くらがりもてゆく** しだいに暗くなっていく。

「もてゆく」＝動詞の連用形に付いて、しだいに…してゆく、だんだん…になる、の意。

3 **眺《なが》むるほどに** もの思いにふけって見ているうちに。

「眺む」＝もの思いにふけってぼんやり見る、の意。

5 **などか** 下に打消を伴って、疑問・反語を表す。ここは疑問。

6 **遠《とお》ざかる昔《むかし》の名残《なごり》** 遠ざかっていく故宮との思い出、ということ。

＊「名残」＝別れた後にその面影が残ること、の意。

7 **つつましう** 「つつましう」は「つつましく」のウ音便。

「つつまし」＝遠慮される、はばかられる、の意。

7 **まかり歩《あり》きて** 出歩いております。

「まかり歩く」＝「まかる」の連用形「まかり」を動詞の上に付けて、謙譲の意を添えた語。

8 **つれづれに** やるせなく寂しく。

「つれづれなり」＝やるせなく寂しいさま、しんみりとしてもの思いにふけるさま、の意。

8**見《み》奉《たてまつ》らむ《ン》**　お世話申しあげよう。
「見る」＝世話をする、面倒を見る、の意。
9**あなれ**　ラ変動詞「あり」の連体形＋推定の助動詞「なり」の已然形「あるなれ」の撥音便「あんなれ」の撥音無表記。

教195ページ
1**いとあてに**　たいそう高貴で。

「あてなり」＝身分が高い、高貴だ、上品だ、の意。

1**けけしう《シュウ》**　「けけしう」は「けけしく」のウ音便。

「けけし」＝親しみにくい。よそよそしい。打ち解けない。

2**えしもあらじ**　必ずしもできないでしょう。

「え……(打消)」＝不可能の意を表す。

「しも」＝強意の副助詞で、ここでは打消推量の「じ」と呼応して、必ずしも…できないだろう、の意を表す。

3**けぢかくおは《ワ》しまして**　親しみやすくていらっしゃって。

*「けぢかし」＝親しみやすい、打ち解けやすい、の意。
6**奉《たてまつ》らせよ**　差しあげなさい。
「奉らす」＝「贈る」の意の謙譲語。差しあげる。献上する。
9**いかが聞《き》こえさすべき**　どのように申しあげたらよいですか。
「聞こえさす」＝「言ふ」の謙譲語。申しあげる。
10**なにかは**　副詞「なに」＋係助詞「かは」。感動詞的用法。どうしてどうして、なんの構うものか、などの意。
10**あだあだしくも**　浮気っぽいとも。
*「あだあだし」＝浮気っぽい、移り気だ、の意。
10**聞《き》こえ給《たま》は《ワ》ぬを**　評判になっていらっしゃらないので。
「聞こゆ」＝評判になる、うわさになる、の意。
12**よそふ《ウ》るよりは**　ことよせるよりは。
「よそふ」＝ことよせる、かこつける、の意。

【大　意】　2　教195ページ14行～196ページ3行

女の歌を読んだ帥宮はすぐに返歌を書き、小舎人童に他言無用と言って女に届けさせた。女は興味をもったが、返事を出さなかった。

【品詞分解／現代語訳】

まだ(副)　**端**　**に**(格助)　②**おはしまし**(四・用)　**ける**(助動・過・体)　**に、**(格助)　**こ**(代)　**の**(格助)　**童**　**隠れ**　**の**(格助)　**方**　**に**(格助)　**気色ばみ**(四・用)　**ける**(助動・過・体)　**けはひ**　**を、**(格助)
(帥宮が)まだ縁先にいらっしゃった時に、この童が物陰からそれとなく合図して帰ってきたことを知らせる様子を、

御覧じつけ(下二・用)　**て、**(接助)　**「いかに。」**(副)　**と**(格助)　**問は**(四・未)　**せ**(助動・尊・用)　**給ふ**(補尊・四・体)　**に、**(接助)　**御文**　**を**(格助)　**さし出で**(下二・用)　**たれ**(助動・完・已)　**ば、**(接助)　**御覧じ**(サ変・用)　**て、**(接助)
お見つけなさって、「どう(いう様子)であったか。」とお尋ねなさるので、(童が女からの)お手紙を差し出したところ、(帥宮は)ご覧になって、

同じ 枝 に 鳴き つつ をり し ほととぎす 声 は 変はら ぬ もの と 知ら ず や
（シク・体／格助／四・用／接助／ラ変・用／助動・過・体／係助／四・未／助動・打・体／格助／四・未／助動・打・終／係助）
私と兄（故宮）は、同じ一つの枝に鳴き続けていたほととぎす（のような兄弟）です。（私と兄の）声は変わらない（＝あなたに対する気持ちも変わらない）ものだとあなたは知らないのでしょうか（、いや、知っているでしょう）。

と 書か せ 給ひ て、賜ふ と て、「かかる こと、ゆめ 人 に 言ふ な。好きがましき
（格助／四・未／助動・尊・用／補尊・四・用／接助／四・終／格助／接助／ラ変・体／副／格助／四・終／終助／シク・体）
とお書きになって、（童に）お渡しなさる時に、「このようなことを、決して他人に言うな。色好みであるように

やうなり。」 と て、入ら せ 給ひ ぬ。

（助動・比・終／格助／接助／四・未／助動・尊・用／補尊・四・用／助動・完・終）

見られる（から）。」と言って、（屋敷の奥に）お入りになった。


もて来 たれ ば、をかし と 見れ ど、常 は と て 御返り 聞こえさせ ず。

（カ変・用／助動・完・已／接助／シク・終／格助／上一・已／接助／係助／格助／接助／下二・未／助動・打・終）

（童が帥宮の歌を女のもとへ）持って来たので、（女は）興味はひかれたけれど、いつも（返事をするの）はどうかと思ってご返事を差しあげない。

語句の解説 2

❷ 「おはしましける」の主語は誰か。

答 帥宮（敦道親王）。

14 **気色《けしき》ばみけるけはひ《イ》** それとなく知らせる様子。
「気色ばむ」＝ここでは、それらしい様子が外に表れる、の意。

教196ページ

1 **ゆめ人《ひと》に言《い》ふ《ウ》な** 決して人に言うな。
＊「ゆめ……な」＝決して…な。決して…てはいけない。「な」は禁止を表す終助詞。

1 **好《す》きがましきやう《ヨウ》なり** 色好みであるように見られる。
＊「好きがまし」＝色好みらしい。浮気っぽい。「がまし」は接尾語で、…らしい、あたかも…のようだ、の意。

3 **をかし《オ》** 興味をひかれる、おもしろい、の意。

【大　意】 3 教196ページ4～8行

帥宮は再び女に歌を贈り、女も帥宮に関心を寄せ、返事の歌を書くのだった。

【品詞分解／現代語訳】

賜はせそめ て は、また、

（下二・用／接助／係助／副）

（帥宮が女に）歌を初めてお贈りになってから、再び、

下二・未　接助　係助　ラ変・用　助動・完・用　助動・過・体　接助　ナリ・用　シク・体　副助　係助　四・体　終助
うち出で　で　も　あり　に　し　ものを　なかなかに　苦しき　まで　も　嘆く　今日　かな
私の気持ちを歌に詠み表さなくてもよかったのに、なまじっか言ってしまったばかりに、苦しいほど、嘆き焦がれる今日の思いであるなあ。

格助　下二・用　助動・完・終　係助　ク・未　助動・打・体　助動・断・用　接助　四・未　助動・打・体　格助
と、のたまはせ　たり。もと　も　心深から　ぬ　人　に　て、ならは　ぬ　つれづれ　の
と、おっしゃっ(てき)た。(女は)もともと思慮の深くない人なので、慣れない所在ない暮らしがつらく思われる

ク・用　下二・体　接助　ク・体　係助　四・用　接助
わりなく　おぼゆる　に、はかなき　こと　も　目　とどまり　て、御返り、
ところなので、こんな何ということもない歌も目にとまって、ご返事(は)、

格助　格助　格助　下二・用　接助　四・命　下二・用　接助　副助　四・体　格助
今日　の　ま　の　心　に　かへ　て　思ひやれ　眺め　つつ　のみ　過ぐす　心　を
(苦しいほど嘆き焦がれる)今日とおっしゃいますが、(私を思ってくださる)気持ちの代わりに想像してください。毎日もの思いにふけってばかりで過ごしている私の心を。

語句の解説 3

4 **賜《たま》は《ワ》せそめて**　歌を初めてお贈りになって。
「賜はす」＝「与ふ」「授く」の尊敬語。お与えになる。くださる。「賜ふ」の未然形＋尊敬の助動詞「す」が一語化したもので、「賜ふ」より敬意が高い。
＊「……そむ」＝初めて…する、…し始める、の意の接尾語。

5 **うち出《い》でても**　私の気持ちを詠み表さなくても。
＊「うち出づ」＝口に出す、声に出す、の意。

5 **なかなかに**　なまじっか。
「なかなかなり」＝なまじっかだ、なまはんかだ、の意。

6 **のたまは《ワ》せたり**　おっしゃった。
「のたまはす」＝「言ふ」の尊敬語。「のたまふ」より敬意が高い。

6 **心深《こころふか》からぬ人《ひと》**　「人」は女(＝作者)のこと。つまり、自分のことを思慮が足りない人だと客観的に言っているのである。
「心深し」＝思慮深い、考え深い、の意。

6 **ならは《ワ》ぬ**　慣れない。
「ならふ」＝慣れる、習慣になる、の意。

6 **わりなくおぼゆるに**　つらく思われるところなので。
「わりなし」＝つらい、たえきれない、の意。

8 **眺《なが》めつつのみ**　もの思いにふけってばかりで。
「眺む」＝もの思いにふける、もの思いに沈む、の意。
「のみ」＝断定し強調する副助詞。(ただ)…ばかり。

課題

一 「橘の花」(195・7)は、どのような役割を果たしているか、まとめてみよう。

考え方 『古今和歌集』の一節を口ずさんだこと、また、和歌で「橘」は、ほととぎすと取り合わされることが多いことから考えよう。

解答例 女(＝作者)に『古今和歌集』の歌を思い出させ、昔親しんだ人(＝故宮)をしのばせた。また、歌に橘とよく取り合わされるほととぎすを詠みこむきっかけともなった。

二 「同じ枝に……」(195・16)の歌は「薫る香に……」(195・12)の歌をどのようにふまえて詠まれているか。比喩のはたらきにふれながら説明してみよう。

考え方 「ほととぎす」が何にたとえられているかをおさえること。

解答例 「薫る香に……」の歌では、届けられた「橘の花」にちなんで、帥宮を、時節に合った「ほととぎす」にたとえ、「ほととぎす聞かばや同じ声やしたると」と問いかけることで、故宮を介して、弟である帥宮への興味をそれとなく伝えている。「同じ枝に……」の歌では、前の歌の「ほととぎす」の比喩をふまえ、「同じ枝に鳴きつつをりしほととぎす」と詠むことで、自分(帥宮)と故宮が同じ環境で育ったことを伝えて、暗に故宮同様に、自分も女(作者)に好意を寄せていることを示している。

語句と表現

一 次の傍線部の「に」の違いを文法的に説明してみよう。

①あはれにもののおぼゆるほどに来たれば、(194・5)
②なれなれしきさまにやと、(194・6)
③ありにしものを(196・5)

解答
①「あはれに」…ナリ活用形容動詞「あはれなり」の連用形の一部。
「ほどに」…時を表す格助詞。
②断定の助動詞「なり」の連用形。
③完了の助動詞「ぬ」の連用形。

紫《むらさき》式《しき》部《ぶ》日記

紫式部

教科書P.197～200

●『紫式部日記』とは

作者は紫式部。寛弘《かんこう》五年（一〇〇八）から寛弘七年（一〇一〇）正月までの、宮廷生活の詳細な記録を記した部分と、同時代の宮廷女房たちに対する批判や、自己に対する厳しい省察を述べた随想的部分からなる。日記全編を通して、紫式部の外界への鋭い観察力と、自己の内面への深い洞察力がうかがわれる。

秋のけはひ

【大　意】 教197ページ1行～198ページ5行

秋が深まる頃、中宮彰子《しょうし》は出産のため土御門殿《つちみかどどの》（＝父藤原道長《ふじわらのみちなが》の邸宅）へ里下がりしていた。邸宅のすばらしい風情の中で、不断の読経の声がいっそうしみじみと感じられる。そんな中、出産を間近にひかえた中宮の立派な様子に感心し、普段の鬱々とした気持ちも忘れられるのだった。

【品詞分解／現代語訳】

秋 の(格助) けはひ 入り立つ(四・体) まま に(格助)、土御門殿 の(格助) ありさま、言は(四・未) む(助動・婉・体) 方 なく(ク・用) をかし(シク・終)。池 の(格助) わたり

秋の風情が深まるにつれて、土御門殿の様子は、何とも言いようがないほど趣がある。池の周辺の梢などや、

の(格助) 梢ども、遣水 の(格助) ほとり の(格助) 草むら、おのがじし(副) 色づきわたり(ラ四・用) つつ(接助)、おほかた の(格助) 空 も(係助) 艶なる(ナリ・体) に(格助)

遣水のほとりの草むらは、それぞれが一面に色づきつつ、一帯の空の様子も優美であるのに引き立てられ

もてはやさ(四・未) れ(助動・受・用) て(接助)、不断 の(格助) 御読経 の(格助) 声々、あはれ まさり(四・用) けり(助動・過・終)。やうやう(副) 涼しき(シク・体) 風 の(格助)

て、（中宮の安産祈願のための）絶え間ない御読経の声々は、しみじみとした風情が（いっそう）つのった。しだいに涼しい風

けはひ に(格助)、例 の(格助) 絶えせ(サ変・未) ぬ(助動・打・体) 水 の(格助) おとなひ、夜もすがら(副) 聞きまがはさ(四・未) る(助動・自・終)。

のそよめきに、いつもの絶えることのない（遣水の）水の音が、一晩中（読経の声と）入り交じって聞こえてくる。

格助　係助　ク・用（音）　四・体　ク・体　サ変・体　格助　四・用　接助　シク・用（音）　補尊・四・終
御前 に も、近う 候ふ 人々、はかなき 物語する を 聞こし召し つつ、なやましう おはします
中宮におかれても、おそば近くお仕えしている女房たちが、とりとめもない話をするのをお聞きになりながら、（身重のため）お苦しくていらっしゃ

助動・推・体（音）　助動・定・体　接助　ク・用　四・未　助動・尊・用　補尊・四・已（命）　助動・存・体　副助　格助
べか める を、さりげなく もて隠さ せ 給へ る 御ありさま など の、
るだろうに、そしらぬふうでそっとお隠しなさっておられるご様子などが、

副　ナリ・体　助動・断・已　接助　格助　格助　係助　ラ変・体　格助　係助（係）　下二・用　四・終
いと さらなる こと なれ ど、憂き世 の 慰め に は、かかる 御前 を こそ 訪ね 参る
本当に今さら言うまでもないことであるけれども、このつらい世の中の慰めとしては、このような（ご立派な）中宮をお探ししてお仕え申すべきで

助動・当・用　助動・詠・已（結）　格助　格助　係助　下二・用　ク・用　四・未　助動・自・体　係助　副
べかり けれ と、うつし心 を ば ひきたがへ、たとしへなく よろづ 忘ら るる も、かつは
あったのだと、普段の心とは打って変わって、たとえようもなく全て（の鬱々とした気持ち）が自然と忘れられるのも、一

シク・終
あやし。
方では不思議なことである。

語句の解説

教197ページ

1 **＊入《い》り立《た》つ**　深まっていく。

2 **言《い》はむ《ン》方《かた》なくを《オ》かし**　言いようもないほど趣がある。
「言はむ方なし」＝言いようもない。この上ない。

4 **＊おのがじし**　それぞれに。

4 **色《いろ》づきわたり**　一面に色づき。
「わたる」＝動詞の連用形に付いて、一面に…する、広く…する、の意。

5 **おほ《オ》かたの空《そら》**　一帯の空。
「おほ《オ》かた」＝名詞。一帯、そこらじゅう、の意。

5 **艶《えん》なるに**　優美であるのに。
＊「艶なり」＝優美なさま、しっとりと風情のあるさま、の意。

5 **もてはやされて**　引き立てられて。
「もてはやす」＝引きたてる、映えさせる、の意。

6 **あは《ワ》れまさりけり**　しみじみとした風情がいっそうつのった。
「まさる」＝いっそう…になる、の意。

8 **絶《た》えせぬ水《みず》のおとなひ《イ》**　絶えることのない遣水の音。
「おとなひ」＝音、響き、の意。

9 **聞《き》きまがは《ワ》さる**　他の音と入り交じって聞こえる。「まがはす」は、入り乱れて区別がつかないこと。ここでは、「読経の音」と「遣《やり》水《みず》の音」が入り交じって聞こえることをいう。

教198ページ

1**近《ちこ》う《ウ》候《さぶら》ふ《ウ》人々《ひとびと》** 中宮のおそば近くにお仕えしている女房たち。

1**はかなき物語《ものがたり》** とりとめもない話。

2**さりげなくもて隠《かく》させ給《たま》へ《ヱ》る** そしらぬふうでそっとお隠しなさっている。

「さりげなし」＝そしらぬ風である。何気ない様子である。

「もて隠す」＝そっと隠す。上手に取り繕う。

3**いとさらなることなれど** 本当に今さら言うまでもないことだが。

＊「さらなり」＝いまさら言うまでもない。もちろんだ。

3**＊憂《う》き世《よ》** つらいこの世の中、の意。（作者は夫と死別している。）

4**うつし心《ごころ》をばひきたがへ《ヱ》** 普段の心と打って変わる、の意。

「ひきたがふ」＝これまでと打って変わる。

4**たとしへ《ヱ》なく** たとえようもないほど。

「たとしへなし」＝たとえようがない。比べものにならない。

4**かつはあやし** 一方では不思議なことだ。

「かつは」＝一方では。副詞「かつ」＋係助詞「は」。

課題

一 **秋を迎えた「土御門殿」（197・1）の様子はどのように描かれているか、まとめてみよう。**

考え方 第一段落の「池のわたり……」で始まる文を読み取る。

解答例 池の周辺の梢や遣水のほとりの草むらなどが一面に色づき、それが空の美しさに引き立てられて、より美しく見える。

二 **「かつはあやし」（198・4）とあるが、どのようなことを「あやし」といっているか、説明してみよう。**

考え方 忘れられることが不思議だと言っている。では、何が何を忘れさせるのかを考える。

解答例 中宮の態度、様子を見ていると、普段の鬱々とした気持ちを忘れてしまうことが不思議だということ。

語句と表現

一 **次の傍線部の「る」の違いを文法的に説明してみよう。**

①**聞きまがはさる。**（197・9）

②**もて隠させ給へる御ありさまなどの、**（198・2）

解答 ①自発の助動詞「る」の終止形。

②存続の助動詞「り」の連体形。

和泉式部《いずみしきぶ》と清少納言《せいしょうなごん》

和泉式部は、手紙と和歌の才能があり、気楽な走り書きや、口にまかせて詠んだ歌に趣が感じられる。しかし歌の知識や理論についてはあやしく、こちらが引け目を感じるほどの歌人ではない。

【大　意】　1　教199ページ1～8行

【品詞分解／現代語訳】

格助　四・体　係助　ク・用(音)　四・用　助動・過・体　接助　係助　シク・未　助動・打・体
和泉式部 と いふ 人 こそ、おもしろう 書きかはし ける。されど、和泉 は けしから ぬ かた
和泉式部という人は、趣深く手紙をやりとりした人だ。そうではあるが、和泉式部には感心しない面がある。

係助(係)　ラ変・已(結)　下二・用　接助　四・用　助動・完・体　格助　(代)　格助　格助　ラ変・体　ク・体(音)
こそ あれ。うちとけ て 文 はしり書き たる に、そ の かた の 才 ある 人、はかない 言葉
気軽に手紙をすらすらと書き流した時に、その方面（＝文章）の才能のある人で、ちょっとした言葉の、

格助　係助　下二・用　補丁・ラ変・体　助動・定・終　係助　副　シク・体　格助
の、にほひ も 見え 侍る めり。歌 は、いと をかしき こと。ものおぼえ、歌 の 理、まこと
気品も見えるようです。歌は、たいそう興味深いもの（です）。古歌についての知識や、歌の理論（など）、本当の

格助　助動・断・用　係助(係)　補丁・ラ変・未　助動・打・体(音)　助動・定・已(結)　格助　下二・用　助動・完・体　格助
の 歌詠みざま に こそ 侍ら ざ めれ、口 に まかせ たる ことども に、
歌人（のよう）ではないようですが、口にまかせて詠んだ歌などに、

副　シク・体　格助　格助　四・体　下二・用　補丁・ラ変・終　(代)　副助　格助　四・用　助動・完・未
かならず をかしき ひとふし の、目 に とまる 詠み添へ 侍り。それ だに、人 の 詠み たら
必ず趣のある一点で、目にとまるものが詠み加えてあります。それほどの歌を詠む人であるのに、人が詠んだ歌を

助動・婉・体　サ変・用　複合・四・用　助動・完・未　助動・婉・体　係助　感　副　副助　係助　下二・未　助動・打推・終　格助　副
む 歌、難じ ことわりゐ たら む は、いでや さ まで 心 は 得 じ、口 に いと
非難したり批評したりしているようなのは、さあそれほどまで（和歌の）心は身につけてなく、口をついてとても

格助　四・未　助動・自・体　助動・断・体(音)　助動・定・終　格助　係助　下二・用　助動・完・体　助動・断・用　ラ変・体　終助　ナリ・語幹　格助
歌 の 詠ま るる な めり と ぞ、見え たる すぢ に 侍る かし。恥づかしげ の
自然に歌が詠まれるらしいと、思われる歌いぶりでございますよ。こちらが恥ずかしくな

歌詠み や と は おぼえ 侍ら ず。

（や＝終助　と＝格助　は＝係助　おぼえ＝下二・用　侍ら＝補丁・ラ変・未　ず＝助動・打・終）

るほどのすばらしい歌人だなあとは思われません。

語句の解説 1

教199ページ

1 **おもしろう書《か》きかは《ワ》しける**　「おもしろう」は「おもしろく」のウ音便。「ける」の下に「人なれ」などが省略されている。

「おもしろし」＝趣深い、興趣がある、の意。

1 **けしからぬかたこそあれ**　感心しない面がある。

「けしからず」＝通常の範囲を越えてよくないさまを表す。感心しない。不都合である。

「かた」＝方面、面、それに関する点、の意。

2 **文《ふみ》はしり書《か》きたるに**　手紙をすらすらと書き流した時に。

「はしり書く」＝すらすらと文字を書く。すらすらと書き流す。

2 **そのかた**　文章の方面ということ。

2 **＊才《ざえ》**　才能。

3 **にほ《オ》ひ《イ》**　「つやのある美しさ」が原義。ここでは、文章における気品のようなものを表す。

3 **見《み》え侍《はべ》るめり**　見えるようです。

「侍り」＝丁寧の補助動詞。

3 **いとを《オ》かしきこと**　たいそう興味深いもの（ですよ）。

4 **まことの歌詠《うたよ》みざまに**　本当の歌人のようで。

「歌詠みざま」＝歌人のよう。歌人のありさま。「ざま」は、…のよう、…のありさま、の意を表す接尾語。

4 **侍《はべ》らざめれ**　ないようですが。「こそ…已然形」が句点で終わらずに、読点で下に続いている場合は、…けれど、…が、と逆接で訳す。

「侍り」＝「あり」の丁寧語。

「ざめり」＝打消の助動詞「ず」の連体形「ざる」＋推定の助動詞「めり」→「ざるめり」の撥音便「ざんめり」の撥音無表記。

4 **口《くち》にまかせたること**　口にまかせて詠んだ歌。即興的な歌。

5 **を《オ》かしきひとふしの**　趣深い一点で。

「ひとふし」＝ある一点、特徴のある点、の意。

「の」＝同格を表す。

5 **それだに**　そういう人であるのに。それほどの歌を詠む人であるのに。

「だに」＝もっと重いものを類推させる副助詞。

6 **難《なん》じことわりゐ《イ》たらむ《ン》は**　非難したり批評したりしているようなのは。

「難ず」＝非難する。そしる。

「ことわる」＝批評する、判定する、の意。

6 **いでや**　さあ。さてさて。「いで」の語感を強めた語。

6 **さまで**　それほどまで。

6 口《くち》にいと歌《うた》の詠《よ》まるるなめり　口をついてとても自然と歌が詠まれるらしい。
「なめり」＝断定の助動詞「なり」の連体形「なる」＋推定の助動詞「めり」→「なるめり」の撥音便「なんめり」の撥音無表記。

7 すぢ《ジ》　作風、趣、歌いぶり、の意ととった。
7 恥《は》づ《ズ》かしげの歌詠《うたよ》み　すばらしい歌人。
「恥づかしげなり」＝(こちらが恥ずかしくなるほど)すばらしい、立派だ、の意。

【大　意】　2　教199ページ9行～200ページ2行

清少納言は、得意顔をして偉そうにしていた人である。利口ぶって漢字を書き散らしているが不十分な点が多い。人より抜きん出ようとしても後で必ず見劣りするものだから、むやみに情趣を求めようとしているうちに、浮ついた態度になるのだろう。

【品詞分解／現代語訳】

係助　ナリ・用　シク・用(音)　ラ変・用　助動・過・体　副　四・用　四・用　接助
清少納言 こそ、したり顔 に いみじう 侍り ける 人。さばかり さかしだち、真名 書きちらし て
清少納言は、得意顔でひどく偉そうにしていた人(です)。あれほど利口ぶって、漢字を筆にまかせて書いていま

補丁・ラ変・体　係助　ク・用　上一・已　接助　副　副　四・未　助動・打・体　ク・終　副　格助　ナリ・未　助動・意・終
侍る ほど も、よく 見れ ば、まだ いと 足ら ぬ こと 多かり。かく、人 に 異なら む
す程度も、よく見ると、まだたいそう足りないことが多くあります。このように、人より特別優れていようと(い

格助　複合・四・已(命)　助動・存・体　係助　副　サ変・用　ク(語幹)　副助　ラ変・已　接助　ナリ・用　四・用　助動・完・体
と 思ひ好め る 人 は、かならず 見劣りし、行く末 うたて のみ 侍れ ば、艶に なり ぬる
うことを)望ましく思っている人は、必ず見劣りし、将来は悪くなるばかりでございますから、風流ぶることが身についてし

係助　副　ク・用(音)　ナリ・体　係助　格助　四・用　シク・体　係助　四・未　助動・打・体
人 は、いと すごう すずろなる 折 も、もののあはれ に すすみ、をかしき こと も 見すぐさ ぬ
まった人は、実にもの寂しくつまらない時も、何となくしみじみと感動しているように行動し、風流なことも見過ごさないうちに、

接助　副　ラ変・体　助動・打当・用　ナリ・体　格助　係助　四・体　助動・断・用　補丁・ラ変・体　助動・推・終　(代)　格助
ほどに、おのづから さる まじく あだなる さま に も なる に 侍る べし。その
自然とそうあってはならない誠意のない態度にもなるのでしょう。その誠意の

ナリ・用 四・用 助動・完・体 格助 副 係助(係) 係助 ク・用 ラ変・未 助動・推・体(結)

あだに なり ぬる 人 の 果て、 いかで か は よく 侍ら む。

なくなってしまった人の最後は、どうしてよいことがありましょうか(、いや、よいはずはないのです)。

語句の解説 2

教199ページ

9 ***したり顔《がお》*** 得意顔。

9 **いみじう《ジュウ》侍《はべ》りける人《ひと》** ひどく偉そうにしていた人です。「人」の下に断定の助動詞「なり」の已然形「なれ」が省略されている。

「いみじ」＝善悪関係なく、程度のはなはだしいことを表す語。

ここは、前後の文脈から、ひどく偉ぶっている、とても鼻持ちならない、ぐらいに訳せばよい。

9 **さかしだち** 利口ぶって。

*「さかしだつ」＝利口ぶる。賢そうにふるまう。「だつ」は、ふりをする、の意をもつ接尾語。

9 **真名《まな》** 漢字。対 仮名

10 **書《か》きちらして侍《はべ》るほど** 筆にまかせて書いています程度。

「書きちらす」＝筆にまかせて書く。気軽に書く。

10 **多《おお》かり** 本来、形容詞のカリ活用に終止形はないが、「多し」に関しては、カリ活用の終止形として「多かり」という形がある。

11 **人《ひと》に異《こと》ならむ《ン》** 人より特別優れていよう。人より優れよう。

「に」＝比較の基準を表す格助詞。…より。

「異なり」＝特別優れている、格別だ、の意。

11 **思《おも》ひ《イ》好《この》める人《ひと》** 望ましいと思っている人。

「思ひ好む」＝あることを望ましいと思う。

11 **うたてのみ侍《はべ》れば** 悪くなるばかりでございますから。

「うたてし」＝嫌だ、いとわしい、の意。

12 **もののあは《ワ》れにすすみ** 何となくしみじみと感動するように行動し。

「すすむ」＝行動する、ふるまう、といった意。

教200ページ

1 **を《オ》かしきこと** 趣深いこと。風流なこと。

1 **さるまじく** そうあってはならない。

「さるまじ」＝当然そうあってはならない、の意。

1 **あだなるさま** 誠意のない態度。

*「あだなり」＝誠意がない、浮ついているさま、の意。

2 **いかでかはよく侍《はべ》らむ《ン》** どうしてよいことがありましょうか(、いや、よいはずはありません)。

課題

一 和泉式部は歌人として、どのような点が評価され、どのような点が批判されているか、まとめてみよう。

解答例　評価されている点＝走り書きの手紙にも、文章の才能が感じられ、言葉にも気品がある点。即興で詠んだ歌にも必ず目に止まる一点が詠み加えてある点。
批判されている点＝古歌についての知識や、歌の理論などは本当の歌人とは言えない点。人の歌を批評している様子から、和歌の心は身につけていない点。

二　**清少納言はどのような点が批判されているか、まとめてみよう。**

解答例　得意顔で偉そうにしている点。利口ぶっている点。風流ぶっている点。誠意のない浮ついた態度である点。

語句と表現

一　**次の傍線部の語はどの語句に係っているか、説明してみよう。**

①かならずをかしきひとふしの、目にとまる詠み添へ侍り。（199・5）

②まだいと足らぬこと多かり。（199・10）

解答

①「詠み添へ侍り」に係っている。

②「足らぬ」に係っている。

四　評論（一）

●評論とは

「評論」とは、物事の価値、善悪、是非、美醜、優劣、長短などについて批評し論ずること。またはそれを文章化したものという意味であり、平安時代から使われている漢語である。古典でいう「評論」は、近世以前の「歌論」「連歌論」「俳論」「物語論」「演劇論」と考えてよい。

日本の「評論」の多くは、創作や演技の手引き書や指導書として作られたものであり、実際の必要から生まれたものである。日本独自の文化を、それに携わる者の矜持《きょうじ》と責任において、弟子や後世の人々に懸命に伝えようとした姿勢をしっかりと学ぶのも、後世に生きる者の使命といえよう。

俊《とし》頼《より》髄《ずい》脳《のう》

源《みなもとの》俊《とし》頼《より》

教科書P.204～205

沓《くつ》冠《かぶり》折《おり》句《く》の歌

【大　意】 教204ページ1行～205ページ2行

沓冠折句は、各句の初めと終わりに物の名を一文字ずつ計十文字詠み込む技巧である。光孝《こうこう》天皇が「合はせ薫き物少し」と詠み込んだ歌を夫人方に贈ったところ、広幡《ひろはた》の女御だけが意を解して対応なされたので、天皇は感心されたそうだ。沓冠折句には、下の五文字を逆に詠み込むこともある。

【品詞分解／現代語訳】

沓冠折句　の［格助］　**歌　と**［格助］　**いへ**［四・已（命）］　**る**［助動・存・体］　**もの　あり。**［ラ変・終］
沓冠折句の歌という詠み方がある。

十文字　ある［ラ変・体］　**こと　を、**［格助］　**句　の**［格助］　**上下　に**［格助］　**置き**［四・用］　**て**［接助］　**詠め**［四・已（命）］　**る**［助動・完・体］　**なり。**［助動・断・終］
十文字ある事物の名前を、（歌の五）句の上と下に（それぞれ一文字ずつ）置いて詠んだ歌である。

副 格助 四・已(命) 助動・完・体 格助 下二・用 助動・完・体
「合はせ薫き物 少し。」と いへ る ことを 据ゑ たる 歌、
「合わせ薫き物を少し（ください）。」といった内容を（各句の上下に）置い（て詠まれ）た歌、

係助 係助 格助 係助 上一・未 助動・打・終
逢坂 も 果て は 行き来 の 関 も ゐ ず
逢坂の関も夜更けになれば、往来を取り締まる関守もいなくなる（同じようにここも夜更けになれば人目がなくなるので）。

下二・用 接助 カ変・未 接助 カ変・命 カ変・用 助動・完・未 接助 四・未 助動・打意・終
訪ね て 来 ば 来 来 な ば 帰さ じ
訪ねて来るなら来なさい。もし来たならば帰さない（で愛してあげよう）。

(代) 係助 格助 格助 格助 四・未 助動・尊・用 補尊・四・用 助動・完・用 助動・過・体 接助 係助 下二・未 助動・打・用
これ は、仁和 の 帝 の、方々 に 奉ら せ 給ひ たり ける に、みな 心 も 得 ず、
これ（歌）は、光孝天皇が、（後宮の）方々に差しあげなさった（歌なのだ）が、誰も意味がわからず、

格助 下二・用 補尊・四・用 助動・完・用 助動・過・体 接助 格助 格助 四・用 助動・過・体 格助 係助
返しども を 奉らせ 給ひ たり ける に、広幡 の 御息所 と 申し ける 人 の、御返し は
（それぞれ）返歌を差しあげなさったのだが、広幡の御息所と申しあげた方（だけ）が、ご返歌はなくて、

ク・用 接助 格助 下二・用 助動・完・用 助動・過・已 接助 ラ変・体 格助 係助(係) 四・用 助動・完・用 助動・過・体(結)
なく て、薫き物 を 奉らせ たり けれ ば、心 ある こと に ぞ 思し召し たり ける
練り香を差しあげたので、（天皇は）和歌のたしなみの深いことだとお思いになられたと、

格助 下二・用 助動・存・体
と、語り伝へ たる。
語り伝えている。

格助 四・已(命) 助動・完・体 格助 下二・用 接助 四・已(命) 助動・完・体
「女郎花・花薄」と いへ る ことを、据ゑ て 詠め る 歌、
「女郎花・花薄」といったことを、（各句の上下に）置いて詠んだ歌、

格助 上一・用 助動・過・体 格助 上一・未 助動・打・用 四・用 係助(係) 四・体(結)
小野 の 萩 見 し 秋 に 似 ず 成り ぞ 増す
小野の萩は、（去年の）秋に見たときとすっかり変わって、たくさん生えている。

経 し だに あやな しるし けしき は
（下二・用／助動・過・体／副助／ク・語幹／ク・終／係助）
あなたを長い間訪れなかったのは失敗だったなあ。萩でさえ一年の間でこんなに変わっているのだから（あなたがこんなに美しく成長したと知っていたら、放っておきはしなかったよ）。

これ は、下 の 花薄 を ば、逆さまに 読む べき なり。これ も 一つ の 姿 なり。
（（代）／係助／格助／格助／係助（は）／ナリ・用／四・終／助動・義・体／助動・断・終／（代）／係助／格助／助動・断・終）
これ（歌）は、各句の下に置いた「花薄」を、逆から読まなければならないのである。これも一つの詠み方である。

語句の解説

教204ページ

3 **据《す》ゑ《エ》たる歌《うた》**　置いて（詠んだ）歌。

「据ゑ」＝ワ行下二段活用「据う」の連用形。

4 **果《は》ては**　しまいには。もはや。「夜が更け果てたときには」の意。

5 **奉《たてまつ》らせ給《たま》ひ《イ》**　差しあげなさり。ここは「奉ら」（ラ行四段「奉る」の未然形）＋「せ」（尊敬の助動詞「す」の連用形）＋「給ひ」。

5 **返《かえ》しどもを奉《たてまつ》らせ給《たま》ひ《イ》**　返歌を差しあげなさり。ここは「奉らせ」（サ行下二段「奉らす」の連用形）＋「給ひ」。

＊「返し」＝返歌のこと。

7 **心《こころ》あること**　和歌のたしなみが深いこと。

＊「心あり」＝情趣を解する。

課題

一 帝は広幡の御息所をどのように評価しているか、説明してみよう。

解答例　沓冠折句の謎をみごとに解いた頭脳の明晰《めいせき》さを認めるだけでなく、解けたことをあからさまに示すのではなく、「少し（ください）」という歌の意を汲んで薫《た》き物《もの》を献上したという点を、「心あり」（和歌のたしなみがある）と高く評価している。

二 「逢坂も……」（204・4）、「小野の萩……」（205・1）の二首に即して、沓冠折句の技法を説明してみよう。

考え方　歌をすべて平仮名に直してみよう。清濁は無視して構わない。その上で、五・七・五・七・七の各句の一番上の文字を拾い出し、逆に、各句の一番下の文字も拾い出す。一番上の文字を□で囲み、一番下の文字を△で囲んでみよう。

解答

[あ]ふさか△も　[は]てはゆきき△の　[せ]きもゐ△ず
[た]づねてこば△こ　[き]なばかへさ△じ

□は□で、△は△で上から下へ順につなげていくと、「あはせたきものすこし」となる。「小野の萩……」については、「下の花薄をば逆さまに読むべきなり。」とあるので、

[を]ののは△ぎ　[み]しあきにに△ず　[な]りぞま△す
[へ]しだにあや△な　[し]るしけしき△は

□は上から下へ、△は下から遡ると「女郎花《をみなへし》・花薄《はなすすき》」となる。

語句と表現

一 本文中の次の部分を、傍線部の語の活用形に注意して現代語訳してみよう。

①訪ねて来ば来｜来なば帰さじ（204・4）

—　解答　86ページ【品詞分解／現代語訳】参照。

無《む》名《みょう》抄《しょう》

鴨《かもの》長《ちょう》明《めい》

教科書P.206～207

深草の里

【大意】教206ページ1行～207ページ9行

俊《しゅん》恵《え》が五条三位《さんみ》入道（＝藤原俊成《ふじわらのとしなり》）に、自らの歌の中で代表歌は何かと尋ねると、「夕されば……」の歌だと言った。その話を俊恵は私にする中で、「夕されば……」の歌の欠点を挙げ、自分の代表歌は「み吉野の……」の歌にしようと思うので、不審に思う人がいたら、私がそう言ったと話してほしいと語った。

【品詞分解／現代語訳】

（（連語）　格助　格助　下二・用　助動・完・用　助動・過・体　格助　格助　格助　係助）
俊恵　いはく、「五条三位入道　の　もと　に　まうで　たり　し　ついで　に、『御詠　の　中　に　は、
俊恵が言うことには、「（私が）五条三位入道のところに参上した機会に、（私が三位入道に）『あなたがお詠み

（（代）　格助　係助（係）　下二・用　助動・存・終　格助　四・体（結）　格助　ナリ・用　下二・用　補丁・ラ変・已　接助　（代）　格助　係助）
いづれ　を　か　優れ　たり　と　思す。　よそ　の　人　さまざまに　定め　侍れ　ど、それ　を　ば
になったお歌の中では、どの歌が優れているとお思いになりますか。他の人はいろいろ論じておりますが、（私は）それを取りあ

（上一・用　補丁・ラ変・体　助動・可・未　助動・打・終　シク・用　四・未　助動・意・終　格助　四・終　格助　下二・用　助動・過・已　接助）
用ゐ　侍る　べから　ず。　まさしく　承ら　ん　と　思ふ。』と　聞こえ　しか　ば、
げることはできません。（あなたから）確かにうかがいたいと思う。』と申しあげたところ、

（四・已　接助　格助　格助　四・用　接助　四・終　助動・定・終　格助）
『夕　され　ば　野辺　の　秋風　身　に　しみ　て　うづら　鳴く　なり　深草　の　里
『夕暮れがくると野原を渡る秋風がしみじみと身にしみて、うずらが鳴いているようだよ、この深草の里では。

（（代）　格助　係助（係）　格助　四・用　接助　係助　格助　四・用　補謙・下二・体（結）　格助　四・未　助動・尊・用　助動・過・体　接助）
これ　を　なん、身　に　とり　て　は　おもて歌　と　思ひ　給ふる。』と　言は　れ　し　を、俊恵
これを、私としては代表的な歌と思っております。』と（三位入道は）おっしゃいましたので、（私）俊

副 (連語) 格助 ク・用 格助 四・用 補丁・ラ変・体 係助
また いはく、『世 に あまねく 人 の 申し 侍る は、
恵がまた(重ねて)言うことには、「世間で広く人が申しておりますことは、

格助 格助 格助 下二・用 接助 カ変・用 助動・完・終 格助
面影 に 花 の 姿 を 先立て て 幾重 越え来 ぬ 峰 の 白雲
美しい桜の姿を目に浮かべていったい幾つ峰を越えてきただろうか、麓からは桜のように見えたこの峰の白雲を訪ねて。

(代) 格助 下二・用 助動・存・体 助動・比・用 四・用 補丁・ラ変・体 係助 副 格助 下二・已 接助 副 副 格助 係助 副
これ を 優れ たる やうに 申し 侍る は、いかに。』と 聞こゆれ ば、『いさ。よそ に は ①さ
この歌を優れているように申しておりますが、どうですか。』と申しあげると、『さあどうだか。他の人はそのように

係助 係助(係) 下二・用 補丁・ラ変・体 助動・現推・体(結) 四・用 補謙・下二・未 助動・打・終 副 係助 格助 格助 係助
も や 定め 侍る らん。知り 給へ ず。なほ 自ら は、先 の 歌 に は
論じているのでしょうか。(私は)存じません。やはり私としては、先の(「夕されば」の)歌には

下二・終 助動・可・未 助動・打・終 格助 係助(係) ラ変・用 助動・過・体(結) 格助 四・用 接助 (代) 格助 副 四・用 助動・過・体
言ひ比ぶ べから ず。』と ぞ 侍り し。」と 語り て、これ を うちうちに 申し し
言い比べることはできません。』と(お言葉が)ございました。」と(俊恵は)語って、(さらに)これを(私に)内密に申したことは、

係助 (代) 格助 係助 格助 四・用 接助 格助 四・体 格助 シク・用(音) ナリ・用 下二・体 助動・断・終 副助
は、「かの 歌 は、『身 に しみ て』と いふ 腰の句 の いみじう 無念に おぼゆる なり。これ ほど
「あの歌は、『身にしみて』という第三句がとても残念に思われるのです。これほどに完

格助 四・用 助動・完・体 係助 格助 四・用 接助 副 ナリ・用 格助 四・用 助動・過推・終 終助 格助 四・未 助動・使・用
に なり ぬる 歌 は、景気 を 言ひ流し て、ただ 空に 身 に しみ けん かし と 思は せ
成した歌は、具体的な景色をさらりと詠み表して、ただ余情として身にしみただろうなと(読む者に)感じさせているほうが、

助動・存・体 係助(係) ク・用 係助 ナリ・用 係助 補丁・ラ変・已(結) シク・用(音) 四・用 接助 格助 格助 サ変・終
たる こそ、心にくく も 優に も 侍れ。いみじう 言ひもてゆき て、歌 の 詮 と す
奥ゆかしくも優美でもあります。(『身にしみて』と)あまりにも表現しすぎて、和歌における眼目とすべき点

助動・当・体 格助 副 係助 格助 四・用 助動・存・已 接助 ナリ・用 ク・用 四・用 助動・完・体 格助 接助 (代) 格助
べき ふし を、さ は と 言ひ表し たれ ば、むげに こと 浅く なり ぬる。」と て、その
を、そうであると表現したので、ひどく情緒が浅くなってしまった。」と言って、その機会に、

ついで に〔格助〕、「わ〔(代)〕 が〔格助〕 歌 の〔格助〕 中 に〔格助〕 は〔係助〕、
「私（＝俊恵）の歌の中では、

み吉野 の〔格助〕 山 かき曇り〔四・用〕 雪 降れ〔四・已〕 ば〔接助〕 麓 の〔格助〕 里 は〔係助〕 うちしぐれ〔下二・用〕 つつ〔接助〕
吉野の山が雪雲で覆われて雪が降ると、麓の里は冷たい時雨が降っていることだ。

これ〔(代)〕 を〔格助〕 なん〔係助(係)〕、②か〔(代)〕 の〔格助〕 たぐひ に〔格助〕 せ〔サ変・未〕 ん〔助動・意・終〕 と〔格助〕 思う〔四・用(音)〕 給ふる〔補謙・下二・体(結)〕。もし〔副〕 世 の〔格助〕 末 に〔格助〕、
この和歌を、私の代表的な和歌にしようと思っております。もし後世、

おぼつかなく〔ク・用〕 言ふ〔四・体〕 人 も〔係助〕 あら〔ラ変・未〕 ば〔接助〕、『かく〔副〕 こそ〔係助(係)〕 言ひ〔四・用〕 しか〔助動・過・已(結)〕。』 と〔格助〕 語り〔四・用〕 給へ〔補尊・四・命〕。」 と〔格助〕 ぞ〔係助〕。
（俊恵のおもて歌が）明らかでないと言う人があったならば、（私が）『このように言った。』とお話しください。」と（言われた）。

語句の解説

教206ページ

1 **いは《ワ》く**　言うことには。「言ふ」の未然形「いは」に接尾語「く」がついて名詞化したもの。

1 **まう《モウ》でたりしついでに**　参上した機会に。
「まうづ」＝「行く」「来《く》」の謙譲語。参上する。
「ついで」＝機会。折。

2 **定《さだ》め侍《はべ》れど**　論じておりますが。
「定む」＝議論する、批評する、決める、の意。

3 **まさしく承《うけたまわ》らん**　確かにうかがいたい。
「まさし」＝確かだ、確実だ、の意。
「承る」＝「聞く」の意の謙譲語。うかがう。拝聴する。

6 **世《よ》にあまねく**　世間で広く。
「あまねし」＝広くゆきわたっているさま。

8 **いかに**　下に「思ひ給ふ」を補って、どのようにお思いになりますか、の意。

8 **いさ**　下に「知らず」などを伴い、「さあどうだか」と訳す。

1　「さ」とは何を指すか。

答　「面影に……」の歌が五条三位入道の代表的な和歌であること。

教207ページ

4 **心《こころ》にくくも優《ゆう》にも侍《はべ》れ**　奥ゆかしくも優美でもあります。
「心にくし」＝奥ゆかしい、心ひかれる、の意。
「優なり」＝優美である、上品である、の意。

5 **むげにこと浅《あさ》くなりぬる**　ひどく情趣が浅くなってしまった。「こと」は、「気色《けしき》（＝情趣）」と同意に扱われている。
*「むげなり」＝ひどい、論外だ、最低だ、の意。

② **「かのたぐひ」とは何を指すか。**

答　おもて歌（＝代表的な和歌）。

9 **かくこそ言《い》ひしか**　このように言った。「かく」は俊恵が自分の代表的な和歌を「み吉野の……」の歌に定めたことを指す。

課題

一 **俊恵は「夕されば……」（206・4）の歌をどのように評価しているか、説明してみよう。**

考え方　俊恵が筆者に「うちうちに申しし」（教207ページ1行）ことから読み取る。

解答例　第三句の「身にしみて」が欠点である。これほどの歌は淡々と景色を描写するだけで、主題の身にしむ寂しさは十分に感じられるのに、言葉に出してしまったために、歌の情緒が浅くなっている。

二 **俊恵はどのような点から「み吉野の……」（207・7）の歌を「かのたぐひ」（207・8）としたのか、話し合ってみよう。**

考え方　五条三位入道の歌を評した俊恵の言葉に注目。その「無念におぼゆる」点が解消された和歌として、自作の「み吉野の……」を挙げているのである。

解答例　具体的な景色である吉野山に降る雪と里に降る時雨を淡泊にさらりと詠み、それでいながら、歌全体で初冬の寂しい吉野山の情景を彷彿《ほうふつ》とさせ、余情を感じさせる点。

語句と表現

一 **次の傍線部の「給へ」の違いを文法的に説明してみよう。**

① **知り給へず。**（206・9）
② **語り給へ。**（207・9）

解答　①ハ行下二段活用「給ふ」の未然形で、謙譲の補助動詞。
②ハ行四段活用「給ふ」の命令形で、尊敬の補助動詞。

毎《まい》月《げつ》抄《しょう》

藤原《ふじわらの》定家《さだいえ》

教科書P.208～209

心と詞《ことば》

【大意】 1 教208ページ1～8行

ある人が、昔の歌は実《み》(=心)があって花(=詞)がなく、近代の歌は花があって実がないと言った。筆者はそれに賛同しながらも、近代の歌にも実のある歌はあると言う。

【品詞分解／現代語訳】

連体　格助　格助　格助　下二・用　補謙・四・用　接助　補丁・ラ変・体　格助　四・用　接助　格助　係助

ある　人、花実　の　こと　を　歌　に　立て　申し　て　侍る　に　とり　て、「古　の　歌　は　みな、実

ある人が、花と実のことを歌にあてはめ申しておりますことについて、「昔の歌はみな、実

格助　サ変・用　接助　格助　下二・用　格助　係助　格助　副助　格助　下二・用　接助　格助　係助　係助　下二・未

を　存し　て　花　を　忘れ、近代　の　歌　は　花　を　のみ　心　に　かけ　て　実　に　は　目　も　かけ

を持って花を忘れ、近代の歌は花ばかりを気にして実には注意もしないゆえに。」と申したようだ。

助動・打・体　格助　格助　四・用　助動・完・体(音)　助動・婉・終　副　副　格助　下二・用　補丁・ラ変・体　格助　係助　(代)

ぬ　から。」と　申し　た　めり。もつとも、さ　と　おぼえ　侍る　上、古今序　に　も　そ

なるほど、そのように思われます上に、『古今和歌集』の真名序にも

格助　ラ変・体　(連語)　連体　格助　四・用　接助　副　(代)　格助　格助　格助　ナリ・用　四・用　上一・用

の　意　侍る　やらむ。さる　に　つき　て、なほ　こ　の　下　の　了見、愚推　を　わづかに　めぐらし　み

その意味のことが(書かれて)あるということです。そのことについて、さらに以下の考え、自分の考えをほんの少しめぐらしてみますと、

補丁・ラ変・已　接助　下二・終　助動・当・体　ラ変・体　助動・断・用　係助　連体　格助　四・体　係助　格助　四・体　係助

侍れ　ば、心得　べき　こと　侍る　に　や。いはゆる　実　と　申す　は　心、花　と　申す　は　詞

理解しておくべきことがあるようです。いわゆる実と申すのは心(のことで)、花と申すのは詞(のこと)です。

なり。①必ず古の詞強く聞こゆるを実と申すとは定めがたかるべし。古人の詠作

必ず（和歌の）昔の詞が強く聞こえるのを実（がある歌）と申すとは決めにくいでしょう。昔の人の和歌でも、

にも、心なからむ歌をば実なき歌とぞ申すべき。今の人の詠め

心のないような歌は実のない歌と申すべきです。（また）今の人が詠んだ歌でも、

らむにも、うるはしく正しからむをば実ある歌とぞ申し侍るべく候ふ。

見事で整っているようなのを実のある歌と申すべきでございます。

語句の解説 1

教208ページ

1 **花実《かじつ》のこと** 「花」は歌における言葉、「実」は歌の心にたとえられている。

1 **実《み》を存《ぞん》して** 実を持って。

「存す」＝ここでは、持つ、有する、の意。

2 **目《め》もかけぬから** 注意もしないゆえに。

「から」＝原因・理由を表す格助詞。…ゆえに。…ために。

3 **申《もう》したためり** 申したようだ。

「ためり」＝「たるめり」の撥音便《はつおん》「たんめり」の撥音無表記。

3 **もつ《ツ》とも** ここでは、なるほど、いかにも、の意。

3 **侍《はべ》るやらむ《ン》** あるということです。

「やらむ」＝断定の助動詞「なり」の連用形「に」＋係助詞「や」＋ラ変動詞「あり」の未然形「あら」＋推量の助動詞「む」の連体形→「にやあらむ」の変化した語。ここでは、断定を避けて婉曲にいう意を表す。…ということだ。

4 **なほ《オ》この下《した》の了見《りょうけん》** さらに以下の考え。

「なほ」＝ここでは、さらに、いっそう、ますます、の意。

「了見」＝ここでは、考えをめぐらすこと、思慮、の意。

4 **心得《こころう》べきこと侍《はべ》るにや** 下に「あらむ」などが省略されている。

「心得」＝ここでは、理解する、悟る、の意。

① **「必ず」はどこに係るか。**

答 （実と）申す。

6 **定《さだ》めがたかるべし** 決めにくいでしょう。

「定めがたし」＝決めにくい。「がたし」は形容詞を作る接尾語。

7 **うるは《ワ》しく正《ただ》しからむ《ン》** 見事で整っているような。

「うるはし」＝ここでは、見事だ、立派だ、の意。

「正し」＝ここでは、整っている、ちゃんとしている、の意。

【大　意】　2　教208ページ9行～209ページ5行

心と詞とどちらが大事かということでなく、心と詞を兼ね備えている歌がよい歌であるが、心が欠けているような歌よりは、詞が未熟であるほうがよいだろう。

【品詞分解／現代語訳】

さて、「心を先にせよ。」と教ふれば、「詞を次にせよ。」と申すに似たり。「詞を

接　格助　格助　サ変・命　格助　下二・已　接助　格助　格助　サ変・命　格助　四・体　格助　上一・用　助動・存・終　格助

ところで、「心を優先しなさい。」と教えると、「詞を(二の)次にしなさい。」と申すのに似ている。(また)「詞

こそ詮とすべけれ。」と言はば、また「心はなくとも。」と言ふにて侍り。

係助(係)　格助　サ変・終　助動・当・已(結)　格助　四・未　接助　副　係助　ク・用　接助　格助　四・体　助動・断・用　接助　補丁・ラ変・終

こそ大事にするべきだ。」と言えば、やはり「心はなくても(よい)。」と言うのでございます。

所詮心と詞とを兼ねたらむをよき歌と申すべし。心・詞の二つは鳥の

副　格助　格助　下二・用　助動・完・未　助動・婉・体　格助　ク・体　格助　四・終　助動・適・終　格助　係助　格助

結局心と詞とを兼ね備えたような歌を優れた歌と申すのがよい。心・詞の二つは鳥の左右の翼のようであ

左右の翼のごとくなるべきにこそとぞ思う給へ侍りける。

格助　格助　助動・比・体　助動・当・体　助動・断・用　係助　格助　係助(係)　四・用(音)　補謙・下二・用　補丁・ラ変・用　助動・詠・体(結)

るべきだと思うのでございますよ。

ただし、心・詞の二つをともに兼ねたらむは言ふに及ばず、心の欠け

接　格助　格助　格助　下二・用　助動・存・未　助動・仮・体　係助　四・体　格助　四・未　助動・打・用　格助　下二・用

しかし、心・詞の二つをともに兼ね備えているならば言うまでもない(のですが)、心が欠けているよう

たらむよりは詞のつたなきにこそ侍らめ。

助動・存・未　助動・婉・体　格助　係助　格助　ク・体　助動・断・用　係助(係)　補丁・ラ変・未　助動・推・已(結)

な歌よりは詞が未熟な歌であるほうがよいでしょう。

語句の解説 2

9 **先《さき》にせよ**　優先しなさい。

「先」＝ここでは、優先すること、重んじること、の意。

教209ページ

1 **詮《せん》とすべけれ**　大事にするべきだ。

＊「詮」＝ここでは、大事なところ、眼目、の意。

1 **心《こころ》はなくとも** 心はなくても(よい)。

「とも」＝逆接の接続助詞。活用語の終止形に接続するのが基本だが、形容詞には連用形に接続するので注意。

2 **よき歌《うた》** 優れた歌。

「よし」＝ここでは、優れている、巧みだ、の意。

3 **思《おも》う給《たま》へ《エ》侍《はべ》りける** 「思う」は「思ふ」の連用形「思ひ」のウ音便。

「給ふ」＝ここは下二段動詞で、筆者自身の気持ちに用いられているので謙譲の補助動詞。「…ます」「…おります」などと訳す。

3 **ただし** しかし。もっとも。前の文を受けて、条件や例外を言い添えるのに用いる接続詞。

4 **詞《ことば》のつたなきにこそ** 詞が未熟な歌であるほうが。

「つたなし」＝ここでは、未熟だ、下手である、の意。

課題

一 筆者は「古《いにしへ》の歌」(208・1)と「近代の歌」(208・2)について、どのような考えをもっているか、説明してみよう。

考え方 筆者は、「ある人」の意見に同意しつつも、「なほこの下の了見、……」(教208ページ4行)以下で、それに訂正を加えていることを押さえてまとめる。

解答例 「ある人」の言うように、「古の歌」は実があって花がなく、「近代の歌」は花ばかりで実がない、という考えはもっともであるが、「古の歌」だからといって全て実のある歌とは限らず、「近代の歌」にも見事で実のある歌はある。

二 「ある人」(208・1)と筆者の考えの相違点を整理してみよう。

解答例 「ある人」…昔の歌は、心はあるが詞が伴っていない。今の歌は、心がなく詞にばかり気を配っている。

筆者…昔の歌にも、心のない歌はあるし、今の歌にも、心のこもった歌はある。

三 筆者は歌を詠む上で、心と詞の関係はどうあるべきだと述べているか、まとめてみよう。

考え方 第二段落に比喩を用いて述べている。筆者がどちらをより重視しているかも押さえてまとめること。

解答例 歌において、心と詞は鳥の左右の翼のような関係で、どちらも欠くことができないものであるが、あえて言うならば、心を重視すべきである。

語句と表現

一 「実を存して花を忘れ」(208・1)とはどのようなことをたとえているか、説明してみよう。

解答例 心はこもっているが、詞が整っていない、ということ。

二 「心・詞の二つは鳥の左右の翼のごとくなるべきにこそ」(209・2)とはどのようなことをたとえているか、説明してみよう。

解答例 和歌において、心と詞は両方そろっていなければならないものであり、ともに大切なことであるということ。

正《しょう》徹《てつ》物語

正　徹

教科書P.210〜212

一字の違ひ

【大　意】　1　教210ページ1行〜211ページ3行

今川了俊《いまがわりょうしゅん》は冷泉為秀《れいぜいためひで》の「あはれ知る……」の歌を聞いて、その弟子になった。この歌の優れた点は、「秋の夜すがら」と言いっ放しにして句の流れや意味を切らずに、余情を残しているところである。

【品詞分解／現代語訳】

為秀　の〔格助〕、

為秀の、

あはれ　知る〔四・体〕　友　こそ〔係助(係)〕　難き〔ク・体〕　世　なり〔助動・断・用〕　けれ〔助動・詠・已(結)〕　独り　雨　聞く〔四・体〕　秋　の〔格助〕　夜すがら〔副〕

ものの情趣を理解する友(は見いだすの)が難しい世の中であるなあ。独りで雨(の音)を聞いている秋の一晩中。

の〔格助〕　歌　を〔格助〕　聞き〔四・用〕　て〔接助〕、了俊　は〔係助〕、為秀　の〔格助〕　弟子　に〔格助〕　なら〔四・未〕　れ〔助動・尊・用〕　たる〔助動・完・体〕　なり〔助動・断・終〕。

の歌を聞いて、了俊は、為秀の弟子におなりになったのである。

「独り　雨　聞く〔四・体〕　秋　の〔格助〕　夜すがら〔副〕」は〔係助〕、上句　に〔助動・断・用〕　て〔接助〕　ある〔ラ変・体〕　なり〔助動・断・終〕。秋　の〔格助〕　夜　独り　雨　を〔格助〕　聞き〔四・用〕　て〔接助〕、

「独り雨聞く秋の夜すがら」は、一首の中の優れた句である。秋の夜に独りで雨(の音)を聞いて、

「あはれ　知る〔四・体〕　友　こそ〔係助(係)〕　難き〔ク・体〕　世　なり〔助動・断・用〕　けれ〔助動・詠・已(結)〕」と〔格助〕　思ひ〔四・用〕　たる〔助動・完・体〕　なり〔助動・断・終〕。あはれ　知る〔四・体〕　友　の〔格助〕　ある〔ラ変・体〕

「ものの情趣を理解する友(を見いだすの)が難しい世であるなあ」と思ったのである。ものの情趣を理解する友がいるならば、

なら〔助動・断・未〕ば、〔接助〕誘は〔四・未〕れ〔助動・受・用〕て、〔接助〕いづち〔(代)〕へ〔格助〕も〔係助〕行き〔四・用〕て、〔接助〕語り〔四・用〕も〔係助〕明かさ〔四・未〕ば、〔接助〕①かく〔副〕雨を〔格助〕ば〔係助〕聞く〔四・終〕
(その人に)誘われて、どこへでも行って、語り明かすのなら、このように(独りで)雨(の音)を聞

べから〔助動・当・未〕ず。〔助動・打・終〕行か〔四・未〕ん〔助動・意・終〕と〔格助〕も〔係助〕せ〔サ変・未〕ぬ〔助動・打・体〕ところが、〔格助〕殊勝に〔ナリ・用〕おぼえ〔下二・用〕侍る〔補丁・ラ変・体〕なり。〔助動・断・終〕「独り
くはずがない。(どこへも)行こうともしないところが、格別に思われるのであります。「独り雨

雨聞く〔四・体〕秋の〔格助〕夜半かな」〔終助〕と〔格助〕も〔係助〕あら〔ラ変・未〕ば〔接助〕果つ〔下二・終〕べき〔助動・当・体〕が、〔接助〕「秋の〔格助〕夜すがら」〔副〕と〔格助〕言ひ捨て〔下二・用〕て〔接助〕
聞く秋の夜半かな」ともあれば(句の流れや意味が)切れてしまうはずだが、「秋の夜すがら」と言い放しにして(句の流れや意味が)

果て〔下二・未〕ざる〔助動・打・体〕ところが〔格助〕肝要なり。〔ナリ・終〕「独り雨聞く〔四・体〕秋の〔格助〕夜すがら〔副〕思ひ〔四・用〕たる〔助動・存・体〕は」〔係助〕と〔格助〕いふ〔四・体〕心を〔格助〕
切れないところが大事である。「独りで雨(の音)を聞く秋の夜に一晩中思っていることは」という気持ちを(余情として)残して、

残し〔四・用〕て、〔接助〕「夜すがら」〔副〕と〔格助〕は〔係助〕言へ〔四・已(命)〕る〔助動・存・体〕なり。〔助動・断・終〕されば、〔接〕「独り雨聞く〔四・体〕秋の〔格助〕夜すがら」〔副〕が〔格助〕上句
「夜すがら」とは言っているのである。そうだから、「独り雨聞く秋の夜すがら」が一首の中の優れた句なのである。

に〔助動・断・用〕て〔接助〕ある〔ラ変・体〕なり。〔助動・断・終〕「独り雨聞く」〔四・終〕が〔格助〕下の句なら〔助動・断・未〕ば、〔接助〕させる〔連体〕節も〔係助〕なき〔ク・体〕歌に〔助動・断・用〕て〔接助〕
「独り雨聞く」が一首の中の最後の句ならば、これといった優れた点もない歌であるはずである。

ある〔ラ変・体〕べき〔助動・当・体〕なり。〔助動・断・終〕

語句の解説 1

教210ページ

2 **＊あはれ《わ》** ここでは、ものの情趣、しみじみとした風情、の意。

2 **難《かた》き世《よ》なりけれ** 見いだすのが難しい世の中であるなあ。
「難し」＝ここでは、容易でない、難しい、の意。歌意から、見いだすのが難しい、得がたい、などと補って訳す。

2 **＊夜《よ》すがら** 一晩中。夜の間ずっと。「すがら」は、初めから終わりまでずっと、の意を表す接尾語。

① 「かく」とは、どのようなことを指すか。

答 独りで一晩中。

6 **聞《き》くべからず**　聞くはずがない。「べし」＝当然の意ととったが、可能の意ととって、聞くことができない、とも解釈できる。

7 **殊勝《しゅしょう》におぼえ侍《はべ》るなり**　格別に思われるのであります。「殊勝なり」＝ここでは、格別である、優れている、の意。

8 **言《い》ひ《イ》捨《す》てて**　言いっ放しにして。「言ひ捨つ」＝ここでは、言いっ放しにする、言い放つ、の意。

9 **心《こころ》を残《のこ》して**　気持ちを残して。ここでは、余情を残して、ということ。

教211ページ

1 **されば**　そうだから。そういうわけで。「さ」は、句の流れや意味を切らずに余情を残していることを指す。

【大　意】　2　教211ページ4〜11行

杜子美《としび》(＝杜甫《とほ》)の漢詩の「雨と聞く」の部分を、「雨を聞く」と同門の老僧が訓点を打ち直した。すると詩境が大きく広がって、趣も深くなった。これは和歌にも言えることで、和歌も一字の違いで大きく変わるものである。

【品詞分解／現代語訳】

格助　格助　格助　四・体　格助　ラ変・体　格助　(代)　格助　格助
杜子美 が 詩 に、「聞レ雨寒更尽、開レ門落葉深」と いふ 詩 の ある を、我ら が 法眷 の 老僧
杜子美の漢詩に、「聞レ雨寒更尽、開レ門落葉深」という詩があるのを、私たちと同じ法門で修行する仲間の

格助　ラ変・用　助動・過・体　格助　四・用　助動・完・体　助動・断・終　格助　格助　四・終　格助　サ変・用　助動・存・体　格助　上一・用　接助
の あり し が、点じ直し たる なり。昔 から「雨 と 聞く」と 点じ たる を 見 て、
老僧がいた(その老僧)が、訓点をつけ直したのである。昔から「雨と聞く」と訓点をつけてあるのを見て、

(代)　格助　ク・終　格助　接助　格助　四・終　格助　副　副　四・用　助動・完・終　副　格助
「こ の 点 わろし。」と て、「雨 を 聞く」と、ただ 一字、初めて 直し たり。ただ 一字 の 違ひ
「この訓点はよくない。」と言って、「雨を聞く」と、ただ一字、初めて直したのである。ただ一字の違いであって、

助動・断・用　接助　ナリ・終　格助　格助　四・用　接助　係助　格助　格助　四・用　助動・存・体　助動・断・用　接助　(代)　格助
に て、天地 別なり。「雨 と」と 読み て は、初め から 落葉 と 知り たる に て、そ の
天と地ほどの違いがある。「雨と」と読んでは、初めから落葉だと知っているのであって、その(詩の)

ク・終　格助　格助　四・用　助動・完・已　接助　係助　副　格助　格助　四・用　助動・完・已　接助　副
心 狭し。「雨 を」と 読み つれ ば、夜 は ただ まこと の 雨 と 聞き つれ ば、五更 すでに
趣が狭い。「雨を」と読んだところ、夜(の間)はただ本当の雨(の音)と(思って)聞いたので、五更(＝午前四時頃)

尽き（上二・用）て（接助）、朝（に）（格助）門を（格助）開き（四・用）て（接助）みれ（上一・已）ば（接助）、雨に（助動・断・用）は（係助）あら（ラ変・未）ず（助動・打・用）、落葉深く（ク・用）砌に（格助）散り（四・用）たり（助動・存・終）。こ（代）の（格助）時初めて（副）驚き（四・用）たる（助動・完・体）こそ（係助（係））、おもしろけれ（ク・已（結））。

がすっかり過ぎて、朝に門を開いてみると、雨ではなく、落葉が深く砌に散っている（ということになる）。この時初めて（雨でなく落葉だったと）はっと気づいたことこそ、趣深いのである。

されば（接）、歌も（係助）、ただ（副）文字一つに（助動・断・用）て（接助）、あら（ラ変・未）ぬ（助動・打・体）ものに（格助）聞こゆる（下二・体）なり（助動・断・終）。

そうだから、和歌も、ただ文字一つ（の違い）であって、別のものに聞こえるのである。

語句の解説 2

5 **点《てん》じ直《なお》したるなり**　訓点をつけ直したのである。

＊「点ず」＝ここでは、漢詩文を読むために、訓点（返り点・送り仮名）をつける、の意。

6 **この点《てん》わろし**　この訓点はよくない。「点」は訓点のこと。

「わろし」＝ここでは、よくない、感心しない、の意。

7 **天地別《てんちべち》なり**　天と地ほどの違いがある、ということ。

7 **「雨《あめ》と」と読《よ》みては、初《はじ》めから落葉《らくよう》と知《し》りたるにて**　「雨と」と読むと、初めから落葉の音だとわかっていたが、その音が雨の音に似ているので、雨の音のつもりで聞いたということになる、ということ。

8 **その心狭《こころせば》し**　その趣が狭い。具体的には、翌朝の意外な驚きがない、ということ。

10 **驚《おどろ》きたるこそ**　はっと気づいたことこそ。

「驚く」＝ここでは、はっと気づく、の意。

10 **おもしろけれ**　趣深いのである。

「おもしろし」＝ここでは、趣深い、興趣がある、の意。

11 **あらぬもの**　別のもの。それとは違ったもの。

課題

一　**「独り雨聞く秋の夜《よ》すがら」（210・2）を「独り雨聞く秋の夜半《は》かな」「秋の夜すがら独り雨聞く」と変えた場合の差異を説明してみよう。**

解答例　「独り雨聞く秋の夜すがら」は、「秋の夜すがら」と言い放つことで句の流れや意味が切れずに、しみじみとした孤独な趣を余情として残しているのがすばらしい。しかし、「独り雨聞く秋の夜半かな」「秋の夜すがら独り雨聞く」と変えた場合、「夜半かな」（「かな」は終助詞）、「聞く」（動詞の終止形）と、どちらも言い切りの形になり、句の流れや意味が完結して、余情が生じなくなってしまう。

二 「聞レ雨」(211・4)を「雨と聞く」「雨を聞く」と訓読した場合の差異をまとめてみよう。

解答例 「雨と聞く」と訓読した場合＝雨音のような音を最初から落葉の音だとわかっていたことになり、趣が狭い。
「雨を聞く」と訓読した場合＝夜には雨の音だと思っていたのに、朝、落葉が深く積もっているのを見て、初めて落葉の音だとわかったということになり、詩の世界に意外性と奥行きが生まれる。

語句と表現

一 次の傍線部の「ば」の違いを文法的に説明してみよう。

①語りも明かさば、(210・6)
②「雨を」と読みつれば、(211・8)
③まことの雨と聞きつれば、(211・8)

解答 ①順接仮定条件を表す接続助詞。②順接確定条件(偶然条件)を表す接続助詞。③順接確定条件(原因・理由)を表す接続助詞。

去《きょ》来《らい》抄《しょう》

向《む》井《かい》去《きょ》来《らい》

教科書P.213〜215

行く春を

【大　意】 教213ページ1〜9行

「行く春を……」の句を批判した尚白《しょうはく》に対して、去来は琵琶湖の湖畔の景に惜春の情を見いだし、実感に基づいて詠んだものであると反論した。先師(＝芭蕉《ばしょう》)は去来に同意し、さらに伝統的背景もつけ加え、去来の理解の深さを喜んだ。

【品詞分解／現代語訳】

行く(四・体) 春 を(格助) 近江 の(格助) 人 と(格助) 惜しみ(四・用) けり(助動・詠・終)　芭蕉

(琵琶湖のほとりの)過ぎ行く春を、近江の国の人々と一緒に惜しむことだ。

先師 いはく、(連語) 「尚白 が(格助) 難 に、(格助) 近江 は(係助) 丹波 に(格助) も、(係助) 行く(四・体) 春 は(係助) 行く(四・体) 歳 に(格助) も(係助) ふる(四・終) べし、(助動・可・終) と(格助)

先師が言うことには、「尚白の(この句に対する)批判として、近江は丹波にも、行く春は行く歳にも置きかえることができる、と

四・已(命) 助動・完・終 (代) 副 四・用 補丁・ラ変・体 係助 (連語) 格助 四・未 助動・打・終 タリ・用

言へり。汝、いかが聞き侍るや。」去来いはく、「尚白が難当たらず。湖水朦朧と

言った。おまえは、どう考えますか。」去来が言うことには、「尚白の批判は当たりません。琵琶湖がかすんで

接助 格助 四・体 格助 ラ変・体 助動・推・終 副 格助 助動・断・用 補丁・ラ変・体 格助 四・終

して春を惜しむに便りあるべし。ことに今日の上に侍る。」と申す。先師

ぼうっとして春を惜しむのにふさわしいものがあるでしょう。ことに(この句は)実際の体験(に基づいて詠んだもの)であります。」と申しあげる。先

(連語) ラ変・終 係助 (代) 格助 格助 格助 サ変・体 副 格助 四・未 助動・打・体 終助

いはく、「しかり。古人もこの国に春を愛すること、をさをさ都に劣らざるものを。」

師が言うことには、「そのとおりである。昔の(歌)人もこの(近江の)国で春を愛することは、少しも都(で春を愛するの)に劣らないのになあ。」

(連語) (代) 格助 格助 サ変・終 四・体 格助 上一・用 補尊・四・未 接助 副 係助(係) (代) 格助

去来いはく、「この一言心に徹す。行く歳近江にゐ給はば、いかでかこの感

(私)去来が言うことには、「この一言が心に貫きとおります。年の暮れに近江にいらっしゃるなら、どうしてこの感興がおありになりま

四・未 助動・推・体(結) 四・体 格助 四・未 接助 副 (代) 格助 四・終 助動・打推・終 格助 格助

ましまさん。行く春丹波にいまさば、もとより①この情浮かぶまじ。風光の人を

しょうか(、いや、ございません)。(また、もし)過ぎゆく春に丹波にいらっしゃるならば、そもそもこの(春を惜しむ)心情は浮かばないでしょう。優れた風景

サ変・未 助動・使・体 助動・断・体 終助 格助 四・終 (連語) (代) 係助 格助 格助 四・終

感動せしむること、真なるかな。」と申す。先師いはく、「去来、汝はともに風雅を語る

が人を感動させることは、真実なのですね。」と申しあげる。先師が言うことには、「去来よ、おまえはともに俳諧を語ることができる者であ

助動・可・体 助動・断・終 格助 ナリ・用 四・用 補尊・四・用 助動・過・終

べき者なり。」と、ことさらに喜び給ひけり。

る。」と、格別にお喜びになった。

語句の解説

教213ページ

1 **行《ゆ》く春《はる》を……** 季語「行く春」―春。

2 **いはく《ワ》** 言うことには。「言ふ」の未然形「言は」＋接尾語「く」。「言ふ」を名詞化した、いわゆるク語法。

2 **難《なん》** ここでは、批判、非難、の意。

3 ＊**汝《なんじ》** 対等もしくは目下の者に用いる対称の人称代名詞。おまえ。

3 **いかが聞《き》き侍《はべ》るや** どう考えますか。

「いかが」＝疑問の副詞。これを受けて結ぶ語は連体形になる。どのように…か。どう…か。

「聞く」＝ここでは、考える、判断する、の意。

「や」＝疑問の係助詞。疑問の副詞「いかが」と併用されている。

4 **湖水朦朧《こすいもうろう》として**　琵琶《びわ》湖がかすんでぼうっとして。
「朦朧たり」＝かすんでぼうっとしている様子。はっきりしない様子。
4 **春《はる》を惜《お》しむに便《たよ》りあるべし**　湖水朦朧とした情景が、惜春の情にふさわしい、ということ。
「便り」＝ここでは、都合のよいこと、便宜、手段、の意。
5 **古人《こじん》**　昔の人。特に詩人や歌人の尊敬に値する人。
5 **を《オ》さを《オ》さ都《みやこ》に劣《おと》らざるものを**　少しも都に劣らないのになあ。
＊「をさをさ……(打消)」＝少しも。ほとんど。めったに。ここでは「ざる」と呼応している。
「ものを」＝詠嘆の終助詞。…のになあ。
6 **この一言《ひとこと》**　直前の先師の言葉「古人も……ものを。」を指す。
6 **行《ゆ》く歳近江《としおうみ》にゐ《イ》給《たま》は《ワ》ば**　年の暮れに近江にいらっしゃるならば。
尚白の「行く春は行く歳にもふるべし」を受けて言ったもの。
「給ふ」＝尊敬の補助動詞。去来の芭蕉に対する敬意。
7 **いかでかこの感《かん》ましまさん**　どうしてこの感興がおありになりましょうか(、いや、ございません)。
「いかでか……(推量)」＝ここは、反語の意。どうして…か、いや…ない。
「感」＝感動。感興。心に深く感じること。
「まします」＝「あり」の尊敬語。おありになる。
7 **いまさば**　いらっしゃるならば。
「います」＝「あり」「をり」「行く」「来《く》」の尊敬語。いらっしゃる。おいでになる。

❶ 「この情」とは、どのような思いか。

答　かすむ琵琶湖を見て浮かんだ、春を惜しむ思い。

8 **風光《ふうこう》の人《ひと》を感動《かんどう》せしむること**　優れた風景が人を感動させること。
「風光」＝優れた風景。すばらしい自然の風景。
「の」＝主格を表す格助詞。
8 **真《まこと》なるかな**　真実なのですね。
「かな」＝詠嘆を表す終助詞。
9 **去来《きょらい》、汝《なんじ》は**　去来よ、おまえは。感動をこめた呼びかけである。
9 ＊**風雅《ふうが》**　ここでは、蕉門《しょうもん》における俳諧用語で、俳諧、俳諧の境地、の意。

岩《いわ》鼻《はな》や

【大 意】 教214ページ1〜10行

「岩鼻や……」の句の下五を、洒堂《しゃどう》が「月の猿」とすればよいと言うので、先師（＝芭蕉）に尋ねると、この句は自称の句として捉えるべきであると言った。去来は、先師の解釈でこの句を見ると、風雅に徹した人の感じが出ることを悟ったのである。

【品詞分解／現代語訳】

岩鼻 や ここ に も ひとり 月 の 客　**去来**
間助 （代） 格助 係助 格助
名月の夜、この岩の突端にもひとり、月の美しさに心を奪われた（風流な）人がいる。

先師 上洛 の 時、去来 いはく、「洒堂 は こ の 句 を、月 の 猿、と 申し 侍れ ど、予 は、
格助 （連語） 係助 （代） 格助 格助 格助 格助 四・用 補丁・ラ変・已 接助 （代） 係助
先師が上京された時、（私）去来が言うことには、「洒堂はこの句（の下五）を、月の猿（とすべきだ）、と申しますが、私は、

客 勝り な ん、と 申す。いかが 侍る や。」先師 いはく、「猿 と は 何ごと ぞ。汝、こ の
四・用 助動・強・未 助動・推・終 格助 四・終 副 ラ変・体 係助 （連語） 格助 係助 係助 （代） （代） 格助
（月の）客（のほう）がきっと優れているだろう、と申しました。いかがでございましょうか。」先師が言うことには、「猿とは何ごとか。おまえは、この

句 を いかに 思ひ て 作せ る や。」去来 いはく、「明月 に 乗じ 山野 吟歩し 侍る に、
格助 副 四・用 接助 サ変・未 助動・完・体 係助 （連語） 格助 サ変・用 サ変・用 補丁・ラ変・体 格助
句をどのように思って作ったのか。」（私）去来が言うことには、「明月に誘われて山野を句を案じながら歩いております時に、

岩頭 また ひとり の 騒客 を 見つけ たる。」と 申す。先師 いはく、「ここ に も ひとり 月 の 客
副 格助 格助 下二・用 助動・完・体 格助 四・終 （連語） （代） 格助 係助 格助
岩の突端にもうひとりの風流人を見つけた（のを詠んだのです）。」と申しあげる。先師が言うことには、「ここにもひとり月の客（がおります）と、

と、己と 名乗り出づ らん こそ、いくばく の 風流 なら ん。ただ 自称 の 句 と なす
格助 副 下二・終 助動・現婉・体 係助 副 格助 助動・断・未 助動・推・体 副 格助 格助 四・終
（月に対して）自分から名乗り出るような（句にする）ほうが、どれほど風流であろう。ただただ（この句は）自分のことを詠んだ句

べし。こ の 句 は 我 も 珍重し て、笈の小文 に 書き入れ ける。」と なん。
助動・適・終 （代） 格助 係助 （代） 係助 サ変・用 接助 格助 下二・用 助動・過・体 格助 係助
とするがよい。この句は私も珍しいものとして大切にして、笈の小文に書き入れておいた。」と（おっしゃった）。

予が趣向は、②なほ二、三等もくだり侍りなん。
（代）格助　係助　副　係助　四・用　補丁・ラ変・用　助動・強・未　助動・推・終
私の意図は、やはり(先師の解釈に比べると)二、三等もきっと劣っていますでしょう。

先師の意をもつて見れば、少し狂者の感もあるにや。
格助　格助　四・用(音)　接助　上一・已　接助　副　格助　係助　ラ変・体　助動・断・用　係助
先師のお考えで(この句を)見ると、少し風狂人の感じもあるだろうか。

語句の解説

教214ページ

1 **岩鼻《いわはな》や……**　季語「月の客」―秋。

2 **＊上洛《じょうらく》**　地方から都に行くこと。上京。対 下向

2 **月の猿《さる》**　月の猿(とすべきだ)。下に「とすべし」などを補うとわかりやすい。

3 **予《よ》**　自称の人称代名詞。私。自分。

3 **勝《まさ》りなん**　きっと優れているだろう。
「勝る」＝ここでは、優れる、の意。

「なん」＝強意の助動詞「ぬ」の未然形「な」＋推量の助動詞「ん」。きっと…だろう。確かに…だ。

3 **いかが侍《はべ》るや**　いかがでございましょうか。
「いかが」＝疑問の副詞。これを受ける結びの語は連体形になる。

「侍り」＝「あり」の丁寧語。あります。ございます。

「や」＝疑問・反語の係助詞。ここは疑問を表す。

3 **猿《さる》とは何《なに》ごとぞ**　猿とは何ごとか。洒堂の考えを否定した言葉。
「ぞ」＝強意の係助詞。

4 **いかに思《おも》ひ《イ》て作《さく》せるや**　どのように思って作ったのか。
「いかに」＝どのように。どんなふうに。結びは連体形になる。

4 **明月《めいげつ》に乗《じょう》じ**　明月に誘われて。
「明月」＝中秋の名月。陰暦八月十五日の夜の月。

「乗ず」＝ある状況をうまく利用する意だが、ここでは「明月に」とあるので、誘われる、浮かれる、と訳す。

5 **騒客《そうかく》を見《み》つけたる**　風流人を見つけた。文末が連体形になっているが、近世では一般に見られる。

6 **己《おのれ》と名《な》乗《の》り出《い》づ《ズ》らんこそ**　自分から名乗り出るような(句にする)ほうが。句の作者自身が、ここにもひとり風流人がおります、と名乗り出るようにしたほうが、ということ。
「己と」＝副詞で、自分から、おのずから、の意。

6 **いくばくの風流《ふうりゅう》ならん**　どれほど風流であろう。
「いくばく」＝ここでは、どれほど、どれくらい、の意。
＊「風流」＝みやびやかなこと。俗っぽくないこと。風雅。

8 **となん**　と(おっしゃった)。下に「のたまひし」などの語を補う。

9 **趣向《しゅこう》**　ここでは、作句する上での構想、意図、工夫、の意。

② 何に対して「なほ二、三等もくだ」るのか。

答 先師(＝芭蕉)の解釈に対して。

9 **先師《せんし》の意《い》をもつ《ッ》て** 先師のお考えで。「もつて」＝「もつ」の連用形「もち」＋接続助詞「て」↓「もちて」の促音便化した語。…で。…によって。

10 **あるにや** あるだろうか。下に「あらむ」などが省略されている。

課題

一 **「行く春を……」（213・1）の句に対する尚白の批判と、それに対する去来の反論、芭蕉の考えをそれぞれ整理してみよう。**

考え方 この句において、「行く春」「近江」という言葉はどのような意味をもっているのかを押さえる。

解答例 尚白の批判＝「近江」は「丹波」に、「行く春」は「行く歳」に置きかえることができる。

去来＝琵琶湖がかすんでぼうっとしている景は、惜春の情にふさわしく、その上この句は実際の体験に基づいて詠んだものであるから、「行く春」「近江」は他の語に置きかえることはできない。

芭蕉＝去来の考えに加え、近江は古来都に劣らず、歌人が春を愛する歌を詠んできた地である。その点からも、近江は惜春の句を作るにふさわしい地である。

二 **「岩鼻や……」（214・1）の句について、筆者である去来は自分の意図よりも先師（芭蕉）の解釈を評価しているが、それはなぜか、話し合ってみよう。**

考え方 去来の意図は、月を眺める風流人を自分の他にもうひとり見つけた、というもの。それに対して芭蕉は、ここにもひとり風流人がいますよ、と月に対して自分から名乗り出る自称の句とするのがよいと言っている。この違いを押さえた上で、先師の解釈を去来がどう感じたのかを考えよう。

語句と表現

一 **「行く春を……」（213・1）、「岩鼻や……」（214・1）の句に用いられている季語とその季節を指摘してみよう。**

解答 「行く春を……」＝季語：行く春　季節：春

「岩鼻や……」＝季語：月の客　季節：秋

五　物語㈡

源《げん》氏《じ》物語

紫式部《むらさきしきぶ》

教科書P.218〜245

物《もの》の怪《け》の出現

【大　意】　1　教218ページ8行〜220ページ2行

葵《あおい》の上は物の怪にとりつかれ苦しむ。その物の怪が六条御息所《ろくじょうのみやすどころ》の霊ではないか、御息所の父の霊ではないかと噂《うわさ》されていることを耳にし、六条御息所の心は乱れる。葵の上にひどいことをする夢を見ることもあることから、本当に自分の生き霊なのではないかと思うと、格好の噂の的になることがつらく、もう光源氏に思いをかけないと決心するが、そのこと自体が、思いをかけていることを意味するのだった。

【品詞分解／現代語訳】

大殿　に　は、　御物の怪　いたう　起こり　て　いみじう　わづらひ　給ふ。　こ　の　御生霊、　故父大臣

格助・係助／ク・用(音)／四・用／接助／シク・用(音)／四・用／補尊・四・終／(代)／格助

葵の上においては、御物の怪がひどく起こって　たいそうお苦しみになる。(物の怪の正体は六条御息所)ご自分の生き

の　御霊　など　言ふ　もの　あり　と　①聞き　給ふ　に　つけ　て、　思しつづくれ　ば、　身一つ　の　憂き

格助／副助／四・体／ラ変・終／格助／四・用／補尊・四・体／格助／下二・用／接助／下二・已／接助／格助／ク・体

霊、故父大臣の霊などと(噂に)言う者がいると　(六条御息所が)お聞きになるに伴って、いろいろとお考えになってみると、我が身一つのつらい

嘆き　より　ほか　に　人　を　悪しかれ　など　思ふ　心　も　なけれ　ど、　もの思ひ　に　あくがる

格助／格助／格助／シク・命／副助／四・体／係助／ク・已／接助／格助／下二・終

嘆き(をする)以外に　人に悪いことが起これなど思う心もないが、　思い悩み抜くと体を抜け出すといわれ

なる　魂　は、　さ　も　や　あら　む　と　思し知ら　るる　こと　も　あり。　年ごろ、　よろづに

助動・伝・体／係助／副／係助／係助(係)／ラ変・未／助動・推・体(結)／格助／四・未／助動・自・体／係助／ラ変・終／副

ている魂は、そういうこともあるだろうかと自然と思い知りなさることもある。長年、すべてにおい

四・体　ク・用　四・用　助動・完・已　接助　副　副助　係助　下二・未　助動・打・体　接助　ク・体　格助　格助
思ひ残す こと なく 過ぐし つれ ど、かう し も 砕け ぬ を、はかなき こと の をり に、
て考え残すこともないほど(物思いの限りを尽くして)過ごしたが、これほど思い悩まないのに、ちょっとした(例の)ことのときに、

格助　四・用　ク・体　格助　四・体　助動・断・用　助動・過・体　格助　格助
人 の 思ひ消ち、なき もの に もてなす さま なり し 御禊 の 後、ひとふし に
あの人(＝葵の上)が自分(＝六条御息所)を軽蔑し、ないものとして振る舞う様子であった御禊の後、この一件で

下二・用　助動・完・用　助動・過・体　ク・用(音)　四・未　助動・自・体　助動・断・用　係助　副　四・用　補尊・四・体
思し浮かれ に し 心 鎮まりがたう 思さ るる け に や、少し うちまどろみ 給ふ
動揺しなさった心が静まりにくく思われなさったせいだろうか、少しうとうとお眠りになる

格助　係助　(代)　格助　格助　シク・体　格助　副　ナリ・用　接助　ラ変・体　格助　四・用　接助　副
夢 に は、か の 姫君 と 思しき 人 の いと 清らに て ある 所 に 行き て、とかく
夢には、あの姫君(＝葵の上)と思われる人がたいそう美しくいる所に行って、あれこれと

四・用　格助　係助　上一・未　助動・打・用　ク・用　ク・体　カ変・用　接助　四・体　副助　下二・用
引きまさぐり、現 に も 似 ず、猛く 厳き ひたぶる心 出で来 て、うちかなぐる など 見え
ひっかき回し、正気のときとは似ても似つかず、荒々しく激しい、一途な気持ちが出てきて、(葵の上を)乱暴に引っ張るなど(夢に)御覧になる

補尊・四・体　四・用　助動・完・用　助動・過・終　感　ク(語幹)　間助　副　格助　下二・用　接助　係助(係)　ナ変・用　助動・過推・体(結)
給ふ こと 度重なり に けり。「あな 心憂 や、げに 身 を 捨て て や 往に けむ。」
ことが度重なった。(六条御息所は)「ああつらい、本当に(私の魂は)体を捨てて出て行ったのだろうか。」と、

格助　助動・断・未　助動・打・用　下二・用　補尊・四・体　係助　ラ変・已　接助　副　助動・断・未　助動・打・体　副助
と、うつし心 なら ず おぼえ 給ふ 折々 も あれ ば、さ なら ぬ こと だに、人
正気でなくお思いになるときもあるので、それほどでもないことさえ、他人

格助　格助　係助　ナリ(語幹)　格助　格助　副助　係助　下二・未　助動・打・体　助動・断・已　接助　副　(代)　係助
の 御ため に は、よさま の こと を し も 言ひ出で ぬ 世 なれ ば、まして これ は
のためには、良い様子のことを(誰も)言い出さない世の中だから、ましてこれは

副　ク・用(音)　四・用　助動・強・終　助動・可・体　助動・断・終　格助　四・体　接助　副　シク・用(音)　副
いと よう 言ひなし つ べき たより なり と 思す に、いと 名立たしう、「ひたすら 世
たいそうよく(悪評を)言い立てることができる機会だとお思いになると、たいそう噂が立ちそうで、「ただもう世に

に(格助) 亡く(ク・用) なり(四・用) て(接助) 後 に(格助) 怨み 残す(四・体) は(係助) 世 の(格助) 常 の(格助) こと なり(助動・断・終)。 それ(代) だに(副助) 人 の(格助) 上

亡くなって　後に怨みを残すのは　ありがちなことだ。　それさえ他人の身の上で(聞いて)は

にて(格助) は(係助)、罪 深う(ク・用(音)) ゆゆしき(シク・体) を(接助)、現 の(格助) 我 が(格助) 身 ながら(接助) さる(連) 疎ましき(シク・体) こと を(格助) 言ひつけ(下二・未)

罪深く不吉なのに、　現実の我が身のままで　そのような嫌なことを噂されるとは、

らるる(助動・受・体)、宿世 の(格助) 憂き(ク・体) こと。 すべて(副) ②つれなき(ク・体) 人 に(格助) いかで(副) 心 も(係助) かけ(下二・用) きこえ(補謙・下二・未) じ(助動・打意・体)。」と(格助)

前世からの因縁のつらいこと。　全く薄情なあの人(＝光源氏)になんとしても(これ以上)思いをおかけすまい。」と

思し返せ(四・已) ど(接助)、「思ふ(四・体) も(係助) もの を(格助)」 なり(助動・断・終)。

考え直しなさるが、　「(思うまいと)思うのもものを(思う)」ということだ。

語句の解説　1

教218ページ

1 **朱雀帝《すざくてい》**　光源氏の異母兄。

2 **六条御息所《ろくじょうのみやすどころ》**　皇太子の妃だったが、死別し、その後、光源氏と恋仲になるも、次第に疎遠になっていった。「御息所」は皇太子妃のこと。

4 **供奉《ぐぶ》**　行列や祭礼に参加すること。

8 **御物《おおんもの》の怪《け》**　人にとりつき、病気にしたり死なせたりする霊。

8 **いみじう《ジュウ》わづ《ズ》らひ《イ》給《たまう》ふ**　たいそうお苦しみになる。

＊「わづらふ」＝苦しむ。病気になる。

①　「聞き給ふ」の主語は誰か。

答　六条御息所。

9 **身《み》一《ひと》つの憂《う》き嘆《なげ》き**　自分自身のつらい身の上を嘆く気持ち。

10 **人《ひと》を悪《あ》しかれなど思《おも》ふ《ウ》心《こころ》もなけれど**　人に悪いことが起これなど思う心もないが。人の不幸を願う気持ちはない、ということ。

教219ページ

1 **あくがるる魂《たましい》**　体を抜け出すといわれている魂。

＊「あくがる」＝魂が体から離れる。さまよい歩く。

「なる」＝ここでは、伝聞を表す助動詞「なり」の連体形。伝聞の「なり」は終止形接続(ラ変型活用語には、連体形に接続)なので、直前の「あくがる」は終止形。

1 **さもやあらむ《ン》**　そういうこともあるだろうか。自分が生霊となって葵の上にとりつき、苦しめていることを指す。

2 **年《とし》ごろ、よろづ《ズ》に思《おも》ひ《イ》残《のこ》すことなく過《す》ぐしつれど**　悩むべきことはすべて悩んだ、ということ。光源氏とのはかない仲に長年苦悩してきたことを指す。

4 かう《コウ》しも砕《くだ》けぬを　これほど思い悩まないのに。現状が最も心乱れているということ。

5 人《ひと》の思《おも》ひ《イ》消《け》ち、なきものにもてなすさま　「人」はここでは、葵の上のこと。「なきものにもてなす」とは、いないものとして振る舞うこと、つまり、無視すること。車争いにおいて、葵の上側の従者が、御息所の牛車を無理に押しのけたことを指す。

6 ひとふしに思《おぼ》し浮《う》かれにし心《こころ》　この一件で動揺しなさった心。

「ひとふし」とは、ここでは、「車争い」を指す。

7 鎮《しず》まりがたう《トウ》思《おぼ》さるるけにや　「鎮まりがたう」は、ク活用形容詞「鎮まりがたし」の連用形「鎮まりがたく」のウ音便。

「け」＝ため。せい。

8 少《すこ》しうちまどろみ給《たま》ふ《ウ》夢《ゆめ》には　以下、「かの姫君と……うちかなぐる」は、六条御息所の夢の内容。

9 かの姫君《ひめぎみ》と思《おぼ》しき人《ひと》のいと清《きよ》らにてある所《ところ》　あの姫君と思われる人がたいそう美しくいる所。「かの姫君」は「葵の上」のこと。

「思し」＝思われる。(……のように)見受けられる。

＊「清らなり」＝気品があって美しい。本質的な美しさのことで、最上級の美しさを表す。

10 現《うつつ》にも似《に》ず　正気のときとは似ても似つかず。

「現」＝①現実、②正気、③生きている状態、④目覚めている状態、などの意味があるが、ここでは②の意味。

10 猛《たけ》く厳《いか》きひたぶる心《ごころ》　荒々しく激しい、一途な気持ち。「ひたぶる心」は、「ひたぶるなり」＋「心」の複合語。

「猛し」＝勢いが激しい。勇ましい。

「厳し」＝激しい。いかめしい。

＊「ひたぶるなり」＝一途である。むやみだ。

11 あな心憂《こころう》や　ああつらい。「心憂」はク活用形容詞「心憂し」の語幹。形容詞の語幹は、感動詞を伴って、感動を表す表現になる。

11 げに身《み》を捨《す》ててや往《い》にけむ《ン》　葵の上にひどいことをする夢を見ることから、自分が生霊として葵の上を苦しめていることに心当たりがあるのである。

11 うつし心《ごころ》ならずおぼえ給《たま》ふ《ウ》　正気でなくお思いになる。

＊「うつし心」＝正気。漢字では「現し心」と書く。「移し心」と書く場合は、「移り気な心」を表す。

12 さならぬことだに　それほどでもないことさえ。

「だに」＝類推を表す副助詞。軽いものを挙げて、重いものを推測させる用法。たいしたほどでもないことでも、あしざまに噂するのが常の世間で、生き霊となるという大事に対して、どれほどの噂が立つか、と類推させている。

13 ましてこれはいとよう言《い》ひ《イ》なしつべきたよりなり　「これ」は葵の上に物の怪が取りついたことを指す。「さならぬことだに」の内容を受けている。

「たより」＝ここでは、機会、の意。

15 それだに人《ひと》の上《うえ》にては　「それ」は、死後に怨みが残(って霊にな)ることを指す。

16 現《うつつ》の我《わ》が身《み》ながらさる疎《うと》ましきことを言《い》ひ《イ》つけらるる　「さる疎ましきこと」とは、六条御息所が生き霊になって葵の上に取りついているという噂のこと。「それだに人の上にては」の内容を受けて、死霊のことさえ聞けば不吉に感じるのに、まして生きている自分が生き霊になったと噂されることがつらいことだと身に染みている。

16＊宿世《すくせ》　前世からの因縁。現世の幸不幸は、前世の行いによって決まると考えられていた。

教220ページ

1**つれなき人《ひと》**　薄情な人。

「つれなし」＝薄情だ。そっけない。

②　**「つれなき人」とは誰を指すか。**

答　光源氏。

1**いかで心《こころ》もかけきこえじ**　なんとしても(これ以上)思いをおかけすまい。

「いかで」＝どうにかして。なんとしても。願望や意志の表現を伴う。ここでは打消意志の助動詞「じ」を伴っている。

1**「思ふものを」なり《おもう》**　「思はじと思ふもものを思ふなり思はじとだに思はじやなぞ(思うまいと思うこともものを思うことなのだ。思うまいとさえどうして思わないのだろう)」という和歌を踏まえている。御息所の「つれなき人にいかで心もかけきこえじ」という決意が、既に光源氏に心をかけていることになっている、ということ。

【大　意】　2　教220ページ3行～221ページ4行

葵の上が産気づくが、例の物の怪が離れない。修験者《しゅげん》たちも困っていたが、さすがに調伏《ちょうぶく》された物の怪は、葵の上の口を借りて、光源氏に言いたいことがあると言う。そこで光源氏が葵の上の近くに寄ると、周りの人は葵の上が最期に言いたいことがあるのだろうと、少し退く。苦しむ葵の上の白い着物に束ねた黒髪が垂れる様子を見て、美しさに心打たれた光源氏は葵の上の手を取って声をかける。葵の上は美しい目元をあげて光源氏と見つめ合いながら涙を流す。

【品詞分解／現代語訳】

まだ(副)　**さる**(ラ変・体)　**べき**(助動・当・体)　**ほど**　**に**(助動・断・用)　**も**(係助)　**あら**(ラ変・未)　**ず**(助動・打・終)　**と、**(格助)　**皆人**　**も**(係助)　**たゆみ**(四・用)　**給へ**(補尊・四・已(命))　**る**(助動・存・体)　**に、**(接助)

まだ出産があるはずの時ではないと、誰もが油断なさっていたところ、

にはかに(ナリ・用)　**御気色**　**あり**(ラ変・用)　**て**(接助)　**なやみ**(四・用)　**給へ**(補尊・四・已)　**ば、**(接助)　**いとどしき**(シク・体)　**御祈禱**　**数**　**を**(格助)　**尽くし**(四・用)　**て**(接助)　**せ**(サ変・未)　**させ**(助動・使・用)

急に産気づきなさって　お苦しみになるので、　いっそう甚だしい御祈禱を、すべてを尽くしておさせになったが、

補尊・四・已(命)　助動・完・已　接助　格助　ク・体　副　四・未　助動・打・用　ク・体
給へ れ ど、例 の 執念き 御物の怪 一つ、さらに 動か ず、やむごとなき 験者ども、
例のしつこい物の怪一つが、全く動かず、尊い修験者たちは、

ナリ・終　格助　四・終　副　シク・用(音)　サ変・未　助動・受・用　接助　ナリ・用　上二・用　接助　副
③めづらかなり と もてなやむ。さすがに いみじう 調ぜ られ て、心苦しげに 泣きわび て、「少し
珍しいことだと持て余す。そうはいうもののやはり(物の怪は)甚だ調伏されて、苦しそうに泣き悩んで、「少し

下二・用　補尊・四・命　間助　格助　下二・終　助動・意・体　ラ変・終　格助　四・終　ラ変・已　接助　間助　ラ変・体　ラ変・未
ゆるべ 給へ や。大将 に 聞こゆ べき こと あり。」と のたまふ。「されば よ。ある やう あら
(祈禱を)緩めてくださいよ。大将(＝光源氏)に申し上げたいことがあります。」と(葵の上の口を借りて)おっしゃる。(周りの人は)「そうだろう。わけがあるの

助動・推・終　格助　接助、ク・体　格助　格助　下二・用　補謙・四・用　助動・完・終　副　格助　助動・断・用　サ変・用
む。」と て、近き 御几帳 の もと に 入れ 奉り たり。むげに ④限り の さま に ものし
だろう。」と思って、(光源氏を葵の上に)近い御几帳のところにお入れした。(葵の上は)はなはだ最期の様子でいらっしゃるので

補尊・四・体　接助　四・未　助動・希・体　係助　サ変・体　助動・断・用　係助　格助　接助　係助　係助　副　四・用
給ふ を、聞こえおか まほしき こと も おはする に や と て、大臣 も 宮 も 少し 退き
(最期に光源氏に)申し上げておきたいことも(葵の上には)おありになるのだろうかと思って、(葵の上の両親の)左大臣も大宮も少し

補尊・四・已(命)　助動・完・終　格助　下二・用　接助　格助　四・用　助動・存・体　シク・用(音)　ク・終
給へ り。加持 の 僧ども 声 静め て 法華経 を 読み たる、いみじう 尊し。
お下がりになった。加持の僧たちが声を静かにして法華経を読んでいるのは、たいそう尊い。

格助　下二・用　接助　上一・用　補謙・四・用　補尊・四・已　接助　副　ナリ・用　接助　係助　シク・用(音)
御几帳 の 帷子 引き上げ て 見 奉り 給へ ば、いと をかしげに て、御腹 は いみじう
(光源氏が)御几帳の帷子を引き上げて(葵の上を)拝見なさると、(葵の上は)たいそう美しく、おなかはたいそう

ク・用(音)　接助　四・用　補尊・四・已(命)　助動・存・体　副助　上一・用　補謙・四・未　助動・仮・体　接助　下二・用　助動・強・終　助動・推・終
高う て 臥し 給へ る さま、よそ人 だに、見 奉ら む に、心 乱れ ぬ べし。
高くて横になっていらっしゃる様子は、他人でさえ、もし拝見したら、きっと心が乱れるだろう。

副　シク・用(音)　シク・用(音)　四・体　ナリ・終　ク・体　格助　副　ナリ・用　接助　格助
まして、惜しう 悲しう 思す、ことわりなり。白き 御衣 に、色合ひ いと はなやかに て、御髪 の
まして(夫である光源氏が葵の上の命を)惜しく悲しくお思いになるのは、もっともなことだ。白いお着物に、色合いがとても華やかに、御髪で

副　ク・用(音)　ク・体　格助　四・用　接助　下二・用　助動・存・体　係助　副(音)　係助(係)　ナリ・用　四・用
いと　長う　こちたき　を　引き結ひ　て　うち添へ　たる　も、かうて　こそ　らうたげに　なまめき
たいそう長く豊かであるのをひき結んで添えてあるのも、このような姿であってこそかわいらしく上品な

助動・存・体　四・用　接助　シク・用　助動・詠・已(結)　格助　下二・終　格助　下二・用　接助　感　シク(語幹)　ク・体
たる　方　添ひ　て　をかしかり　けれ　と　見ゆ。御手　を　とらへ　て、「あな　いみじ。心憂き　目
点が加わって美しいのだ、と思われる。(光源氏は葵の上の)お手をとって、「ああひどい。(私に)つらい

格助　下二・用　補尊・四・体　終助　格助　接助　係助　下二・用　補尊・四・未　助動・打・用　四・用　補尊・四・已　接助　係助　副
を　見せ　給ふ　かな。」　と　て、もの　も　聞こえ　給は　ず　泣き　給へ　ば、例　は　いと
目をお見せになることよ。」と言って、何も申し上げなさらずお泣きになると、(葵の上は)いつもは

シク・用(音)　ナリ・体　格助　副　ナリ・用　下二・用　接助　四・用　補謙・下二・用　補尊・四・体　格助
わづらはしう　恥づかしげなる　御まみ　を、いと　たゆげに　見上げ　て　うちまもり　きこえ　給ふ　に、
たいそう気づまりにも気おくれする(ほど美しい)目もとを、たいそうけだるそうに見上げて(光源氏を)見つめ申し上げなさるうちに、

格助　下二・体　格助　上一・用　補尊・四・体　係助　副　格助　ク・未　助動・推・体
涙　の　こぼるる　さま　を　見　給ふ　は、いかが　あはれ　の　浅から　む。
涙がこぼれる様子を(光源氏が)御覧になるのは、どうして愛情が浅いことがあろうか、いや、浅くはない。

語句の解説 2

3 **たゆみ給《たま》へ《エ》る**　葵の上に出産の兆候が見られず、油断していた。

「たゆむ」＝油断する。気が緩む。

4 **なやみ給《たま》へ《エ》ば**　お苦しみになるので。

＊「なやむ」＝苦しむ。病気になる。

4 **いとどしき御祈禱《おおんいのり》**　いっそう甚だしい御祈禱。

「いとどし」＝ますます激しい。いっそう甚だしい。

4 **例《れい》の執念《しゅうね》き御物《おおんもの》の怪《け》一《ひと》つ**　葵の上にとりついている物の怪のこと。

5 **やむ《ン》ごとなき験者《げんざ》ども**　尊い修験者たち。

＊「やむごとなし」＝尊い。

3

何が「めづらかなり」か。

答

祈禱をしても全く動じない物の怪のしつこさ。

6 **さすがにいみじう《ジュウ》調《ちょう》ぜられて**　そうはいうもののやはり(物の怪は)甚だ調伏されて。

「さすがに」＝そうはいうもののやはり。

＊「調ず」＝ここでは、調伏する、(霊などを)祈って退散させる、の意。

6 **少《すこ》しゆるべ給《たま》へ《エ》や**　物の怪が葵の上の口を借りて言っているが、周りの人は葵の上が言っていると思っている。

8 **御几帳《みきちょう》** 「几帳」とは、室内の間仕切りのための調度で、二つの台に柱を立てて、その上に横木を渡し、幕を垂らしたもの。その幕を「帷子《かたびら》」という。几帳で囲った中に葵の上が横になっている。

8 **限《かぎ》りのさまにものし給《たま》ふ《ウ》** 最期の様子でいらっしゃる。
「限り」＝命の終わり、最期、臨終。
「ものす」＝さまざまな動詞の代用として用いるが、ここでは、ある、いる、の意。

④ 「限りのさまにものし給ふ」とは誰のどのような様子か。

答 葵の上の、今にも死にそうな様子。

9 **聞《き》こえおかまほしきこと** （最期に）申し上げておきたいこと。遺言のこと。

9 **大臣《おとど》も宮《みや》も少《すこ》し退《しぞ》き給《たま》へ《エ》り** 葵の上に付き添っていた両親も、最期に夫婦だけの会話をしたいだろうと気づかって、下がっている。

10 **加持《かじ》の僧《そう》ども声静《こえしず》めて法華経《ほけきょう》を読《よ》みたる** 「加持」は、印を結んだり、呪文を唱えたりして、仏に祈ること。「少しゆるべ給へや」を受けて、静かに読経している。

11 **見奉《みたてまつ》り給《たま》へ《エ》ば** 拝見なさると。「奉り」は謙譲語で、葵の上への敬意、「給へ」は尊敬語で、光源氏への敬意を表す。

13 **白《しろ》き御衣《おおんぞ》に、色合《いろあ》ひ《い》いとはなやかにて、御髪《みぐし》のいと長《なご》うこちたきを引《ひ》き結《ゆ》ひ《イ》てうち添《そ》へ《エ》たる** 白い着物に、長く豊かな黒髪が結んで添えてあるのが、白と黒の色の対比が鮮やかで「いとはなやか」なのである。
＊「こちたし」＝数が多い。

14 **かう《コウ》てこそらう《ロウ》たげになまめきたる方添《かたそ》ひ《イ》てを《オ》かしかりけれ** 「かうて」は、病床にあって体面を繕わない、目の前の葵の上の様子を指す。平生は「わづらはしう恥づかしげなる（気づまりにも気おくれする（ほど美しい））」（教221ページ2行）様子だったが、病床の姿はいつもの気高すぎる美しさが抑えられ、かわいらしく思えたのである。
＊「らうたげなり」＝かわいらしい。

教221ページ

2 **例《れい》はいとわづ《ズ》らはしう《ワシュウ》恥づ《ズ》かしげなる御《おおん》まみ** 普段の葵の上の近寄りがたいほどの美しさを表す。
＊「わづらはし」＝気づまりだ。気遣いされる。
＊「恥づかしげなり」＝気おくれするほど美しい。こちらが恥ずかしくなるほど立派だ。

【大　意】 3 教221ページ5行〜222ページ13行

葵の上がたいそう泣くので、光源氏はあれこれと慰めるが、葵の上の口からは、「苦しいのでご祈禱をやめてほしい。もの思いする魂は本当に体から抜け出るのだ」との言葉が聞こえ、和歌を詠む声や様子がいつもの葵の上ではない。考えてみれば、それは六条御息所なのであった。御息所の生き霊の噂話を普段は否定していたが、実際に見ると嫌な気持ちがする。光源氏が名乗るように言うと、まさに六条御息所の様子で、光源氏は決まりが悪い気持ちになる。

【品詞分解／現代語訳】

副｜ク・用(音)｜四・用｜補尊・四・已｜接助｜シク・体｜｜格助｜｜格助｜四・用｜接｜副｜上一・用｜補尊・四・体
あまり いたう 泣き 給へ ば、心苦しき 親たち の 御こと を 思し、また、かく 見 給ふ
(葵の上が)あまりにひどくお泣きになるので、気がかりな両親のことをお思いになり、また、このように(葵の上が自分のことを)

格助｜下二・用｜接助｜シク・用(音)｜下二・用｜補尊・四・体｜助動・断・用｜係助｜格助｜四・用｜接助｜係助｜副｜副｜副｜下二・用
に つけ て 口惜しう おぼえ 給ふ に や と 思し て、「何ごと も、いと かう な 思し入れ
御覧になるに伴って残念にお思いになっているのだろうかと(光源氏は)お思いになって、「何事も、ひどくそんなに思いつめなさるな。

終助｜接｜シク・用(音)｜係助｜サ変・未｜助動・打推・終｜ナリ・終｜接助｜副｜四・体｜｜ラ変・体(音)｜助動・伝・已｜接助｜｜係助
そ。さりとも、けしう は おはせ じ。いかなり とも、必ず 逢ふ 瀬 あ なれ ば、対面 は
それにしても、一命を落とされることはあるまい。たとえどのようになっても、(夫婦には)必ず会う機会があるそうだから、きっと対面

ラ変・用｜助動・強・未｜助動・推・終｜｜副助｜係助｜ク・体｜｜ラ変・体｜｜係助｜四・用｜接助｜係助｜下二・未｜助動・打・体(音)｜助動・伝・已
あり な む。大臣・宮 など も、深き 契り ある 仲 は、めぐり て も 絶え ざ なれ
することもあるだろう。左大臣・大宮なども、前世からの深い縁がある仲は、生まれ変わっても絶えないというから、

接助｜上一・体｜｜ラ変・用｜助動・強・未｜助動・推・終｜格助｜四・命｜格助｜下二・用｜補尊・四・体｜接助｜感｜ラ変・未｜助動・打・終｜間助
ば、あひ見る ほど あり な む と 思せ。」と 慰め 給ふ に、「いで、あら ず や。身
きっと会うこともあるだろうとお思いなさい。」とお慰めになると、(葵の上は)「いや、そうではないのですよ。この

格助｜｜格助｜副｜シク・体｜接助｜副｜下二・用｜補尊・四・命｜格助｜下二・未｜助動・意・終｜格助｜接助｜係助｜副｜カ変・未
の 上 の いと 苦しき を、しばし 休め 給へ と 聞こえ む と て なむ。かく 参り来
身がたいそう苦しいので、しばし(祈禱を)緩めてくださいと申し上げようと思いまして。このように参上し

助動・意・終｜格助｜係助｜副｜四・未｜助動・打・体｜接助｜｜四・体｜｜格助｜｜係助｜副｜下二・体｜｜助動・断・用
む と も さらに 思は ぬ を、もの 思ふ 人 の 魂 は、げに あくがるる もの に
ようとは全く思いませんのに、もの思いをする人の魂は、本当に体から抜け出るもので

係助(係)｜ラ変・用｜助動・詠・体(結)｜格助｜ナリ・用｜四・用｜接助
なむ あり ける。」と なつかしげに 言ひ て、
あるのですね。」と親しげに言って、

上二・用｜｜格助｜下二・体｜(代)｜格助｜｜格助｜下二・命｜｜格助
「嘆きわび 空 に 乱るる わ が 魂 を 結びとどめよ 下交ひ の つま」
嘆き悲しみ(魂が体から抜け出て)空に迷っている私の魂を結びとめてください。下前の褄を結んで。

格助 四・体 (代) 格助 助動・断・用 係助 ラ変・未 助動・打・用 四・用 補尊・四・已(命) 助動・存・終 副 シク・終
と のたまふ 声、けはひ、⑤その 人 に も あら ず 変はり 給へ り。いと あやし
とおっしゃる声や、様子は、その人（＝葵の上）ではなくお変わりになっている。たいそう不思議だ

格助 四・体 接助 副 (代) 格助 助動・断・用 助動・詠・終 シク・用(音) 格助 副 四・体 格助 ク・未
と 思しめぐらす に、ただ か の 御息所 なり けり。あさましう、人 の とかく 言ふ を、よから
と（光源氏が）あれこれとお考えになると、まさしくあの御息所なのであった。驚きあきれるばかりのことで、（普段は）人があれこれと（噂して）

助動・打・体 格助 下二・体 格助 ク・用 四・用 接助 四・体 接助 格助 副
ぬ 者ども の 言ひ出づる こと と、聞きにくく 思し て のたまひ消つ を、目 に 見す見す、
言うのを、身分の低い者たちの言い出すことだと、不愉快にお思いになって否定なさるが、実際に目にすると、

格助 係助 ラ変・体 係助(係) 係助 ラ変・用 助動・詠・已(結) 格助 シク・用(音) 四・用 助動・完・終 感 ク(語幹) 格助 四・未
世 に は かかる こと こそ は あり けれ と、うとましう なり ぬ。あな 心憂 と 思さ
世の中にはこのようなことがあるのだなあと、（光源氏は）嫌な気持ちになった。ああつらいことだと自然とお思い

助動・自・用 接助 副 四・已 接助 格助 係助(係) 四・未 助動・打・已(結) ナリ・用 四・命 格助 四・已 接助 副
れ て、「かく のたまへ ど、誰 と こそ 知ら ね。確かに のたまへ。」と のたまへ ば、ただ
になられて、（物の怪に）「そのようにおっしゃるが、（あなたが）誰かわからない。はっきりとおっしゃってください。」とおっしゃると、まさに

(代) 助動・断・体 助動・断・用 シク・終 格助 係助 格助 助動・断・終 ク・用(音) 四・体 係助
それ なる 御ありさま に、あさまし と は 世 の 常 なり。人々 近う 参る も、
その方（＝六条御息所）のご様子で、驚きあきれるという平凡な表現では不十分だ。人々が近くに参るにつけ、

ク・用(音) 四・未 助動・自・終
かたはらいたう 思さ る。
（光源氏は）決まりが悪くお思いにならずにはいられない。

（葵）

語句の解説 3

5 **心苦《こころぐる》しき親《おや》たち……おぼえ給《たまウ》ふにや** あまりにひどく泣く葵の上の様子を見て、光源氏が思った内容。

5 **かく見給《みたまウ》ふにつけて口惜《くちおシュウ》しうおぼえ給《たまウ》ふにや** 葵の上はこのまま命が尽きてしまうのを残念に思っているだろう、と光源氏は推測している。

6 **いとかう《コウ》な思《おぼ》し入《い》れそ** ひどくそんなに思いつめなさるな。「思し入る」＝思いつめなさる。「思ひ入る」の尊敬語。「な……そ」＝禁止を表す。……するな。

7 **さりとも、けしう《シュウ》は《ワ》おはせじ** 「さりとも」は、葵の上が苦しんでいる現状を指す。「けしう」はシク活用形容詞「けし」の連用形「けしく」のウ音便。

＊「けし」＝異様だ。不実だ。「けしうはあらず」という形でよく用いられ、「そう悪くない」という意味を表す。ここでは「あらず」が、尊敬語「おはす」＋打消推量「じ」になった形。直訳すれば、そう悪くはおなりにならないだろう、となる。

7 **必《かなら》ず逢《あ》ふ《ウ》瀬《せ》あなれば**　夫婦は死後に三途の川で会えると言われている。「あなれ」の「あ」は、ラ変動詞「あり」の連体形「ある」の撥音便「あん」の「ん」が表記されない形。

「瀬」＝ここでは、機会、時節、の意。

教222ページ

1 **深《ふか》き契《ちぎ》りある仲《なか》は**　縁の深い親子は、別の世でも縁がつながっているといわれている。

1 **絶《た》えざなれば**　「ざなれ」の「ざ」は、打消の助動詞「ず」の連体形「ざる」の撥音便「ざん」の「ん」が表記されない形。

3 **身《み》の上《うえ》のいと苦《くる》しきを、しばし休《やす》め給《たま》へ《エ》**　葵の上の口を借りて物の怪が言っている。調伏されて苦しいのである。

3 **かく参《まい》り来《こ》む《ン》ともさらに思《おも》は《ワ》ぬ**　「かく」は、六条御息所が生霊として光源氏の前に現れたことを指す。

「さらに……ず」＝全く……ない。

7 **＊けはひ《イ》**　様子。

⑤「その人」とは誰か。

答　葵の上。

7 **いとあやしと思《おぼ》しめぐらす**　この場面において、光源氏はここで初めて葵の上の声を聞いている。いつもと様子の違う葵の上を不思議に思っている。

8 **ただかの御息所《みやすどころ》なりけり**　今の葵の上の様子が、六条御息所そのものだったので、物の怪の正体が御息所だと気づいたのである。

8 **人《ひと》のとかく言《い》ふ《ウ》**　六条御息所が生き霊になって葵の上にとりついているという噂のこと。

10 **かかること**　生き霊が現れること。

11 **かくのたまへ《エ》ど**　「かく」は六条御息所の生き霊が葵の上の口を借りて言った言葉や和歌。

12 **ただそれなる御《おおん》ありさま**　「それ」は六条御息所を指す。光源氏の問いに対する反応が、六条御息所のそれだったのだろうと思われる。

12 **あさましとは世《よ》の常《つね》なり**　驚きあきれるという平凡な表現では不十分だ。

「世の常」＝普通であること。表現が平凡で十分に言い表せないこと。

13 **かたはら《ワ》いたう《トウ》思《おぼ》さる**　決まりが悪くお思いにならずにはいられない。自分の淡泊な対応が御息所を生き霊としてしまったため、実際に物の怪の正体が御息所だと知られるのは光源氏としては気まずいのである。「る」は自発の助動詞。

課題

一　六条御息所は自分の中にどのような変化を感じて悩んでいるか、まとめてみよう。

解答例　以前は、自分の不幸な身の上を嘆くことはあっても、誰かの不幸を願うようなことはなかった。しかし、車争いの一件以降、葵の上の御座所に乗り込んで引っ掻《か》き回す夢をしばしば見るようになり、正気が失せたような気がして、本当に自分の生霊が葵の上にとりついているのかもしれないと悩むようになった。

二　「大将に聞こゆべきことあり」(220・7)とは、誰がどのようなことを伝えたかったのか、話し合ってみよう。

考え方　物の怪が葵の上の口を借りて語っていることである。同様に葵の上の口を借りてものを言う場面は、教222ページである。

解答例　生き霊となった六条御息所が光源氏に対して、調伏されて苦しいために、祈禱をゆるめてほしいということ、このような形で姿を現そうとは思っていなかったこと、もの思いの末に魂が体から抜け出たのだということ、自分の魂をもとの体に戻してほしいということを伝えようとした。

語句と表現

一　本文中の次の部分を、傍線部が指している内容を補って現代語訳してみよう。

①さもやあらむ(219・1)
②さならぬことだに、(219・12)
③かうてこそらうたげになまめきたる方添ひてをかしかりけれ(220・14)

解答例　①物の怪となり葵の上を苦しめることもあるだろうか
②生き霊になるなどということでないことでさえ、
③このように病床で縮っていない姿でこそ、かわいらしく上品な点が加わって美しいのだ

学びを広げる　能「葵上《あおいのうえ》」

教科書P.224〜225

能には『源氏物語』を題材にした演目が多くある。次に示した「葵上」はその一つである。どのような作品か調べ、『源氏物語』との共通点や相違点を整理してみよう。

解答例　能「葵上」は、『源氏物語』の「葵」巻に取材した能楽作品である。世阿弥の改作であるとされている。「シテ」は六条御息所の生き霊。六条御息所は車争いの一件で、葵の上に負けたつらさゆえに、生き霊(前シテ)となって葵上を苦しめている。祈禱が始まると、生き霊は怒り、鬼の姿(後《のち》シテ)で現れるが、激しい戦いの末、法力によって浄化される場面で終わる。

『源氏物語』との共通点は、六条御息所が車争いの件で、もの思いを深め、生き霊として葵の上に取りつくという流れである。

相違点としては、『源氏物語』には登場しない人物(「照日《てるひ》の巫女《みこ》」や「横川の小聖《こひじり》」、「朱雀院の臣下」)が能「葵上」のみに登場している。また、『源氏物語』では、六条御息所は葵の上の口を借りて話しているが、能「葵上」には、葵の上は登場せず、生き霊に祟られ寝込んでいることを、一枚の小袖を舞台に寝かすことで表現している。

心づくしの秋風

【大　意】 1　教226ページ7行～227ページ5行

須磨《すま》の住まいは海から遠いが、波音が毎夜すぐ近くに聞こえてくる。光源氏一人が目を覚ました夜、波が打ち寄せてくる気持ちがして、いつしか枕をぬらしていた。弾いた琴の音のもの寂しさに弾くのをやめて歌を歌うと、人々は目を覚まし、我慢できずに涙するのであった。

【品詞分解／現代語訳】

須磨 に は、 いとど 心づくし の 秋風 に、 海 は 少し 遠けれ ど、 行平の中納言 の、 「関

格助　係助　副　格助　格助　係助　副　ク・已　接助　格助

須磨では、ひとしおもの思いを尽くさせる秋風によって、海は少し遠いけれど、(須磨に流罪になった在原)行平の

吹き越ゆる」 と 言ひ けむ 浦波、 夜々 は げに いと 近く 聞こえ て、 またなく あはれなる もの は、

下二・体　格助　四・用　助動・過伝・体　係助　副　副　ク・用　下二・用　接助　ク・用　ナリ・体　係助

中納言が、「関吹き越ゆる」と言ったとかいう浦波が、毎夜本当にたいそう近くに聞こえて、この上なくしみじみと風情があるものは、

かかる 所 の 秋 なり けり。

ラ変・体　格助　助動・断・用　助動・詠・終

このような所の秋であったのだなあ。

御前 に いと 人少なに て、 うち休みわたれ る に、 一人 目 を 覚まし て、 枕 を そばだて て

格助　副　ナリ・用　接助　四・已(命)　助動・存・体　格助　格助　四・用　接助　格助　下二・用　接助

(光源氏の)おそば近くには実に人も少なくて、皆が寝ている時に、(光源氏は)一人目を覚まして、枕を斜めに立てて(家の)四方

四方 の 嵐 を 聞き 給ふ に、 波 ただ ここもと に 立ちくる 心地 し て、 涙 落つ と も

格助　格助　四・用　補尊・四・体　接助　副　(代)　格助　カ変・体　サ変・用　接助　上二・終　格助　係助

の激しい風(の音)を聞いていらっしゃると、波がすぐこの辺りに打ち寄せてくる気持ちがして、涙がこぼれるとも思われな

おぼえ ぬ に、 枕 浮く ばかり に なり に けり。 琴 を 少し かき鳴らし 給へ る

下二・未　助動・打・体　接助　四・体　副助　格助　四・用　助動・完・用　助動・詠・終　格助　副　四・用　補尊・四・已(命)　助動・存・体

いのに、(いつの間にか涙で)枕が浮くほどになってしまったのだった。琴の琴を少しかき鳴らしていらっしゃるその音が、

が、 我 ながら いと すごう 聞こゆれ ば、 弾きさし 給ひ て、

格助　(代)　接助　副　ク・用(音)　下二・已　接助　四・用　補尊・四・用　接助

自分でもとてももの寂しく聞こえるので、弾くのを途中でおやめになって、

上二・用 接助 四・体 格助 四・体 係助 四・体 格助 係助(係) 四・終 助動・現原・体(結)
恋ひわび て 泣く 音 に まがふ 浦波 は ①思ふ 方 より 風 や 吹く らむ
恋しさに耐えきれずに泣く、その声に間違えるほど似ている浦波の音は、私のことを恋しく思う人々のいる(都の)方から風が吹いてくるからだろうか。

格助 四・用 補尊・四・已(命) 助動・存・体 接助 四・用 接助 ク・用(音) 下二・体 接助 四・未 助動・可・未 接助 ク・用(音)
と 歌ひ 給へ る に、人々 おどろき て、②めでたう おぼゆる に、忍ば れ で、あいなう
とお歌いになっていらっしゃると、(寝ていた)人々ははっと目を覚まして、すばらしく思われるにつけても、我慢できずに、わけもなく

上一・用 接助 格助 ナリ・用 四・終
起きゐ つつ、鼻 を 忍びやかに かみわたす。
身を起こしては、(皆)そっと鼻をかんでいる。

語句の解説 1

教226ページ

8 **言《い》ひ《イ》けむ《ン》** 言ったとかいう。
「けむ」＝過去の伝聞の助動詞。…とかいう。

8 **またなくあは《ワ》れなるもの** この上なくしみじみと風情があるもの。
*「またなし」＝この上ない、並びない、の意。
「あはれなり」＝ここでは、しみじみと風情がある、の意。

10 **うち休《やす》みわたれるに** 皆が寝ている時に。
「わたる」＝動詞の連用形に付いて、ずっと…する、…し続ける、一面に…する、の意。ここでは、皆が寝ている、ということ。

10 **枕《まくら》をそばだてて** 枕を斜めに立てて。
「そばだつ」＝ここでは、斜めに立てる、一方の端を持ち上げる、の意。

13 **すごう** 「すごく」のウ音便。
「すごし」＝ここでは、(ぞっとするほど)もの寂しい、の意。

13 **弾《ひ》きさし給《たま》ひ《イ》て** 弾くのを途中でおやめになって。
*「……さす」＝動作を中断する意を添える接尾語。…するのを途中でやめる。…しかけてやめる。

教227ページ

1 **音《ね》にまがふ《ウ》浦波《うらなみ》** 声に間違えるほど似ている浦波の音。
「まがふ」＝ここでは、間違えるほど似ている、の意。

❶ **「思ふ方」とはどこか。**

答 都。

3 **おどろきて** はっと目を覚まして。
*「おどろく」＝ここでは、はっと目覚める、の意。

❷ **誰が何を「めでたうおぼゆる」のか。**

答 光源氏に仕える者たちが、歌を朗詠する光源氏の様子を。

4 **あいな《ノ》う《ウ》** 「あいなし」の連用形「あいなく」のウ音便。連用形

を副詞的に用いて、わけもなく、むやみに、の意。

【大　意】 2 教227ページ6行〜228ページ1行

前栽《せんざい》の花がさまざまに咲き乱れて趣深い夕暮れ、海を眺める光源氏の姿は美しく、経を読む声もすばらしい。沖で舟をこぐ漁夫たちの歌声や雁の鳴き声を聞くにつけ心細さでこぼれる涙をぬぐう光源氏の様子に、人々は都に残した女を思う心も慰められた。

【品詞分解／現代語訳】

前栽　の(格助)　花　いろいろ(副)　咲き乱れ(下二・用)、おもしろき(ク・体)　夕暮れ　に(格助)、海　見やら(四・未)　るる(助動・可・体)　廊　に(格助)　出で(下二・用)　給ひ(補尊・四・用)　て(接助)、
庭先の花がさまざまに咲き乱れ、趣深い夕暮れに、海がはるかに眺められる渡り廊下にお出ましになって、

たたずみ(四・用)　給ふ(補尊・四・体)　御さま　の(格助)、ゆゆしう(シク・用(音))　清らなる(ナリ・体)　こと、所がら　は(係助)　まして(副)　こ(代)　の(格助)　世　の(格助)　もの　と(格助)　見え(下二・用)　給は(補尊・四・未)　ず(助動・打・終)。
たたずんでいらっしゃる(光源氏の)お姿が、恐ろしいほど美しいことは、(須磨という)場所が場所だけにいっそうこの世のものとはお見えにならない。

白き(ク・体)　綾　の(格助)　なよよかなる(ナリ・体)、紫苑色　など(副助)　奉り(四・用)　て(接助)、こまやかなる(ナリ・体)　御直衣、帯　しどけなく(ク・用)　うち乱れ(下二・用)　給へ(補尊・四・已(命))　る(助動・存・体)　御さま　に(助動・断・用)　て(接助)、「釈迦牟尼仏弟子。」と(格助)　名のり(四・用)　て(接助)、
白い綾織物で柔らかな単衣、紫苑色(の指貫)などをお召しになって、縹色の濃い御直衣に、帯も無造作に乱れていらっしゃるご様子で、「釈迦牟尼仏の弟子。」と名のって、

ゆるるかに(ナリ・用)　読み(四・用)　給へ(補尊・四・已(命))　る(助動・存・体)、また(副)　世　に(格助)　知ら(四・未)　ず(助動・打・用)　聞こゆ(下二・終)。
ゆっくりと(経を)お読みになっていらっしゃる(お声は)、やはり他に例がないほど(すばらしく)聞こえる。

沖　より(格助)　舟ども　の(格助)　歌ひののしり(四・用)　て(接助)　漕ぎ行く(四・体)　など(副助)　も(係助)　聞こゆ(下二・終)。
沖の方から(漁師の乗る)何艘かの舟が大声で歌いながら漕いで行くなども聞こえる。

ほのかに(ナリ・用)、ただ(副)　小さき(ク・体)　鳥　の(格助)　浮かべ(四・已(命))　る(助動・存・体)　と(格助)　見やら(四・未)　るる(助動・自・体)　も(係助)　心細げなる(ナリ・体)　に(接助)、雁　の(格助)　連ね(下二・用)　て(接助)　鳴く(四・体)　声、楫　の(格助)　音　に(格助)
(それらの舟が)かすかに、ただ小さい鳥が浮かんでいるように自然に見渡されるのも心細い感じがする上に、雁が列をなして(飛びながら)鳴く声が、(舟を漕ぐ)楫の音に

四・已(命)	助動・存・体	格助	下二・用	補尊・四・用	接助		格助	下二・体	格助	四・用	補尊・四・已(命)	助動・存・体	
まがへ	る	を、	うち眺め	給ひ	て、	涙	の	こぼるる	を	かき払ひ	給へ	る	御手つき、

間違えるほどよく似ているのを、ぼんやりともの思いにふけってご覧になって、涙がこぼれ落ちるのをお払いになっている御手つきが、

ク・体		格助	下二・用	補尊・四・已(命)	助動・存・体	係助		格助		シク・体		格助		副	四・用
黒き	御数珠	に	映え	給へ	る	は、	ふるさと	の	女	恋しき	人々	の	心、	みな	慰み

黒い御数珠に映えなさっているのには、故郷(=都)の女を恋しく思う人々の心も、すっかり慰めら

助動・完・用	助動・過・終
に	けり。

れた。

語句の解説 2

6 ＊**前栽**《せんざい》　庭先に植えた草木や花。

6 **おもしろき夕暮**《ゆうぐ》**れに**　趣深い夕暮れに。

「おもしろし」＝ここでは、趣深い、風情がある、の意。

7 **廊**《ろう》　ここでは、渡り廊下、の意。

8 **ゆゆしう**《シュウ》**清**《きよ》**らなること**　恐ろしいほど美しいことは。

＊「ゆゆし」＝ここでは、恐ろしい、不吉だ、の意。

「清らなり」＝ここでは、汚れなく美しい、上品で美しい、の意。

9 **所**《ところ》**がらは**　閑寂《かんじゃく》な須磨という場所が場所だけに、ということ。

9 **まして**　いっそう。よけいに。

10 **なよよかなる**　柔らかな。

「なよよかなり」＝ここでは、柔らかだ、しなやかだ、の意。

10 **奉**《たてまつ》**りて**　お召しになって。

＊「奉る」＝ここでは「着る」の尊敬語で、お召しになる、の意。

11 **しどけなく**　無造作に。

「しどけなし」＝ここでは、無造作だ、くつろいだ感じだ、の意。

12 **世**《よ》**に知**《し》**らず**　他に例がないほど(すばらしく)。この世のものとは思われないほど(すばらしく)。

13 **歌**《うた》**ひ**《イ》**ののしりて**　大声で歌いながら。

「歌ひののしる」＝大声で歌う。にぎやかに歌い騒ぐ。

15 **うち眺**《なが》**め給**《たま》**ひ**《イ》**て**　ぼんやりともの思いにふけってご覧になって。

「うち眺む」＝ぼんやりともの思いにふけって見る。

【大　意】　3　教228ページ2〜11行

光源氏が雁《かり》に託して、恋しい人のいる都から離れた悲しみを和歌に詠むと、従者もそれぞれに歌を詠んだ。中には親の任国にも行かずに光源氏についてきた者もいた。従者たちは、思うところがあるだろうが、平然とふるまっている。

【品詞分解／現代語訳】

初雁は《係助》恋しき《シク・体》人の《格助》列なれ《助動・断・已》や《係助》旅の《格助》空飛ぶ《四・体》声の《格助》かなしき《シク・体》

初雁は都の恋しい人の仲間なのかしら。旅の空に飛ぶ声が悲しいことだ。

と《格助》のたまへ《四・已》ば《接助》、良清、

と（光源氏が）おっしゃると、良清は、（次のように詠んだ。）

かき連ね《下二・用》昔の《格助》ことぞ《係助（係）》思ほゆる《下二・体（結）》雁は《係助》そ《（代）》の《格助》世の《格助》友なら《助動・断・未》ね《助動・打・已》ども《接助》

（雁の声を聞くと）次々に昔のことが思い出される。雁はそのとき（＝昔）からの友ではないけれども。

民部大輔、

民部大輔は、（次のように詠んだ。）

心から《格助》常世を《格助》捨て《下二・用》て《接助》鳴く《四・体》雁を《格助》雲の《格助》よそに《格助》も《係助》思ひ《四・用》ける《助動・詠・体》かな《終助》

自分から常世を捨てて（旅をして）鳴く雁のことを、雲の向こうのことだと思っていたなあ。

前右近将監、

前右近将監は、（次のように詠んだ。）

「常世出で《下二・用》て《接助》旅の《格助》空なる《助動・在・体》雁がねも《係助》列に《格助》おくれ《下二・未》ぬ《助動・打・体》ほどぞ《係助（係）》慰む《四・体（結）》

「常世を出て旅の空にいる雁も仲間に遅れないうちは心安らかでいられることよ。

友惑はし《四・用》て《接助》は《係助》、いかに《副詞》侍ら《ラ変・未》まし《助動・反仮・体》。」と《格助》言ふ《四・終》。親の《格助》常陸に《格助》なり《四・用》て《接助》下り《四・用》し《助動・過・体》に《格助》も《係助》

友を見失っては、どのようにいられましょうか。」と言う。（前右近将監は）親が常陸介になって（都から任国へ）下ったときにも

誘は《四・未》れ《助動・受・未》で《接助》、参れ《四・已（命）》る《助動・完・体》なり《助動・断・用》けり《助動・詠・終》。下に《格助》は《係助》思ひくだく《四・終》べか《助動・推・体（音）》めれ《助動・定・已》ど《接助》、誇りかに《ナリ・用》

連れていかれず、（光源氏の従者として）参ったのだった。心の中にはあれこれと思い乱れているようだが、誇らしそうに

もてなし	て、	③つれなき	さま	に	しありく。
四・用	接助	ク・体		格助	四・終

振る舞って、平然とした様子で日々を送っている。

語句の解説 3

2 **初雁《はつかり》は恋《こい》しき人《ひと》の列《つら》なれや**　初雁は都の恋しい人の仲間なのかしら。「初雁」はその年の秋に北の方から初めて渡ってくる雁のこと。このとき光源氏がいる須磨は現在の兵庫県神戸市須磨区で、平安京から南西にいったところ。ゆえに、雁は都の方から飛んでくるように見える。

「なれや」＝……かしら。和歌によく見られる表現で、断定の助動詞「なり」の已然形「なれ」に「や」がついた形。「や」は係助詞とする説と終助詞とする説がある。

4 **かき連《つら》ね**　次々に。「連ね」は「雁」の縁語。

4 **雁《かり》はその世《よ》の友《とも》ならねども**　雁はそのとき(＝昔)からの友ではないけれども。雁の声を聞いて昔のことが思い出されるのだが、その思い出す過去の時点で、雁は友ではなかったということ。雁が懐旧の情を誘っている。

6 **雲《くも》のよそにも思《おも》ひ《イ》けるかな**　雲の向こうのことだと思っていたなあ。「常世」という故郷を捨てた雁に、昔は共感できなかったが、都という故郷を離れている自分にとっては、他人事とは思えない、ということ。雁と自分を重ねている。

8 **列《つら》におくれぬほどぞ慰《なぐさ》む**　仲間に遅れないうちは心安らかでいられることよ。雁の群れと自分たちを重ねて、仲間がいるから心安らかにいられると詠んでいる。

10 **思《おも》ひ《イ》くだくべかめれど**　あれこれと思い乱れているようだが。「べかめれ」は、推量の助動詞「べし」の連体形「べかる」の撥音便「べかん」の「ん」が表記されない形。

11 **つれなきさまにしありく**　平然とした様子で日々を送っている。「つれなし」＝ここでは、平然としている、の意。「しありく」＝①(あることをしながら)日々を送る、②歩き回る、などの意味があるが、ここでは①。

③ 「つれなきさまにしありく」とは誰のどのような様子か。

答　前右近将監の、親の任国に行かず光源氏の御供をしていることに対して、思う所があっても、平然としている様子。

【大　意】　4　教228ページ12行～229ページ6行

光源氏は、以前の宮中の月の宴での管弦の遊びを思い出し、白居易や菅原道真の詩を引き合いに出して、都を恋しく思う気持ちを和歌に詠む。

【品詞分解／現代語訳】

月	の	いと	はなやかに	さし出で	たる	に、	今宵	は	十五夜	なり	けり	と	思し出で	て、
	格助	副	ナリ・用	下二・用	助動・完・体	接助		係助		助動・断・用	助動・詠・終	格助	下二・用	接助

月がたいそう美しく昇ったので、今夜は十五夜だったなあと(光源氏は)思い出しなさって、

格助　シク・用　下二・用　補尊・四・終　助動・現推・終　終助　格助　四・用　補尊・四・体　格助　下二・用　接助　係助

殿上の御遊び恋しく、所どころ眺め給ふらむかしと思ひやり給ふにつけても、

宮中での管弦の御遊びが恋しく(思われ)、今ごろ都のあの方この方が(この月を)眺めていらっしゃるだろうよと思いを馳せなさるに伴って、

格助　副助　四・未　助動・自・用　補尊・四・終　格助　サ変・用　補尊・四・已(命)　助動・存・体　格助　係助

月の顔のみまもられ給ふ。「二千里外故人心」と誦じ給へる、例の涙も

月の表面ばかりお見つめにならずにはいられない。「二千里外故人心」と口ずさんでいらっしゃるのを、(周りの人は)いつもの

下二・未　助動・可・未　助動・打・終　格助　係助(係)　下二・体(結)　格助　下二・用　助動・過・体　四・未　助動・婉・体

とどめられず。入道の宮の、「霧や隔つる」とのたまはせしほど、言はむ方

ように涙をとどめられない。入道の宮(＝藤壺)が、「霧や隔つる」とおっしゃったときのことが、言いようもなく

ク・用　シク・用　格助　下二・用　補尊・四・体　接助　副　四・未　助動・自・用　補尊・四・終　下二・用　補丁・ラ変・用

なく恋しく、折々のこと思ひ出で給ふに、よよと泣かれ給ふ。「夜更け侍り

恋しく、その時々のことを思い出しなさって、よよとお泣きにならずにはいられない。(御供の人が光源氏に)「夜が更

助動・完・終　格助　下二・已　接助　副　四・用　補尊・四・未　助動・打・終

ぬ。」と聞こゆれど、なほ入り給はず。

けました。」と申し上げるが、それでもやはり(室内へ)お入りにならない。

上一・体　係助(係)　副　四・体(結)　四・未　助動・婉・体　格助　係助　ナリ・已　接助

見るほどぞしばし慰むめぐりあはむ月の都は遥かなれども

(月を)見る間はしばらく(心が)慰むことだ。(再び)めぐりあうような月の都、京の都は遥か遠いけれども。

(代)　格助　格助　副詞　シク・用(音)　副助　サ変・用　補尊・四・用　助動・過・体　格助　格助　上一・用

その夜、上のいとなつかしう昔物語などし給ひし御さまの、院に似

藤壺の宮が「霧や隔つる」と詠んだその夜、上(＝朱雀帝)がたいへん親しみを込めて、昔の思い出話などをなさったお姿が、院(＝桐壺帝)に

補謙・四・用　補尊・四・已(命)　助動・存・用　助動・過・体　係助　シク・用　下二・用　補謙・下二・用　補尊・四・用　接助　格助　係助　(代)

奉り給へりしも、恋しく思ひ出で聞こえ給ひて、「恩賜の御衣は今此

似申し上げなさっていたことも、(光源氏は)恋しく思い出し申しあげなさって、「恩賜の御衣は今此に在り」と(いう漢詩

格助　ラ変・終　格助　サ変・用　接助　四・用　補尊・四・用　助動・完・終　係助　副　四・未　助動・打・用　格助　四・用

に在り」と誦じつつ入り給ひぬ。御衣は、まことに身放たず、傍らに置き

の一節を)口ずさみながら(室内へ)お入りになった。(朱雀帝から拝領した)お着物は、本当に肌身離さず、そばに置いて

補尊・四・已(命)　助動・存・終
給へ　り。
いらっしゃる。

ク・終　格助　副助　副　係助　下二・未　接助　副詞　係助　下二・体　終助
憂し　と　のみ　ひとへに　もの　は　思ほえ　で　左右に　も　濡るる　袖　かな　(須磨)
(朱雀帝に対しては)つらいとばかりひたすらに思えないで、あれこれと(いろいろな思いで)濡れる袖であることよ

語句の解説 4

14 **二千里外故人心《じせんりのほかこじんのこころ》**　白居易の律詩『八月十五日ノ夜、禁中ニ独リ直シ、対シテレ月ニ憶《おも》フ二元九ヲ一』の一節。十五夜の夜に一人宮中で宿直をしながら、遠くにいる友に思いを馳せる詩。「故人」は、旧友の意。

15 **霧《きり》や隔《へだ》つる**　藤壺の歌「九重に霧や隔つる雲の上の月をはるかに思ひやるかな」のこと。〝宮中には幾重にも霧がかかっているのだろうか。(霧のせいで見えない)雲の上の月をはるかに思っていることよ〟という意味。

教229ページ

1 **なほ《オ》入《い》り給《たま》は《ワ》ず**　それでもやはり(室内へ)お入りにならない。光源氏たちは「海見やらるる廊」(教227ページ7行)にいる。

2 **めぐりあはむ《ワン》月《つき》の都《みやこ》は遥《はる》かなれども**　(再び)めぐりあうような月の都、京の都は遥か遠いけれども。「月の都」は、月にあるとされる宮殿のことで、京の都を暗示している。ここでは、月の都が遠いと詠むことで、自分が京の都に帰ることができるのは、はるか先になりそうだ、という予感を表現している。

3 **似《に》奉《たてまつ》り給《たま》へ《エ》りし**　似申し上げなさっていた。朱雀帝が父である桐壺帝に似ている、ということ。「奉り」は謙譲語で桐壺帝への敬意、「給へ」は尊敬語で朱雀帝への敬意を表す。

4 **恋《こい》しく思《おも》ひ《イ》出《い》で聞《き》こえ給《たま》ひ《イ》て**　恋しく思い出し申しあげなさって。朱雀帝の話を恋しく思い出しているということ。「聞こえ」は謙譲語で朱雀帝への敬意、「給ひ」は尊敬語で光源氏への敬意を表す。

4 **恩賜《おんし》の御衣《ぎょい》は今此《いまここ》に在《あ》り**　菅原道真が大宰府に左遷されていたときに作った漢詩の一節。道真は宮中にいた頃、自作の漢詩を醍醐《だいご》天皇に褒められて、褒美として御衣をもらった。それを左遷された今でも大切にしているということを漢詩に詠んだ。

5 **御衣《おおんぞ》**　朱雀帝からもらった着物のこと。朱雀帝が光源氏に着物を与える場面は、『源氏物語』に描かれていない。

6 **憂《う》しとのみひとへ《エ》にものは思《おも》ほ《オ》えで**　つらいとばかりひたすらに思えないで。朱雀帝を恨めしく思う気持ちだけを抱えているわけではない、ということ。光源氏が須磨に来ることになったのは、政略によって、朱雀帝方の勢力が強くなってしまったから。よって、朱雀帝に対して、恨めしく思う気持ちも一方にはある。

6 **左右《ひだりみぎ》にも濡《ぬ》るる袖《そで》**　あれこれと(いろいろな思いで)濡れる袖。一方には朱雀帝側の仕打ちに対して恨めしく思う気持ちがあり、一方には朱雀帝を懐かしく慕わしく思う気持ちもある。その両方の気持ちによって涙が流れる、ということ。

課題

一 「恋ひわびて……」(227・1)、「見るほどぞ……」(229・2)、「憂しとのみ……」(229・6)の歌にこめられた光源氏の心情はそれぞれどのようなものか、それぞれまとめてみよう。

解答例 「恋ひわびて……」＝浦風が、光源氏を思って涙を流す都の人々の泣き声に聞こえる、と詠まれていて、都に置いてきた紫の上をはじめとした人々を恋しく思うとともに、自分のことを忘れないでほしいと願う気持ちがこめられている。

「見るほどぞ……」＝月の都が遥か遠いと詠まれていて、自分が都に帰ることができるのはまだまだ先になりそうだと悲しく予感する気持ちがこめられている。

「憂しとのみ……」＝単純につらいとばかり思えないと詠まれていて、朱雀帝に対して恨めしく思うとともに慕わしく思う気持ちがこめられている。

二 光源氏と従者が詠み交わした四首の和歌では、「雁」はどのようなイメージで詠まれているか、説明してみよう。

解答例 自分たちと同様、故郷を離れ、孤独に旅をするもののイメージ。

三 白居易や菅原道真の漢詩の引用は、物語にどのような効果を与えているか、話し合ってみよう。

考え方 白居易の漢詩も菅原道真の漢詩も、当時の『源氏物語』の読者層であれば、当然知っているはずの有名なものである。その詩を物語に引用することで、それぞれの漢詩の詩情を物語に取り入れることに成功している。ともに遠く離れた人のことを思う詩であり、光源氏の今の状況に重なるものがある。考えたことを発表してみよう。

語句と表現

一 次の傍線部の「まがふ」は、何を何に「まがふ」のか、説明してみよう。

①泣く音にまがふ浦波は(227・1)

②雁の連ねて鳴く声、楫の音にまがへるを、(227・14)

解答 ①「浦波」を「泣く音」に「まがふ」。

②「雁の連ねて鳴く声」を「楫の音」に「まがふ」。

明石《あかし》の君の苦悩

【大　意】　1　教230ページ9行～231ページ5行

別れの日が近づき、明石の君はいつになく、姫君の髪をなでたり、縁先でもの思いにふけったりしている。その姿は、高貴な身分の人に匹敵するほど美しい。明石の君は泣きながら乳母《めのと》に音信を絶やさぬように頼み、乳母もまた泣きながら絶やすことはないと慰めるのだった。

【品詞分解／現代語訳】

雪、霞がちに、心細さ まさり て、あやしく さまざまに もの思ふ べかり ける 身 かな、と
ナリ・用　四・用　接助　シク・用　ナリ・用　四・終　助動・当・用　助動・詠・体　終助　格助
雪や、霞の日が多く、（明石の君は）心細さもまさって、不思議にあれこれと思い悩まなければならない（わが）身であるなあ、と

うち嘆き て、常 より も こ の 君 を 撫でつくろひ つつ 見居 たり。雪 かきくらし 降りつもる 朝、
四・用　接助　格助　係助　（代）　格助　格助　四・用　接助　上一・用　助動・存・終　四・用　四・体
嘆き悲しんで、いつもよりもこの君（＝明石の姫君）を撫でて（髪を）整えながらじっと見続けている。雪が辺り一面を暗くして降り積もる朝、

来し方 行く末 の こと 残ら ず 思ひつづけ て、例 は ことに 端近なる 出で居 など も せ
格助　四・未　助動・打・用　下二・用　接助　係助　副　ナリ・体　副助　係助　サ変・未
過去や将来のことを残らず思い続けて、いつもは特に外に近い場所に出て座ることなどもしないのに、

ぬ を、汀 の 氷 など 見やり て、白き 衣ども の なよよかなる あまた 着 て、眺め居 たる
助動・打・体　接助　格助　副助　四・用　接助　ク・体　格助　ナリ・体　副　上一・用　接助　上一・用　助動・存・体
（今日は庭の）池の水際に張った氷などを眺めて、白い衣などで柔らかなのをたくさん（重ねて）着て、もの思いにふけって

様体、頭つき、後ろ手 など、限りなき 人 と 聞こゆ とも かう こそ は おはす らめ と ①人々
副助　ク・体　格助　下二・終　接助　副（音）　係助（係）　係助　サ変・終　助動・現推・已（結）　格助
じっと座っている姿、髪の形、後ろ姿など、この上ない（高貴な身分の）人と申しあげるとしてもこのようでいらっしゃるだろうと人々（＝女房たち）も見る。

も 見る。落つる 涙 を かき払ひ て、「かやうなら む 日、まして いかに おぼつかなから む。」
係助　上一・終　上二・体　格助　四・用　接助　ナリ・未　助動・婉・体　副　副　ク・未　助動・推・体
（明石の君は）落ちる涙を手で払って、「（姫君を手放してしまったら）このような（雪の降る）日には、今よりもどんなにか心細いでしょう。」

と らうたげに うち嘆き て、
格助　ナリ・用　四・用　接助
とかわいらしい様子でため息をついて、

雪深み（連語） 深山 の（格助） 道 は（係助） 晴れ（下二・未） ず（助動・打・用） とも（接助） なほ（副） ふみ通へ（四・命） あと絶え（下二・未） ず（助動・打・用） して（接助）
雪が深いので奥山の道は晴れないとしても、それでもやはり雪を踏み分けて来てほしい（＝手紙をよこしてほしい）、足跡をなくしてしまうことなしに。

と（格助） のたまへ（四・已） ば（接助）、 乳母 うち泣き（四・用） て（接助）、
とおっしゃるので、 乳母も涙を流して、

雪間 なき（ク・体） 吉野の山 を（格助） たづね（下二・用） て（接助） も（係助） 心 の（格助） 通ふ（四・体） あと絶え（下二・未） め（助動・推・已） やは（係助）
雪の晴れ間のない吉野の山を訪ねるとしても、私の心の通ってくる跡（＝手紙）が絶えるでしょうか、いや、絶えるはずはありません。

と（格助） 言ひ慰む（下二・終）。
と言って慰める。

語句の解説 1

教230ページ

9 **雪《ゆき》、霰《あられ》がちに**　雪や、霰の日が多く。
「がち」＝体言や動詞の連用形に付いて、…が多い、の意を表す接尾語。

10 **撫《な》でつくろひ《イ》つつ**　なでて（髪を）整えながら。
＊「撫でつくろふ」＝なでて整える。身づくろいをする。

10 **見居《みい》たり**　じっと見続けている。
「見居る」＝じっと見続ける。ずっと見ている。

10 **かきくらし**　辺り一面を暗くして。
＊「かきくらす」＝雲が辺り一面を暗くする。

12 **見《み》やりて**　眺めて。
＊「見やる」＝ある方向を見る。遠くの方を眺める。

12 **白《しろ》き衣《きぬ》どものなよよかなる**　白い衣などで柔らかなのを。
「なよよかなり」＝ここでは、柔らかだ、しなやかだ、の意。

13 **眺《なが》め居《い》たる様体《ようだい》**　もの思いにふけってじっと座っている姿。
＊「様体」＝ここでは、人の姿、容姿、の意。

13 **限《かぎ》りなき人《ひと》**　この上ない（高貴な身分の）人。
＊「限りなし」＝ここでは、（身分や地位が）最高である、この上ない、の意。

①　「人々も見る」とは、誰をどのように見るのか。

答　（女房たちが、）明石の君を、この上ない高貴な身分の人に劣らぬ姿形の人であると見る。

教231ページ

1 **おぼつかならむ《ン》**　心細いでしょう。
＊「おぼつかなし」＝ここでは、心細い、頼りない、の意。

1 **らう《ロウ》たげに**　かわいらしい様子で。

「らうたげなり」＝かわいらしい。いじらしい。可憐《かれん》だ。

2 雪深《ゆきふか》み　雪が深いので。

「深み」＝ク活用形容詞「深し」の語幹＋接尾語「み」。「み」は、形容詞の語幹について、原因・理由を表す。深いので。

【大　意】　2　教231ページ6行～232ページ8行

光源氏が姫君を迎えにやって来た。光源氏は姫君のかわいらしい姿を見るにつけ、明石の君の子を思う心の迷いを想像し、気の毒に思う。幼い姫君はただ無邪気に迎えの車に乗ろうとする。明石の君は悲しさに耐えきれず歌を詠み、光源氏は慰める歌を返すのだった。

【品詞分解／現代語訳】

こ（代） の（格助） 雪 少し（副） とけ（下二・用） て（接助） 渡り（四・用） 給へ（補尊・四・已(命)） り（助動・完・終）。例 は（係助） 待ち（四・用） 聞こゆる（補謙・下二・体） に（接助）、さ（副） なら（助動・断・未） む（助動・推・終） と（格助）

この雪が少し解けてから（光源氏が明石の君の邸へ）おいでになった。いつもは（光源氏を）お待ち申しあげるのだが、そう（＝光源氏が姫君を迎えに

おぼゆる（下二・体） こと に（格助） より（四・用）、胸 うちつぶれ（下二・用） て（接助） 人やり なら（助動・断・未） ず（助動・打・用） おぼゆ（下二・終）。わ（代） が（格助） 心 に（助動・断・用） こそ（係助(係)）

来たの）だろうと思われることのために、胸がつぶれる思いで（あるが、これも）他人のせいではなく、自分の心の決めたことだと思われる。私の気持ち（次第）で

あら（ラ変・未） め（助動・推・已(結)）、いなび（上二・用） 聞こえ（補謙・下二・未） む（助動・仮・体） を（格助） 強ひて（副） やは（係助）、あぢきな（ク(語幹)） と（格助） おぼゆれ（下二・已） ど（接助）、軽々しき（シク・体）

あろう、お断り申しあげたとしたら無理やりに（連れて行き）なさるだろうか（、いや、そんなはずはない）、つまらないことをした、と思われ

やう なり（助動・断・終） と（格助） せめて（副） 思ひ返す（四・終）。いと（副） うつくしげに（ナリ・用） て（接助） 前 に（格助） 居（上一・用） 給へ（補尊・四・已(命)） る（助動・存・体） を（格助） ②見（上一・用）

るけれど、（今さらお断りなどしたら）軽率なことであると無理に思い直す。（姫君が）たいそうかわいらしい様子で前に座っていらっしゃるのを（光源氏は）ご覧

給ふ（補尊・四・体） に（接助）、おろかに（ナリ・用） は（係助） 思ひがたかり（ク・用） ける（助動・過・体） 人 の（格助） 宿世 かな（終助） と（格助） 思ほす（四・終）。こ（代） の（格助） 春 より（格助） 生ほす（四・体）

になるにつけ、いいかげんには思うことができない人（＝明石の君）との宿縁だなあとお思いになる。（姫君は）この春から伸ばしている

御髪、尼 の（格助） ほど にて（格助） ゆらゆらと（副） めでたく（ク・用）、面つき、まみ の（格助） かをれ（四・已(命)） る（助動・存・体） ほど など（副助） 言へ（四・已） ば（接助）

お髪が、尼くらいの長さでゆらゆらと見事で、顔つき、目もとの美しく輝いている様子などいまさら言うまでもない。

さらなり（ナリ・終）。よそ の（格助） もの に（格助） 思ひやら（四・未） む（助動・婉・体） ほど の（格助） 心 の（格助） 闇、推しはかり（四・用） 給ふ（補尊・四・体） に（接助） いと（副）

（姫君を）他の人のものとして遠くから思いをはせる時の親が子を思うゆえの心の迷いを、ご想像なさるとたいそう気の毒なので、

[シク・已 接助 副 四・用 四・終 感 副 シク・体 格助 助動・断・未 助動・打・用 副助]
心苦しけれ ば、うち返し のたまひ 明かす。「何か、かく 口惜しき 身 の ほど なら ず だに
繰り返しご説明なさる。（明石の君は）「いいえ、この（私の）ように取るに足りない身分でなくせめて（姫君を）大切に

[四・用 補尊・四・未 接助 格助 下二・体 接助 下二・未 助動・打・用 四・体 ナリ・終]
もてなし 給は ば。」と 聞こゆる ものから、念じあへ ず うち泣く 気配 あはれなり。
してくださるなら。」と申しあげるけれど、我慢しきれず泣く様子はかわいそうである。

[係助 係助 ク・用 格助 四・未 助動・婉・体 格助 四・用 補尊・四・終 下二・用 助動・完・体 格助 副]
姫君 は、何心 も なく、御車 に 乗ら む こと を 急ぎ 給ふ。寄せ たる 所 に、母君 自ら
姫君は、無邪気に、（迎えの）お車に乗ることをお急ぎになる。（車を）寄せた所に、母君自ら抱いて

[四・用 接助 下二・用 補尊・四・已(命) 助動・完・終 格助 係助 副 シク・用(音) 接助 格助 下二・用 接助 四・用]
抱き て 出で 給へ り。片言 の、声 は いと うつくしう て、袖 を とらへ て 「③乗り
出ていらっしゃった。（姫君の）片言の、声はたいそうかわいらしくて、（母君の）袖をつかんで「お乗りください。」

[補尊・四・命 格助 四・体 係助 シク・用(音) 下二・用 接助]
給へ。」と 引く も いみじう おぼえ て、
と引っ張るのもたいそう悲しく思われて、

[ク・体 格助 格助 下二・用 (代) 係助(係) ク・体 格助 上一・終 助動・可・体(結)]
末 遠き 二葉 の 松 に ひきわかれ いつ か 木高き かげ を 見る べき
生い先長い芽生えたばかりの松（＝幼い姫君）にお別れして、（今度は）いつ高くなった松の姿（＝成長した姫君）を見ることができるのでしょうか。

[副 係助 四・未 助動・打・用 シク・用(音) 四・已 接助 ラ変・終 間助 感 シク・終 格助 四・用 接助]
え も 言ひやら ず いみじう 泣け ば、さり や、あな 苦し と 思し て、
（明石の君は）最後まで言いきれずはなはだしく泣くので、（光源氏は）もっともだなあ、ああつらいとお思いになって、

[下二・用 助動・過・体 係助 ク・已 接助 格助 格助 格助 格助 下二・未 助動・意・終]
「生ひそめ し 根 も 深けれ ば 武隈 の 松 に 小松 の 千代 を 並べ む
「（姫君が）生まれてきた根（＝宿縁）も深いので、武隈の二本の松のように、私とあなたの間に小松（＝幼い姫君）を並べて、末長く見守ろう。

[ナリ・用 間助 格助 下二・用 補尊・四・終 連体 格助 係助 下二・已 接助 副 係助(係) 下二・未 助動・打・用 助動・過・体(結)]
のどかに を。」と 慰め 給ふ。さる こと と は 思ひ静むれ ど、え なむ 堪へ ざり ける。
ゆったりと（焦らずお待ちなさい）。」と慰めなさる。（明石の君は）そのとおりだと心を静めるけれど、（やはり涙を）我慢できなかった。

乳母、少将と〔格助〕て〔接助〕あてやかなる〔ナリ・体〕人ばかり〔副助〕、御佩刀、天児やうの〔格助〕物取り〔四・用〕て〔接助〕乗る〔四・終〕。副車に〔格助〕よろしき〔シク・体〕

乳母や、少将（＝姫君の侍女）という気品のある人だけが、（姫君の）守り刀、幼児の魔除けの人形のような物を持って（車に）乗る。副車（＝お供の女房

若人、童など〔副助〕乗せ〔下二・用〕て〔接助〕、御送りに〔格助〕参ら〔四・未〕す〔助動・使・終〕。道すがら〔副〕、とまり〔四・用〕つる〔助動・完・体〕人の〔格助〕心苦しさを〔格助〕、

の乗る牛車）にはふさわしい若い女房、（女の）童などを乗せて、お見送りに参上させる。道を行きながら、あとに残った人（＝明石の君）のつらさを（思い）、

いかに〔副〕、罪や〔係助（係）〕得〔下二・終〕らむ〔助動・現推・体（結）〕と〔格助〕思す〔四・終〕。

どんなにか、（自分は）罪をつくっているだろうと（光源氏は）お思いなさる。

（薄雲）

語句の解説 2

6 **渡《わた》り給《たま》へ《エ》り**　おいでになった。
「渡る」＝ここでは、行く、来る、の意。

6 **例《れい》は**　いつもは。
「例」＝ここでは、いつも、ふだん、平素、の意。

7 **胸《むね》うちつぶれて**　胸がつぶれる思いで
*「胸うちつぶる」＝驚きや不安で、心が乱れる。

7 **いなび聞《き》こえむ《ン》を**　お断り申しあげたとしたら。
「いなぶ」＝断る。承知しない。

8 **強《シ》ひ《イ》てやは**　下に「連れ行き給はむ」などが省略されている。
「強ひて」＝ここでは、無理やりに、無理に、の意。
「やは」＝疑問・反語を表す係助詞。ここでは反語。

8 **あぢ《ジ》きな**　形容詞「あぢきなし」の語幹の用法。感動を表す場合に用いる。
「あぢきなし」＝ここでは、おもしろくない、つまらない、の意。

11 **かを《オ》れるほど**　美しく輝いている様子。
「かをる」＝ここでは、美しく輝いて見える、輝くような美しさが漂う、の意。

11 *__言《い》へ《エ》ばさらなり__　いまさら言うまでもない。「言へば」が省略されて、「さらなり」だけで用いられることも多い。

13 **かく口惜《くちお》しき身《み》のほど**　この（私の）ように取るに足りない身分。
「口惜し」＝ここでは、取るに足りない、つまらない、の意。

13 **もてなし給《たま》は《ワ》ば**　大切にしてくださるなら。
「もてなす」＝ここでは、大切にする、世話をする、の意。

14 **念《ねん》じあへ《エ》ず**　我慢しきれず。「念じあふ」は、「念ず」＋「あふ」の複合語。
「念ず」＝ここでは、我慢する、こらえる、の意。

2

誰が誰を「見給ふ」のか。

答　光源氏が姫君を（見給ふ）。

＊「……あふ」＝動詞の連用形に付いて、完全に…し終わる、…しきる、の意。

③ **「乗り給へ。」は、誰が誰に言った言葉か。**

答 姫君が母君である明石の君に言った言葉。

課題

一 **幼い明石の姫君の様子はどのように描かれているか、まとめてみよう。**

解答例 たいそうかわいらしく座り、春先から伸ばしている尼そぎの髪がゆらゆらと見事で、顔つき、目もとなどが美しく輝いている様子や、迎えの車に乗ることを急ぎ、片言のかわいらしい声で「お乗りください。」と言って母君の袖を引っ張るなど、別れの意味も理解できないほど、幼くて無邪気な姫君の様子が描かれている。

二 **明石の姫君の引き渡しに際し、明石の君と光源氏はそれぞれどのような思いを抱いているか、説明してみよう。**

解答例 ①明石の君＝取るに足りない身分である自分の娘が卑しい者として扱われないように、大切にしてほしいという気持ちと、愛する娘を手放すのは、自分の身分のためだという無念な思い。
②光源氏＝姫君の将来を思ってのこととはいえ、結果として明石の君を嘆かせてしまったことに罪つくりなことをしたという思い。

教232ページ

3 **えも言《い》ひ《ィ》やらず**　最後まで言いきれず。
「え……(打消)」＝不可能を表す。…できない。
「やる」＝動詞の連用形に付いて、最後まで…し尽くす、…しきる、の意。

6 **あてやかなる人《ひと》ばかり**　気品のある人だけが。
＊「あてやかなり」＝気品があるさま。高貴なさま。

三 **冬の情景は、この場面にどのような効果を与えているか、話し合ってみよう。**

考え方 雪が降り積もっていると、人の往来が困難になる。そのことをふまえると、雪が降る情景は、娘と離れ離れになってしまう明石の君の心細さをいっそう強調する効果があると思われる。考えたことを発表してみよう。

語句と表現

一 **次の傍線部の敬語の種類を答え、誰から誰への敬意か説明してみよう。**

①とのたまへば、(231・3)
②例は待ち聞こゆるに、(231・6)
③「何か、かく口惜しき身のほどならずだにもてなし給はば。」(231・13)

解答 ①尊敬語。作者から明石の君への敬意。
②謙譲語。作者から光源氏への敬意。
③尊敬語。明石の君から光源氏への敬意。

女三《おんなさん》の宮《みや》の降嫁《こうか》

【大意】 1 教234ページ1〜12行

女三の宮が降嫁した婚礼の三日間、紫の上は何かにつけて平気ではいられないが、そんな気持ちをおし隠してあれこれと世話をするので、光源氏は紫の上のすばらしさを再確認する。一方で紫の上の少女時代と比べ、女三の宮のあまりの幼さにもの足りなさを感じる。

【品詞分解／現代語訳】

格助 （代） 格助 格助 係助 格助 格助 係助 シク・用 シク・体 格助 四・用
三日 が ほど、か の 院 より も、主 の 院方 より も、いかめしく めづらしき みやび を 尽くし
三日間の結婚の儀の間、あちらの院（＝朱雀院）からも、主人の（六条）院の方（＝光源氏）からも、厳かで類を見ない風雅を尽くし（て贈答を）なさる。

補尊・四・終 係助 格助 下二・用 接助 ナリ・用 係助 四・未 助動・可・未 助動・打・体 格助 助動・断・終 副
給ふ。対の上 も 事 に ふれ て、ただに も 思さ れ ぬ 世 の ありさま なり。げに、
対の上（＝紫の上）も何かにつけて、普通にもお思いになれないご夫婦の仲の様子である。本当に、

ラ変・体 格助 下二・用 接助 ク・用 格助 四・用 四・未 助動・受・体 係助 ラ変・体 助動・打推・已 接助 副 四・体
かかる に つけ て、こよなく 人 に 劣り 消た るる こと も ある まじけれ ど、また 並ぶ 人
このような（光源氏と女三の宮の結婚の）ことにつけて、この上なく人（＝女三の宮）にひけを取り圧倒されることもないだろうが、その他に匹敵する人

ク・用 四・用 補尊・四・用 接助 ナリ・用 ク・用 ク・体 助動・断・用 接助 四・用 補尊・四・已（命）
なく ならひ 給ひ て、①はなやかに 生ひ先 遠く あなづりにくき 気配 に て うつろひ 給へ
（＝競争相手）がいない状態に慣れていらっしゃって、（そこへ女三の宮が）華やかに将来が長く（＝若く）侮りがたい様子で移っていらっしゃったので、

助動・完・体 接助 ク・用 四・未 助動・自・已 接助 ク・用 副助 四・用 接助 格助 係助
る に、なまはしたなく 思さ るれ ど、つれなく のみ もてなし て、御渡り の ほど も、もろ心
（紫の上は）なんとなくきまりが悪くお思いにならないではいられないが、（それを）とりわけ平然とふるまって、（女三の宮が）移っていらっ

格助 ク・体 係助 下二・用 補尊・四・用 接助 副 ナリ・体 格助 副 ク・終 格助
に はかなき こと も し出で 給ひ て、いと らうたげなる 御ありさま を、いとど ありがたし と
しゃる際も、（光源氏と）心を一つにしてちょっとしたこともお世話なさって、たいそういじらしい（紫の上の）ご様子を、（光源氏は）ますます（めったにない

四・用 補謙・下二・用 補尊・四・終 係助 副 副 副 ク・用 ナリ・用 補尊・サ変・体 格助 係助 副 ク・体
思ひ 聞こえ 給ふ。姫宮 は、げに まだ いと 小さく 片なりに おはする 中 に も、いと いはけなき
ほど）すばらしいとお思い申しあげなさる。姫宮は、本当にまだたいそう小さく未熟でいらっしゃる中でも、たいそう幼稚な感じがし

て、

気色 し て、 ひたみちに 若び 給へ り。 か の 紫 の ゆかり 尋ねとり 給へ り
サ変・用 接助 ナリ・用 上二・用 補尊・四・已(命) 助動・存・終 (代) 格助 格助 四・用 補尊・四・已(命) 助動・完・用
ひたすら子どもっぽくていらっしゃる。(光源氏は)あの紫(＝藤壺宮)のゆかり(＝紫の上)を探し出してお引き取りな

し 折 思し出づる に、 ②かれ は され て 言ふ かひ あり し を、 ②これ は、 いと いはけなく
助動・過・体 下二・体 接助 (代) 係助 下二・用 接助 四・体 ラ変・用 助動・過・体 接助 (代) 係助 副 ク・用
さった時をお思い出しになると、あちら(＝紫の上)は機転が利いて話しがいがあったが、こちら(＝女三の宮)は、とても幼稚に

のみ 見え 給へ ば、 よか めり、 憎げに 押し立ち たる こと など は ある まじか
副助 下二・用 補尊・四・已 接助 ク・体(音) 助動・定・終 ナリ・用 四・用 助動・存・体 副助 係助 ラ変・体 助動・打推・体(音)
ばかりお見えになるので、(それも)よいようだ、憎らしげに我を張ることなどはまずないだろうと(光源氏は)お思いになるものの、

めり と 思す ものから、 いと あまり もの の 栄えなき 御さま かな と 見 奉り 給ふ。
助動・定・終 格助 四・体 接助 副 副 格助 ク・体 終助 格助 上一・用 補謙・四・用 補尊・四・終
全くあまりにも見栄えがしない(幼稚な)ご様子だなあと見申しあげなさる。

語句の解説 1

1 **いかめしくめづ《ズ》らしきみやび** 厳かで類を見ない風雅。
「いかめし」＝ここでは、厳かだ、荘厳だ、の意。
「みやび」＝ここでは、洗練されていること、風雅、風流、の意。

2 **世《よ》のありさまなり** ご夫婦の仲の様子である。
「世」＝ここでは、夫婦の仲、男女の仲、の意。

3 **人《ひと》に劣《おと》り消《け》たるること** 人にひけを取り圧倒されること。
「消つ」＝ここでは、圧倒する、押さえつける、の意。

❶ **「はなやかに生ひ先遠くあなづりにくき気配」とは誰の様子か。**

答 女三の宮。

解説 「生ひ先遠し」とは、将来が長い、つまり若いということ。
「あなづりにくし」は、侮りがたい、軽蔑しにくい、の意。

5 **うつろひ《イ》給《たま》へ《エ》るに** 移っていらっしゃったので。
*「うつろふ」＝ここでは、移転する、移り住む、の意。

5 **なまはしたなく** なんとなくきまりが悪く。
*「なまはしたなし」＝なんとなくきまりが悪い。居心地が悪い。

5 **つれなくのみもてなして** とりわけ平然とふるまって。
「つれなし」＝ここでは、平然としている、さりげない、の意。

6 **いとらう《ロウ》たげなる御《おん》ありさま** たいそういじらしいご様子。
「らうたげなり」＝ここでは、いじらしい、かわいらしい、の意。

8 **片《かた》なりにおは《ワ》する** 未熟でいらっしゃる。
「片なりなり」＝ここでは、肉体や精神が未熟なさま、の意。

8 **いは《ワ》けなき気色《けしき》** 幼稚な感じ。
「いはけなし」＝幼稚だ。未熟だ。あどけない。

8ひたみちに若《わか》び給《たま》へり　ひたすら子どもっぽくていらっしゃる。
＊「ひたみちなり」＝ここでは、いちずだ、ひたすらだ、の意。
9＊ゆかり　ここでは、血縁、縁者、の意。

② 「かれ」「これ」は、それぞれ誰のことか。

答 「かれ」＝紫の上。
「これ」＝女三の宮。

解説 「かれはされて」の「され」は、「さる（戯る）」の連用形。
機転が利く、気が利いている、の意。

10憎《にく》げに押《お》し立《た》ちたること　憎らしげに我を張ること。
＊「押し立つ」＝ここでは、我を張る、強引にふるまう、の意。

【大　意】　2　教234ページ13行〜235ページ15行

婚礼の三日間、光源氏は毎夜欠かさず女三の宮のもとへ通う。光源氏は紫の上の様子を見るにつけても、この結婚を後悔し、紫の上を慰めようとするが、紫の上は取り合わない。立ち去りかねる光源氏を、紫の上は心の晴れぬまま女三の宮のもとに送り出すのであった。

【品詞分解／現代語訳】

三日　が（格助）　**ほど　は**（係助）、**夜離れ　なく**（ク・用）　**渡り**（四・用）　**給ふ**（補尊・四・体）　**を**（接助）、**年ごろ　さも**（副）　**ならひ**（四・用）　**給は**（補尊・四・未）　**ぬ**（助動・打・体）　**心地　に**（格助）、

三日の間は、毎夜欠かさず（光源氏が、紫の上と生活する東の対から女三の宮のいる寝殿に）お出かけになるので、数年来そのよう（なこと）

忍ぶれ（上二・已）　**ど**（接助）　**なほ**（副）　**ものあはれなり**（ナリ・終）。**御衣ども　など**（副助）、**いよいよ**（副）　**たきしめ**（下二・未）　**させ**（助動・使・用）　**給ふ**（補尊・四・体）　**ものから**（接助）、

にも慣れていらっしゃらない気持ちで、（紫の上は）こらえるけれどやはりなんとなくしみじみと悲しい。（光源氏の）ご衣装などに、いっそう（香を）たきしめさ

うちながめ（下二・用）　**て**（接助）　**ものし**（サ変・用）　**給ふ**（補尊・四・体）　**気色、いみじく**（シク・用）　**らうたげに**（ナリ・用）　**をかし**（シク・終）。**などて**（副）、**よろづ　の**（格助）　**こと　あり**（ラ変・終）　**とも**（接助）、

せなさるものの、もの思いに沈んだ様子でぼんやりと眺めていらっしゃる様子は、たいそう可憐で美しい。（光源氏は）どうして、いろいろな事情があるにせよ、

また人　を（格助）　**ば**（係助）　**並べ**（下二・用）　**て**（接助）　**見る**（上一・終）　**べき**（助動・当・体）　**ぞ**（係助）、**あだあだしく**（シク・用）　**心弱く**（ク・用）　**なりおき**（四・用）　**に**（助動・完・用）　**ける**（助動・過・体）　**わ**（代）　**が**（格助）

紫の上以外の人を並べて妻としなければならないのか、浮気っぽく意志が弱くなってしまっていた私の過ちから、

怠り　に（格助）、③**かかる**（ラ変・体）　**こと　も**（係助）　**出で来る**（カ変・体）　**ぞ**（係助）　**かし**（終助）、**若けれ**（ク・已）　**ど**（接助）　**中納言　を**（格助）　**ば**（係助）　**え**（副）　**思しかけ**（下二・未）　**ず**（助動・打・用）　**なり**（四・用）

このようなことも起こることだよ、若いけれど（まじめである）中納言（＝夕霧）を（朱雀院は女三の宮の婿として）お考え

助動・強・終　助動・定・用　助動・過・体　間助　格助　(代)　接助　ク・用　下二・未　助動・自・体　接助　四・未　助動・自・用　接助
ぬ　めり　し　を、と　我　ながら　つらく　思しつづけ　らるる　に、涙ぐま　れ　て、「今宵
にもなれなかったようだったのに、　と我ながら(わが身が)情けなくお思い続けられると、　自然と涙ぐまれて、　「(婚礼

副助　係助　ナリ(語幹)　格助　四・用　補尊・四・用　助動・強・未　助動・推・終　終助　(代)　格助　格助　ラ変・未　助動・仮・体
ばかり　は　理　と　許し　給ひ　て　む　な。これ　より　のち　の　とだえ　あら　む
三日目の)今宵だけは(女三の宮のもとへ通うことを)当然のことだときっとお許しくださるでしょうね。これからのちの夜離れがあったとしたら、

係助(係)　接助　係助　ク・体　助動・推・已(結)　接　接　(代)　格助　格助　四・未　助動・婉・体
こそ、身　ながら　も　心づきなかる　べけれ。また　さりとて、か　の　院　に　聞こし召さ　む
我ながらも不愉快でしょう。　またそうかといって、　あの(朱雀)院が(私があなたのもとにばかりいると)お聞き

間助　格助　下二・用　補尊・四・已(命)　助動・存・体　格助　ナリ・終　副　四・用　接助　(代)　格助
ことよ。」と　思ひ乱れ　給へ　る　御心　の　中　苦しげなり。すこし　ほほ笑み　て、「自ら　の　御心
になるようなこと(が気がかりだ)よ。」といろいろと思い悩んでいらっしゃるお心の中は苦しそうである。(紫の上は)少しほほ笑んで、「自分のお心であるのに

接助　副助　副　下二・用　補尊・四・終　助動・打推・体(音)　助動・定・体　接助　副　係助　(代)　係助　(代)　格助　四・終
ながら　だに、え　定め　給ふ　まじか　なる　を、まして　理　も　何　も。いづこ　に　とまる
(そのお心)さえ、　お決めになれないようですのに、　なおさら道理も何も(私には決めかねます)。(最後は)どこに決着する

助動・推・体　助動・断・用　係助　格助　ナリ・用　四・用　補尊・四・已　接助　シク・用(音)　副助　下二・用　補尊・四・用　接助
べき　に　か。」と、言ふかひなげに　とりなし　給へ　ば、恥づかしう　さへ　おぼえ　給ひ　て、
のでしょうか。」と、　取りつく島もない様子であしらいなさるので、　(光源氏は)その上きまり悪いとまでお感じになって、

格助　四・用　補尊・四・用　接助　四・用　補尊・四・已(命)　助動・完・已　接助　格助　下二・用　接助
頬杖　を　つき　給ひ　て　寄り臥し　給へ　れ　ば、④硯　を　引き寄せ　て、
頬杖をおつきになって物にもたれて横におなりになったので、　(紫の上は)硯を引き寄せて、

格助　ク・用　四・已　接助　四・体　接助　ク・用　四・用　助動・過・体　終助
目　に　近く　移れ　ば　変はる　世の中　を　行く末　遠く　頼み　ける　かな
目の前でも、心変わりがすればこんなにも変わってしまう夫婦の仲でしたのに、将来遠くまで、頼りにしていたことであるよ。

副助　下二・用　補尊・四・体　格助　四・用　接助　上一・用　補尊・四・用　接助　ク・体　助動・断・已　接助　副　格助　ナリ・用
古言　など　書きまぜ　給ふ　を、取り　て　見　給ひ　て、はかなき　言　なれ　ど、げに、と　理に
(紫の上の歌と同趣の)古歌なども交ぜ合わせてお書きになるのを、(光源氏は)手に取ってご覧になって、なんということもない歌だが、なるほど、ともっと

接助
て、
もであるので、

係助(係)　下二・終　格助　係助　下二・未　助動・推・已(結)　ク・体　格助　助動・断・未　助動・打・体　格助　間助
命　こそ　絶ゆ　と　も　絶え　め　定めなき　世　の　常　なら　ぬ　仲　の　契り　を
命こそ本当に絶えるだろうけれど、こんな無常の世の中とは違った私たちの仲でしょうに(二人の仲は絶えることはありませんよ)。

副　係助　副　四・用　補尊・四・未　助動・打・体　格助　副　ク・体　終助　格助　四・用　補謙・下二・用
とみに　も　え　渡り　給は　ぬ　を、「いと　かたはらいたき　わざ　かな。」と　そそのかし　聞こえ
(と書いて)すぐには(女三の宮の所へ)お出かけになれないのを、(紫の上が)「たいそうきまりの悪いことですよ。」と促し申しあげなさるので、

補尊・四・已　接助　ナリ・用　シク・体　格助　副　四・未　助動・打・用　四・用　接助　四・用　補尊・四・体　格助　四・用
給へ　ば、なよよかに　をかしき　ほど　に　え　なら　ず　にほひ　て　渡り　給ふ　を、見出だし
(光源氏が)柔らかく美しい様子(の衣装)で言いようがないほどすばらしくよい香りを漂わせながらお出かけになるのを、部屋の中から

補尊・四・体　係助　副　ナリ・用　係助　ラ変・未　助動・打・終　終助
給ふ　も　いと　ただに　は　あら　ず　かし。
ご覧になるにつけても(紫の上の気持ちは)全く平静ではないよ。

(若菜上)

語句の解説 2

13 ＊**夜《よ》離《が》れ**　男性が女性のもとに通わなくなること。当時、男が女のもとに三日間通い続けなければ結婚は成立しなかった。

13 **さも**　そのようなことにも。「さ」は、光源氏が自分以外の女性のもとに通い続けることを指す。

14 **忍《しの》ぶれど**　こらえるけれど。
「忍ぶ」＝ここでは、こらえる、気持ちを抑え我慢する、の意。

16 **見《み》るべきぞ**　妻としなければならないのか。
「見る」＝ここでは、妻とする、結婚する、の意。

16 **あだあだしく**　浮気っぽく。
「あだあだし」＝ここでは、浮気っぽい、移り気だ、の意。

教235ページ

1 ＊**怠《おこた》り**　ここでは、(怠慢による)過失、過ち、の意。

3　**「かかること」とは何か。**

答　光源氏が女三の宮と結婚すること。

4 **さりとて**　そうかといって。「さ」は「これよりのち の……心づきなかるべけれ」を指す。

4　**「硯を引き寄せて」の主語は誰か。**

答　紫の上。

12 **絶《た》ゆとも絶《た》えめ**　本当に絶えるだろう。

「とも」＝同じ言葉を重ねた間において意味を強める。

13 **＊とみに**　すぐには。にわかには。多く下に打消の語を伴う。

13 **かたは《ワ》らいたきわざかな**　きまりの悪いことですよ。女三の宮のもとに光源氏が行くことを、自分が引き止めていると思われたくないという紫の上の思い。

13 **そそのかし聞《き》こえ給《たま》へ《エ》ば**　促し申しあげなさるので。

「そそのかす」＝ここでは、促す、勧める、催促する、の意。

14 **えならず**　言いようがないほどすばらしい。よい。

課題

一　女三の宮の降嫁の後、光源氏は女三の宮、紫の上に対して、それぞれどのような思いを抱いているか、「三日がほど、かの院よりも……見奉り給ふ」（234・1〜234・12）からまとめてみよう。

解答例　女三の宮＝（引き取った時の紫の上に比べても）たいそう小さく未熟であり、幼稚な感じで話しがいがない。憎らしげに我を張ることはないだろうが、あまりにも見栄えのしない様子だと思っている。

紫の上＝女三の宮の降嫁にも平然とふるまい、婚礼の儀式でもちょっとしたことについてもお世話する姿に、すばらしい人だと思っている。

二　紫の上は、女三の宮の降嫁によって光源氏との関係をどのように捉え直しているか、「目に近く……」（235・9）の和歌をふまえて説明してみよう。

解答例　将来長くともにいられるものと頼りにしていたが、女三の宮の降嫁に際して、あれこれと動く光源氏を目の当たりにして、夫婦仲は変わっていく不安なものだと捉え直している。

語句と表現

一　本文中の「らうたげなり」、「いはけなし」とは、それぞれ誰のどのような様子を表しているか、言葉の意味を調べた上で説明してみよう。

解答例　「らうたげなり」＝いたわりたいと思うようなかわいさのことで、平静を装い、降嫁した女三の宮のお世話をする紫の上の様子を表す。

「いはけなし」＝精神的に子供っぽいことで、女三の宮の成熟していない様子を表す。

二　次の傍線部を品詞分解し、文法的に説明してみよう。

① **え思しかけずなりぬめりしを、**（235・2）

② **許し給ひてむな。**（235・3）

解答　【品詞分解／現代語訳】参照。

萩《はぎ》の上《うわ》露《つゆ》

【大 意】 1 教237ページ9行～238ページ13行

秋に入り涼しくなったが、紫の上の病状は好転しない。夏から里帰りしていた明石《あかし》の中宮が、宮中に帰る日も近づいた頃、紫の上を見舞った。痩せ細ってはいるものの、上品で優雅な紫の上の姿は、以前よりも愛らしく感じ、なんとなく悲しくなった。

【品詞分解／現代語訳】

下二・用 接助 副 シク・用 四・用 接助 係助 係助 副 四・体 助動・比・已 接助
秋 待ちつけ て、世の中 少し 涼しく なり て は、御心地 も いささか さはやぐ やうなれ ど、
待ちかねた秋になって、世の中が少し涼しくなってからは、（紫の上の）ご気分もいくらかさっぱりするようであるけれど、

副 副 シク・終 接 格助 四・体 副助 四・未 助動・自・終 助動・当・体 助動・断・未 助動・打・已
なほ ともすれば かごとがまし。さるは、身 に しむ ばかり 思さ る べき 秋風 なら ね
やはりどうかするとつい愚痴が出る（＝病状がよくなっているようにみえてもぶり返す）状態である。とはいえ、身に染みるほどにお感じになるはずの秋風では

接助 ク・体 ナリ・用 接助 四・用 補尊・四・終
ど、①露けき 折がちに て 過ぐし 給ふ。
ないけれど、（紫の上は）涙にぬれがちになってお過ごしになる。

係助 四・用 補尊・四・用 助動・強・未 助動・意・終 格助 サ変・体 格助 副 副 係助 サ変・命 格助 係助 下二・未
中宮 は 参り 給ひ な む と する を、いま しばし は 御覧ぜよ と も 聞こえ
（明石の）中宮は（宮中に）お帰り申しあげなさろうとするのを、（紫の上は）もうしばらく（いて）ご覧になってくださいとも申しあげ

助動・願・用(音) 四・已 接助 シク・体 助動・比・用 係助 ラ変・用 格助 格助 ク・体 係助 シク・已
まほしう 思せ ども、さかしき やうに も あり、内裏 の 御使ひ の 隙なき も わづらはしけれ
たくお思いになるけれども、さしでがましいようでもあり、（中宮への）帝からのお使いがひっきりなしにあるのも気づかいされるので、

接助 副 下二・用 補尊・四・未 助動・打・体 接助 (代) 格助 係助 副 四・用 補尊・四・未 助動・打・已 接助 係助(係) 四・用
ば、さも 聞こえ 給は ぬ に、あなた に も え 渡り 給は ね ば、宮 ぞ 渡り
（中宮に）そうも申しあげなさらない上に、あちら（＝東の対）にもいらっしゃることがおできにならないので、（明石の）中宮が（紫の

補尊・四・用 助動・過・体(結) ク・已 接助 副 上一・用 補謙・四・未 助動・打・体 係助 ク・終 格助 接助 (代) 格助
給ひ ける。かたはらいたけれ ど、げに 見 奉ら ぬ も かひなし と て、こなた に
上のいる西の対に）いらっしゃった。（紫の上は）心苦しいけれど、本当にお目にかからないのも残念だと思って、こちらに（中宮の）

御しつらひ を[格助] ことに[副] せ[サ変・未] させ[助動・使・用] 給ふ[補尊・四・終]。
お席を特別に準備させなさる。

こよなう[ク・用(音)] 痩せ細り[四・用] 給へ[補尊・四・已(命)] れ[助動・存・已] ど、[接助] かくて[副] こそ、[係助(係)] あてに[ナリ・用] なまめかしき[シク・体] こと の[格助] 限りなさ も[係助] まさり[四・用] て[接助] めでたかり[ク・用] けれ[助動・詠・已(結)] と、[格助] 来し方 あまり[副] にほひ 多く[ク・用] あざあざと[副] おはせ[サ変・未] し[助動・過・体] 盛り は、[係助] なかなか[副] こ[(代)] の[格助] 世 の[格助] 花 の[格助] 香り に[格助] も[係助] よそへ[下二・未] られ[助動・受・用] 給ひ[補尊・四・用] し[助動・過・体] を、[接助] 限り も[係助] なく[ク・用] らうたげに[ナリ・用] をかしげなる[ナリ・体] 御さま に[助動・断・用] て、[接助] いと[副] かりそめに[ナリ・用] 世 を[格助] 思ひ[四・用] 給へ[補尊・四・已(命)] る[助動・存・体] 気色、似る[上一・体] もの なく[ク・用] 心苦しく、[シク・用] すずろに[ナリ・用] もの悲し[シク・終]。

（紫の上は）この上なく痩せ細っていらっしゃるけれど、こうであってこそ、上品で優雅なことの限りなさも（元気な頃より）まさってすばらしいことよと（明石の中宮はご覧になって）、以前はあまりに美しく鮮やかなほど華やかでいらっしゃった女盛りは、かえってこの世の花の美しさにもたとえられていらっしゃったのに、（今では）この上もなく愛らしく美しいご様子で、本当にはかないものとこの世を思っていらっしゃるご様子は、たとえようもなく気の毒で、なんとなくもの悲しい。

語句の解説 1

教237ページ

9 **さは《ワ》やぐやう《ヨウ》なれど**　さっぱりするようであるけれど。

10 **＊さるは**　ここでは、とはいえ、とはいっても、の意。

13 **わづ《ズ》らは《ワ》しければ**　気づかいされるので。
「わづらはし」＝ここでは、気づかいされる、気にかかる、の意。

14 **え渡《わた》り給《たま》は《ワ》ねば**　いらっしゃることがおできにならないので。
「え……（打消）」＝不可能を表す。…できない。
「渡る」＝ここでは、場所を移動する、行く、来る、の意。

教238ページ

1 **かたは《ワ》らいたけれど**　心苦しいけれど。
「かたはらいたし」＝ここでは、心苦しい、気の毒だ、の意。

① 「露けき折がち」とは、どのようなことか。

答 涙にぬれるときが多い状態であるということ。

2 **＊かひ《イ》なし**　むだだ。ここでは、残念だ、と訳した。
2 **＊しつらひ《イ》**　整備。ここでは、お席を準備すること。
5 **あてになまめかしきこと**　上品で優雅なこと。
「あてなり」＝ここでは、上品だ、優雅だ、の意。
＊「なまめかし」＝ここでは、優雅である、しっとりとして上品だ、の意。
7 **＊来《き》し方《かた》**　ここでは、以前、これまで、の意。
7 **にほ《オ》ひ《イ》**　ここでは、美しさ、艶麗さ、の意。色つやの美をいう。
9 **香《かお》り**　つややかな美しさ。＝にほひ
9 **よそへ《エ》られ給《たま》ひ《イ》しを**　たとえることがおできになったのに。
＊「よそふ」＝ここでは、たとえる、比較する、の意。
10 **ら《ロ》う《ウ》たげにを《オ》かしげなる御《おおん》さま**　愛らしく美しいご様子で。
「らうたげなり」＝ここでは、愛らしい、可憐だ、の意。
「をかしげなり」＝美しいさま。かわいらしいさま。
11 **かりそめに**　はかないものと。
「かりそめなり」＝ここでは、はかないさま、いつまでも続かないさま、無常だ、の意。
13 **すずろにもの悲《がな》し**　なんとなくもの悲しい。
「すずろなり」＝ここでは、なんとなく、わけもなく、の意。

【大　意】　2　**教238ページ14行～239ページ13行**

宮（＝明石の中宮）が紫の上の病床を見舞っているところに、光源氏が来る。わが命のはかなさを歌に詠む紫の上に、光源氏は「ともに消えてしまいたい。」と返し、中宮は、「人の命は皆はかないもの。」と光源氏を慰める。

【品詞分解／現代語訳】

ク・用　下二・用　助動・完・体　格助　上一・用　補尊・四・終　格助　接助　格助　上一・用　補尊・四・已（命）
風　すごく　吹き出で　たる　夕暮れ　に、前栽　見　給ふ　と　て、脇息　に　寄りゐ　給へ
風がもの寂しく吹き出した夕暮れに、（紫の上が）庭の植え込みをご覧になるということで、脇息に寄りかかって座っていらっしゃ

助動・存・体　格助　四・用　接助　上一・用　補謙・四・用　補尊・四・用　接助　係助　副　副　上一・用　補尊・四・終　助動・婉・体　終助
る　を、院　渡り　て　見　奉り　給ひ　て、「今日　は、いと　よく　起きゐ　給ふ　める　は。
るのを、院（＝光源氏）がおいでになって拝見なさって、「今日は、本当によく起きて座っていらっしゃるようですね。

（代）　格助　格助　係助　ク・用　係助　ナリ・体（音）　助動・定・終　終助　格助　下二・用　補尊・四・終　副
こ　の　御前　にて　は、こよなく　御心　も　はればれしげな　めり　かし。」と　聞こえ　給ふ。かばかり
この（明石の）中宮の御前では、この上なくご気分も晴れ晴れとなさるようですね。」と申しあげなさる。このくらいの

格助　ラ変・体　格助　係助　副　シク・終　格助　四・用　補謙・下二・用　補尊・四・已（命）　助動・存・体　格助　上一・用　補尊・四・体　係助
の　隙　ある　を　も　いと　うれし　と　思ひ　きこえ　給へ　る　御気色　を　見　給ふ　も
小康状態があるのもたいそううれしいと思い申しあげていらっしゃる（光源氏の）ご様子を（紫の上は）ご覧になるのもいたわしく、

シク・用　副　副　四・未　助動・推・体　格助　四・体　接助　ナリ・已　接助
心苦しく、②つひに いかに 思し騒が む と 思ふ に、あはれなれ ば、
(自分の)最期の時には(光源氏が)どんなにひどくお嘆きになるだろうと思うと、しみじみと悲しいので、

四・終　格助　上一・体　係助(係)　ク・体(結)　副　格助　下二・体　格助
おく と 見る ほど ぞ はかなき ともすれば 風 に 乱るる 萩 の 上露
こうして起きていると見えても、僅かな間のことで、露が降りてもややもすれば吹く風に乱れ散る、そんな萩の上露のようなはかない私の命でございます。

副　係助(係)　四・用　四・終　助動・可・用(音)　係助　ラ変・未　助動・打・体　下二・未　助動・受・用　助動・存・体　副助
げに ぞ、折れかへり とまる べう も あら ぬ、よそへ られ たる、折 さへ
本当に、(萩の枝が)風にしなったり戻ったりして(萩の葉に)留まっていられそうもない(露に)、(紫の上の命が)たとえられている、時節までもが

ク・体　格助　四・用　補尊・四・用　接助　係助
忍びがたき を、見出だし 給ひ て も、
こらえきれない(様子なの)を、(光源氏は)ご覧になるにつけても、

副　格助　四・体　格助　格助　下二・用　四・体　下二・未　助動・打・用　終助
ややもせば 消え を あらそふ 露 の 世 に 後れ 先だつ ほど 経 ず もがな
どうかすると先を争うように消えていく露、その露のようなはかない世なら、(せめて)後れ残ったり先だったりすることなく一緒に死にたいものです。

格助　接助　格助　下二・用　補尊・四・未　助動・打・終
とて、御涙 を 払ひあへ 給は ず。宮、
とおっしゃって、(光源氏は)お涙を払いきれないでいらっしゃる。宮は、

格助　副　四・未　助動・打・体　格助　格助　(代)　係助(係)　格助　格助　副助　上一・未　助動・推・体(結)
秋風 に しばし とまら ぬ 露 の 世 を たれ か 草葉 の 上 と のみ 見 む
秋風にしばらくも留まらず散ってしまう露のようなこの世の命を、誰が草葉の上のこととだけ思いましょうか(、わが身も同じことでございます)。

格助　四・用　補尊・四・体　シク・用　上一・体　ラ変・体　格助　下二・用　接助　係助　副
と 聞こえ交はし 給ふ 御容貌ども あらまほしく、見る かひ ある に つけ て も、かくて 千年
と(歌を)詠み交わし申し上げなさる(紫の上と宮の)お顔だちなど理想的で、見る価値があるにつけても、このままで千年も

格助　四・体　終助　格助　四・未　助動・自・已　接助　格助　四・未　助動・打・体　助動・断・已　接助　下二・未
を 過ぐす わざ もがな、と ③思さ るれ ど、心 に かなは ぬ こと なれ ば、かけとめ
過ごす方法があればなあ、と(光源氏は)お思いにならずにいられないけれど、思うとおりにならないことなので、(紫の上の命を)

助動・婉・体　ク・体　係助(係)　シク・用　助動・詠・体(結)
む　方　なき　ぞ　悲しかり　ける。

引きとめる方法がないことが悲しいのだった。

語句の解説 2

14 **風《かぜ》すごく吹《ふ》き出《い》でたる夕暮《ゆうぐ》れ**　風がもの寂しく吹き出した夕暮れ。

「すごし」＝ここでは、(ぞっとするほど)もの寂しい、の意。

15 **寄《よ》りゐ《イ》給《たま》へ《エ》るを**　寄りかかって座っていらっしゃるのを。

「寄りゐる」＝ここでは、寄りかかって座る、もたれる、の意。

16 **渡《わた》りて見《み》奉《たてまつ》り給《たま》ひ《イ》て**　おいでになって拝見なさって。

「奉る」＝謙譲の補助動詞で、作者の紫の上に対する敬意。

「給ふ」＝尊敬の補助動詞で、作者の光源氏に対する敬意。

教239ページ

1 **起《お》きゐ《イ》給《たま》ふ《ウ》めるは**　起きて座っていらっしゃるようですね。

「起きゐる」＝ここでは、起きて座っている、身を起こしている、の意。

1 **はればれしげなめりかし**　「はればれしげな」は、形容動詞「はればれしげなり」の連体形「はればれしげなる」の撥音便「はればれしげなん」の撥音無表記。

「かし」＝念押しの終助詞。

2 **聞《き》こえ給《たま》ふ《ウ》**　申しあげなさる。

「聞こゆ」＝「言ふ」の謙譲語で、作者の紫の上に対する敬意。

「給ふ」＝尊敬の補助動詞で、作者の光源氏に対する敬意。

3 **つひ《イ》に**　(自分の)最期の時には。

3 **いかに思《おぼ》し騒《さわ》がむ《ン》と**　どんなにひどくお嘆きになるだろうと。

「思し騒ぐ」＝ひどくお嘆きになる。悲嘆にくれられる。

---

② 「つひにいかに思し騒がむ」の主語は誰か。

答　光源氏。

8 **ややもせば**　どうかすると。ともすると。

8 **露《つゆ》の世《よ》**　露のようなはかない世。無常の世。

8 **経《へ》ずもがな**　間をおかないといいのになあ。つまり、一緒に死にたい、ということ。

「もがな」＝願望の終助詞。…といいのになあ。…があればなあ。

9 **払《はら》ひ《イ》あへ《エ》給《たま》は《ワ》ず**　払いきれないでいらっしゃる。「払ひあふ」は、「払ふ」＋「あふ」の複合語。

「あふ」＝動詞の連用形に付き、完全に……しきる、の意。

10 **しばしとまらぬ露《つゆ》の世《よ》**　「露」に、「萩の葉の上においた露」と「露のようにはかない」意を掛けた。

11 **聞《き》こえ交《か》は《ワ》し給《たま》ふ《ウ》**　詠み交わし申し上げなさる。

「聞こえ交はす」＝「言ひ交はす」の謙譲語。お互いに申しあげ合う。ここでは、歌を詠み交わしなさる、の意。

11 **あらまほしく**　理想的で。

「あらまほし」＝一語の形容詞。理想的だ。好ましい。

12 **千年《ちとせ》を過《す》ぐすわざもがな**　千年も過ごす方法があればなあ。

「わざ」＝ここでは、方法、すべ、の意。

3 「思さるれど」の主語は誰か。

答 光源氏。

【大　意】　3　教239ページ14行～240ページ5行

気分が悪いと横になった紫の上は、消えてゆく露のようにはかなく見えて、一晩中あれこれと手を尽くすが、そのかいもなく、夜が明けきる頃に息絶えた。

【品詞分解／現代語訳】

「今 は(係助) 渡ら(四・未) せ(助動・尊・用) 給ひ(補尊・四・用) ね(助動・強・命)。乱り心地 いと(副) 苦しく(シク・用) なり(四・用) 侍り(補丁・ラ変・用) ぬ(助動・完・終)。言ふかひなく(ク・用) なり(四・用)

（紫の上は中宮に）「もう（東の対へ）お行きください。気分が大変悪くなってきました。どうしようもならなくなっ

に(助動・完・用) ける(助動・過・体) ほど と(格助) 言ひ(四・用) ながら(接助)、いと(副) なめげに(ナリ・用) 侍り(補丁・ラ変・終) や(間助)。」と(格助) て(接助)、御几帳 ひき寄せ(下二・用) て(接助) 臥し(四・用)

てしまった様子とは言いながら、（皆様の前で横になるのは）たいそう失礼でございますよ。」と言って、御几帳を引き寄せて横にな

給へ(補尊・四・已(命)) る(助動・存・体) さま の(格助)、常 より(格助) も(係助) いと(副) 頼もしげなく(ク・用) 見え(下二・用) 給へ(補尊・四・已) ば(接助)、「いかに(副) 思さ(四・未) るる(助動・自・体)

られる様子が、普段よりもとても頼りなくお見えになるので、「どのようなご気分なのでしょう

に(助動・断・用) か(係助)。」と(格助) て(接助)、宮 は(係助) 御手 を(格助) とらへ(下二・用) 奉り(補謙・四・用) て(接助) 泣く泣く(副) 見(上一・用) 奉り(補謙・四・用) 給ふ(補尊・四・体) に(接助)、まことに(副)

か。」とおっしゃって、中宮は（紫の上の）お手をお取り申しあげて泣きながら拝見なさると、本当に消えゆ

消えゆく(四・体) 露 の(格助) 心地 し(サ変・用) て(接助) 限り に(格助) 見え(下二・用) 給へ(補尊・四・已) ば(接助)、御誦経 の(格助) 使ひども 数 も(係助) 知ら(四・未) ず(助動・打・用)

く露の（ような）感じがして臨終とお見えになるので、御誦経（を頼むため）の使者が大勢大騒ぎをしている。

たち騒ぎ(四・用) たり(助動・存・終)。先々 も(係助) かくて(副) 生き出で(下二・用) 給ふ(補尊・四・体) 折 に(格助) ならひ(四・用) 給ひ(補尊・四・用) て(接助)、御物の怪 と(格助) 疑ひ(四・用)

以前もこのようにして（臨終と見えながら）息を吹き返しなさった場合にならいになって、御物の怪（のしわざ）と疑いな

給ひ(補尊・四・用) て(接助) 夜一夜 さまざま の(格助) こと を(格助) し尽くさ(四・未) せ(助動・使・用) 給へ(補尊・四・已) ど(接助)、かひ も(係助) なく(ク・用)、明け果つる(下二・体) ほど

さって一晩中さまざまなことを全てさせなさったが、そのかいもなく、夜が明けきる頃に息がお

格助 下二・用 補尊・四・用 助動・完・終
に 消え果て 給ひ ぬ。
絶えになった。

語句の解説 3

14 **今《いま》は** ここでは、もう、もはや、の意。
14 **＊乱《みだ》り心地《ごこち》** 気分がすぐれないこと。病気。＝乱れ心地
15 **いとなめげに侍《はべ》りや** たいそう失礼でございますよ。
「なめげなり」＝失礼だ。無礼だ。礼儀知らずだ。
16 **いと頼《たの》もしげなく** とても頼りなく。病状の不安定さを表す。
「頼もしげなし」＝頼りない。不安だ。心もとない。
16 **いかに思《おぼ》さるるにか** 下に「侍る」などの結びが省略されている。

課題

一 **死期の近いことを悟った紫の上は、付き添う光源氏と明石の中宮にどのような思いを抱き、どのように接しているか、まとめてみよう。**

解答例 光源氏に対しては、僅かな小康状態を喜ぶ光源氏を見るのがつらく、最期の時には、どんなに嘆くだろうかと悲しく思っている。明石の中宮に対しては、中宮が宮中に戻る日が近づく中、もう少しいてほしいと思うも言い出せず、かといって、自分から伺うこともできず、見舞いにきた中宮に心苦しく思っている。また、そのような二人に対して、死期が近いことを伝える和歌を詠みつつ、見苦しいところは見せまいとふるまっている。

二 **光源氏・紫の上・明石の中宮は、どのような思いを和歌に詠みこんでいるか、説明してみよう。**

（御法《みのり》）
「る」＝自発の助動詞。尊敬の助動詞ともとれる。

教240ページ
1 **泣《な》く泣《な》く** 同じ動詞を重ねて「泣きながら」の意となった副詞。
2 **限《かぎ》り** ここでは、臨終、最期、の意。
3 **ならひ《イ》給《たま》ひ《イ》て** おならいになって。
＊「ならふ」＝ここでは、ならう、模倣する、従う、の意。
5 **消《き》え果《は》て給《たま》ひ《イ》ぬ** 息がお絶えになった。
「消え果つ」＝ここでは、息が絶える、死ぬ、の意。

解答例 光源氏＝先を争って消える露のような命だけれど、私はあなたに遅れることなく一緒に死んでしまいたいという心情。
紫の上＝今は少し気分がよいように見えても、露のようにはかない命なのですと、光源氏にその時の覚悟を促す心情。
明石の中宮＝秋風に吹かれ消えていく露のように、誰の命もはかないものなのですよと、紫の上を慰めようとする心情。

語句と表現

一 **次の傍線部の「露」には何をイメージさせる効果があるか、説明してみよう。**

① **露けき折がちにて過ぐし給ふ。**（237・11）
② **秋風にしばしとまらぬ露の世を**（239・10）
③ **消えゆく露の心地して**（240・2）

解答例 ①（紫の上の）涙。②人の命。③紫の上の命。

浮舟《うきふね》と匂宮《におうみや》

【大　意】　1　教241ページ12行〜242ページ6行

匂宮は、無理な算段をして宇治《うじ》にお出ましになった。この時節の宇治は山深くでは雪が降り積もり、人の通行もまれな山道を行くのはひどく難儀する。このときには、お供の人も泣き出すほどで困難な道程だった。道案内の内記は、重々しくふるまうべき官職にあったが、このときの様子には風情があった。

【品詞分解／現代語訳】

か（代）**の**（格助）**人**　**の**（格助）**御気色**　**に**（格助）**も**（係助）、**いとど**（副）　**おどろか**（四・未）　**れ**（助動・自・用）　**給ひ**（補尊・四・用）　**けれ**（助動・過・已）　**ば**（接助）、**あさましう**（シク・用(音)）　**たばかり**（四・用）

薫が浮舟のことを深く想っているご様子にも、(匂宮は)ひどく驚かれなさったので、驚きあきれるほど工夫をして

て（接助）　**おはしまし**（四・用）　**たり**（助動・完・終）。**京**　**に**（格助）　**は**（係助）、**友**　**待つ**（四・終）　**ばかり**（副助）　**消え残り**（四・用）　**たる**（助動・存・体）　**雪**、**山**　**深く**（ク・用）　**入る**（四・体）　**まま**　**に**（格助）

(宇治へ)お越しになった。京では、友待ち顔に消え残っている雪が、山深く入るにつれて

やや（副）　**降り埋み**（四・用）　**たり**（助動・存・終）。**常**　**より**（格助）　**も**（係助）　**わりなき**（ク・体）　**まれ**（ナリ(語幹)）　**の**（格助）　**細道**　**を**（格助）　**分け**（下二・用）　**給ふ**（補尊・四・体）　**ほど**、**御供**　**の**（格助）　**人**

だんだん深く降り積もっている。いつもよりもひどい、人が通ることもめったにない細道を分け入っていらっしゃるとき、御供の人も

も（係助）　**泣き**（四・用）　**ぬ**（助動・完・終）　**ばかり**（副助）　**恐ろしう**（シク・用(音)）　**煩はしき**（シク・体）　**こと**　**を**（格助）　**さへ**（副助）　**思ふ**（四・終）。**しるべの内記**　**は**（係助）、**式部少輔**　**なむ**（係助(係)）

泣いてしまうほど恐ろしくやっかいなこと(が起こりはしないかと)まで思う。道案内の大内記は、式部省の次官を

かけ（下二・用）　**たり**（助動・存・用）　**ける**（助動・過・体(結)）、**いづ方**（代）　**も**（係助）　**いづ方**（代）　**も**（係助）、**ことごとしかる**（シク・体）　**べき**（助動・当・体）　**官**　**ながら**（接助）、**いと**（副）　**つきづきしく**（シク・用）、

兼任していたが、どちらもどちらも、重々しくふるまうべき官職でありながら、(このお供に)とてもふさわしく、

引き上げ（下二・用）　**など**（副助）　**し**（サ変・用）　**たる**（助動・存・体）　**姿**　**も**（係助）　**をかしかり**（シク・用）　**けり**（助動・詠・終）。

指貫の裾の括りを引き上げなどしている姿もおもしろいのだった。

語句の解説 1

教241ページ

12 **あさまし《シュウ》うたばかりて**　驚きあきれるほど工夫をして。あれこれと画策をしたということ。

＊「たばかる」＝①工夫する、②相談する、③だます、などの意があるが、ここでは①の意。

14 **＊やや**　だんだん。

14 **常《つね》よりもわりなきまれの細道《ほそみち》**　いつもよりもひどい、人が通ることもめったにない細道。「まれの」は、形容動詞の語幹の用法で、ナリ活用形容動詞「まれなり」の語幹「まれ」に格助詞「の」がついて、連体修飾語になっている。

「わりなし」＝①ひどい、道理に合わない、②つらい、③仕方ない、などの意があるが、ここでは①の意。

教242ページ

1 **煩《わずらワ》はしきこと**　面倒なこと。匂宮の不倫の手伝いをしていることが発覚することを指している。

3 **いづ方《かた》もいづ方《かた》も**　どちらもどちらも。しるべの内記を含め御供のどの方も、と解する説もあるが、ここでは、大内記という官職であろうと式部少輔という官職であろうと、という意味に解した。

4 **ことごとしかるべき官《つかさ》**　重々しくふるまうべき官職。

＊「ことごとし」＝重々しい。大げさだ。仰々しい。

4 **いとつきづきしく**　（このお供に）とてもふさわしく。大内記という大それた官職の役人が、主人の恋路の手伝いをしていることを「ふさわしい」と皮肉っぽく表現している。

＊「つきづきし」＝ふさわしい。似つかわしい。

【大　意】　2　教242ページ7行〜243ページ7行

夜が更けてから匂宮が着いた。右近は断る方法もないので、若い女房といっしょに匂宮を招き入れる。匂宮の香りがいっぱいに広がるのは困りものだが、薫の来訪であるかのようにごまかす。匂宮はどうにか浮舟を対岸の家に連れ出そうと画策する。右近が止めようと何か言い出す余裕も与えず、匂宮はさっさと浮舟を連れ出してしまった。

【品詞分解／現代語訳】

かしこ（代）　に（格助）　は、（係助）　おはせ（サ変・未）　む（助動・推・終）　と（格助）　あり（ラ変・用）　つれ（助動・完・已）　ど、（接助）　かかる（ラ変・体）　雪　に（格助）　は、（係助）　と（格助）　①うち解け（下二・用）　たる（助動・存・体）　に、（接助）

あちら（宇治）では、（匂宮が）おいでになるだろうと（いう便りは）あったけれども、このような雪では（まさかお越しになるまい）、と油断していたが、

夜　更け（下二・用）　て（接助）　右近　に（格助）　消息し（サ変・用）　たり。（助動・完・終）　あさましう、（シク・用(音)）　あはれ（ナリ(語幹)）　と（格助）　②君　も（係助）　思へ（四・已(命)）　り。（助動・完・終）　右近　は、（係助）　いかに（ナリ・用）

夜が更けて右近に（匂宮が）案内を請う知らせがあった。驚くばかりで、愛情深いことと浮舟も思った。右近は、どのように

下二・用　補尊・四・終　助動・当・体　助動・断・用　係助　格助　副　シク・已　接助　係助　係助
なり果て 給ふ べき 御ありさま に か と かつは 苦しけれ ど、今宵 は つつましさ も
おなりになってしまうはずの身の上であろうかと 一方では心苦しいが、今夜は(人目を)遠慮する気持ちも

下二・用　助動・強・終　助動・推・終　四・未　助動・婉・体　係助　ク・已　接助　シク・体　助動・比・用　シク・用　四・用(音)　助動・存・体
忘れ ぬ べし、言ひ返さ む 方 も なけれ ば、同じ やうに むつましく 思い たる
忘れたのだろう、言って(匂宮を)追い返すような方法もないので、(右近と)同じように(浮舟が)親しくお思いなっている

ク・体　格助　係助　ク・未　助動・打・体　格助　四・用　接助　シク・用　ク・体　シク・体　格助
若き 人 の、心ざま も 奥なから ぬ を 語らひ て、「いみじく わりなき こと。同じ 心 に、
若い女房で、気立てに関しても思慮が深く、行き届いた様子の人を引き入れて、「たいへんつらいこと(が起こったのです)。(私と)心を一つに

四・用　補尊・四・命　格助　四・用　助動・完・用　助動・過・終　副　下二・用　補謙・四・終　格助　格助　下二・用　補尊・四・已(命)
もて隠し 給へ。」と 言ひ て けり。もろともに 入れ 奉る。道 の ほど に 濡れ 給へ
して、(他の方には)隠しておいてください。」と言った。(右近はこの女房と)一緒に(匂宮を邸内に)お入れする。道中にお濡れになった

助動・完・体　格助　ク・用(音)　四・体　係助　四・用　助動・強・終　助動・推・已　接助　(代)　格助　格助　格助
る 香 の ところせう にほふ も、もて煩ひ ぬ べけれ ど、③か の 人 の 御けはひ に
(匂宮のお着物の)香りが辺りいっぱいに匂うのも、(右近たちには)持て余しただろうが、あの人(＝薫)のご様子に

下二・用　接助　係助(係)　四・用　助動・過・体(結)
似せ て なむ、もて紛らはし ける。
似せて、ごまかした。

格助　格助　四・用　補尊・四・未　助動・仮・体　係助　ナリ・体(音)　助動・推・已　接助　(代)　格助　係助　副
夜 の ほど にて たち帰り 給は む も、なかなか な べけれ ば、ここ の 人目 も いと
夜のうちにお帰りになれば、かえってこないほうがましになるだろうから、(それに)ここの人目もたいそう

接助　格助　四・未　助動・使・用　補尊・四・用　接助　格助　助動・在・体　格助　格助　上一・用　接助
つつましさ に、時方 に たばから せ 給ひ て、川 より をち なる 人 の 家 に 率 て
気が引けるので、(匂宮は)時方に工夫をさせなさって、宇治川の対岸にある人の家に(浮舟を)連れて

サ変・未　助動・意・終　格助　下二・用　助動・存・用　助動・過・已　接助　下二・用　接助　四・用　助動・存・用　助動・過・体　下二・体　格助
おはせ む と 構へ たり けれ ば、先立て て 遣はし たり ける、夜 更くる ほど に
いらっしゃろうと計画していたところ、先だって遣わしていた(者)が、夜が更けるころに

四・已(命)　助動・完・終　副　副　サ変・用　接助　補丁・四・終　格助　四・未　助動・使・終　(代)　係助　副詞　サ変・用　補尊・四・体

参れり。「いとよく用意して候ふ。」と④申さす。こはいかにし給ふこと

(戻って)参った。(匂宮は時方に命じて、右近に)「たいへんよく準備ができています。」と申し上げさせる。これはどうなさることなのかと

助動・断・用　係助　格助　係助　副　シク・已　接助　下二・用　接助　四・用　助動・存・体　係助　四・未

にかと、右近もいと心あわたたしければ、寝おびれて起きたる心地もわななか

右近もたいそう落ち着かないので、寝ぼけて起きている心地にも自然と(体が)

助動・自・用　接助　シク・終　格助　サ変・用　助動・存・体　格助　助動・断・用　係助(係)　四・用　助動・完・用

れて、あやし、童べの雪遊びしたるけはひのやうにぞ、震ひあがりに

震えて、不思議にも、子供が雪遊びをしている様子のように、震えあがってしまった。

助動・過・体(結)　副　係助　副助　係助　下二・未　助動・使・用　補尊・四・未　助動・打・用　四・用　接助　下二・用　補尊・四・用　助動・完・終

ける。「いかでか。」なども言ひあへさせ給はず、かき抱きて出で給ひぬ。

(右近に)「どうしてまあそんなことを(なさろうとするのか)。」なども最後まで言わせなさらず、(匂宮は浮舟を)抱き上げて出て行ってしまわれた。

係助　(代)　格助　格助　四・用　接助　格助　係助(係)　四・体(結)

右近はここの後見にとどまりて、侍従をぞ奉る。

右近はここの留守居役としてとどまって、侍従を遣り申し上げる。

語句の解説 2

8 **かかる雪《ゆき》には**　あとに「おはせじ」などの言葉が省略されている。

❶ 「うち解け」ていたのはなぜか。

答　雪が降り積もっているので、匂宮は来ないだろうと思っていたから。

9 **あは《ワ》れ**　ここでは、形容動詞の語幹と解した。感動詞や名詞として解すこともできる。

❷ 「君」とは誰か。

答　浮舟。

10 **いかになり果《は》て給《たまう》ふべき御《おおん》ありさまにか**　どのようにおなりになってしまうはずの身の上であろうか。薫と浮舟は世間に周知の関係であるが、匂宮と浮舟はいわば不倫の関係である。右近はその関係について、二人の行く末を案じている。

10 **かつは苦《くる》しけれど**　一方では心苦しいが。

＊「かつは」＝一方では。

12 **同《おな》じやう《ヨウ》にむつましく思《おぼ》いたる若《わか》き人《ひと》の、心《こころ》ざまも奥《おう》なからぬ**　(右近と)同じように(浮舟が)親しくお思いなっている若い女房で、

気立てに関しても思慮が深く、行き届いた様子の人。「思い」は「思す」の連用形「思し」のイ音便。「の」は同格を表す格助詞。

*「むつまし」＝親しい。

12 **語《かた》らひ《イ》て**　引き入れて。

「語らふ」＝ここでは、引き入れる、誘い入れる、の意に解した。

13 **もて隠《かく》し給《たま》へ《エ》**　隠しておいてください。匂宮の来訪が周りに露見しないように一緒に画策してほしい、ということ。

14 **道《みち》のほどに濡《ぬ》れ給《たま》へ《エ》る香《か》のところせう《ショウ》にほふ《オウ》**　道中にお濡れになった(匂宮のお着物の)香りが辺りいっぱいに匂う。濡れた着物が香り立つ様子。「匂宮」は着物に香を焚《た》き染《し》めて、芳香が匂っていることから綽名《あだな》された名前。ちなみに、「薫」は身体からよい匂いが薫るところからついた名前。

*「ところせし」＝いっぱいだ。狭い。漢字で書くと「所狭し」となる。「ところせう」は、連用形「ところせく」のウ音便。

③　「かの人」とは誰か。

答　薫。

15 **かの人《ひと》の御《おおん》けはひ《イ》に似《に》せてなむ《ン》、もて紛《まぎ》らは《ワ》しける**　あの人(＝薫)のご様子に似せて、ごまかした。匂宮の着物の芳香を、同じくよい香りがする薫の匂いだということにして、薫の来訪だと装ったということ。

「もて紛らはす」＝ごまかす。「もて」は語調を整える接頭語。

教243ページ

3 **いとよく用意《ようい》して候《さぶら》ふ《ウ》**　たいへんよく準備ができています。浮舟を連れ出す先の準備ができた、ということ。

④　誰が誰に「申さす」のか。

答　匂宮が時方に命じて、右近に対して申し上げさせる。

4 **寝《ね》おびれて起《お》きたる心地《ここち》もわななかれて**　寝ぼけて起きている心地にも自然と(体が)震えて。右近は匂宮を浮舟のところに招き入れた後、寝ていたものと思われる。「いとよく用意して候ふ」という報告によって、起きたばかりで寝ぼけた状態でも震え上がるほど驚いたということ。

6 **言《い》ひ《イ》あへ《エ》させ給《たま》はず《ワ》**　最後まで言わせなさらず。止めようとする右近の言葉を最後まで言わせず、さっさと出て行ったということ。

「あふ」＝最後まで……する。

7 **侍従《じじゅう》をぞ奉《たてまつ》る**　侍従を遣《や》り申し上げる。

「奉る」＝ここでは、「遣る」の謙譲語。

【大　意】　3　教243ページ8行～244ページ7行

浮舟は頼りない小舟に乗って心細い感じで、ずっと匂宮に抱かれてくっついている。匂宮は常緑樹を見て、浮舟に自分の愛情は千年も変わらないと約束する歌を詠み、浮舟は我が身の行く末の知れない不安を詠んだ歌を返す。岸に着いて降りるときに、浮舟を自身で抱き、人に助けられて家に入る様子を、周りは見苦しく見ていた。粗末な家は手入れもされていなくて風も防げず、辺りにはまだらに雪が残り、空は暗くて雪が降っている。

【品詞分解／現代語訳】

副 ナリ・体 格助 四・体 ク・体 格助 四・用 補尊・四・用 接助 四・用 補尊・四・体
いと はかなげなる もの と、明け暮れ 見出だす 小さき 舟 に 乗り 給ひ て、さし渡り 給ふ
たいそう頼りなさそうなものだと（思いながら）、毎日見ている小さな舟に（浮舟は）お乗りになって、（川を）お渡りになるとき、

ナリ・未 助動・婉・体 格助 副助 係助 下二・用 助動・存・未 助動・婉・体 助動・比・用 ク・用 下二・用 接助
ほど、はるかなら む 岸 に し も 漕ぎ離れ たら む やうに 心細く おぼえ て、
はるか遠くであるような対岸に（向かって）漕ぎ離れているように心細く思って、

副 四・用 接助 四・未 助動・受・用 助動・存・体 係助 副 ク・終 格助 四・終 格助 四・用 接助 格助
つと つき て 抱か れ たる も いと らうたし と 思す。有明 の 月 澄み昇り て、水 の
（匂宮に）ぴったりとくっついて抱かれているのをとてもかわいいと（匂宮は）お思いになる。明け方の月が澄んで高く昇って、水面も

係助 ク・体 接助 （代） 係助 格助 格助 四・用 接助 副 下二・用 助動・完・体 格助
面 も 曇り なき に、「これ なむ 橘 の 小島。」と 申し て、御舟 しばし さしとどめ たる を
曇りないので、（船頭が）「これが橘の小島です。」と申し上げて、棹を差してお舟をしばし止め（て示し）た（島）を

上一・用 補尊・四・已 接助 ナリ・体 格助 サ変・用 接助 下二・用 助動・存・体 格助 四・已（命） 助動・存・終
見 給へ ば、大きやかなる 岩 の さま し て、され たる 常磐木 の 影 しげれ り。
（匂宮が）御覧になると、大きな岩の様子をして、しゃれた風情のある常緑樹の影が茂っている。

（代） 上一・用 補尊・四・命 副 ク・已 接助 係助 下二・終 助動・推・体 格助 間助 格助 四・用 接助
「かれ 見 給へ。いと はかなけれ ど、千年 も 経 べき 緑 の 深さ を。」と のたまひ て、
（匂宮が）「あれを御覧なさい。本当に頼りないけれど、千年も経ても変わらなそうな緑の深さであることよ。」とおっしゃって（次のように詠んだ）、

下二・終 接助 四・未 助動・婉・体 終助 格助 格助 格助 四・体 係助
年 経 とも 変はら む ものか 橘 の 小島 の さき に 契る 心 は
たとえ年を経ても変わるようなものだろうか。橘の小島の崎で約束する私の心は。

係助 シク・未 助動・婉・体 格助 助動・比・用 下二・用 接助
女 も めづらしから む 道 の やうに おぼえ て、
女（＝浮舟）も目新しいような道中のように思って（次のように返した）、

橘 の［格助］ 小島 の［格助］ 色 は［係助］ 変はら［四・未］ じ［助動・打推・体］ を［接助］ こ［(代)］ の［格助］ うき舟 ぞ［係助(係)］ 行方 知ら［四・未］ れ［助動・自・未］
橘の小島の(緑の)色は変わらないでしょうが、このつらい(世を渡る)浮き舟は行く末が知れない

ぬ［助動・打・体(結)］
ことです。

をりから［副］、人 の［格助］ さま に［格助］、をかしく［シク・用］ のみ［副助］、何ごと も［係助］ 思しなす［四・終］。
その時、(匂宮は)人(＝浮舟)の様子に(対して)、ただ美しいとばかり、万事しいてお思いになる。

か［(代)］ の［格助］ 岸 に［格助］ さし着き［四・用］ て［接助］ 下り［上二・用］ 給ふ［補尊・四・体］ に［接助］、人 に［格助］ 抱か［四・未］ せ［助動・使・用］ 給は［補尊・四・未］ む［助動・婉・体］ は［係助］ いと［副］
対岸に着いて(匂宮が舟から)お降りになるときに、(浮舟を)他人に抱かせなさるようなことはたいそう

心苦しけれ［シク・已］ ば［接助］、抱き［四・用］ 給ひ［補尊・四・用］ て［接助］、助け［下二・未］ られ［助動・受・用］ つつ［接助］ 入り［四・用］ 給ふ［補尊・四・体］ を［格助］、いと［副］ 見苦しく［シク・用］、何人 を［格助］ かく［副］
つらいので、(自分で)お抱きになって、(自分は人に)助けられつつ(家に)お入りになるのを、(周りの人は)たいそう見苦しく、どういう人を

もて騒ぎ［四・用］ 給ふ［補尊・四・終］ らむ［助動・現推・体］ と［格助］ ⑤見［上一・用］ 奉る［補謙・四・終］。時方 が［格助］ 叔父 の［格助］ 因幡守 なる［助動・断・体］ が［格助］ 領ずる［サ変・体］ 庄 に［格助］
このようにもてはやしていらっしゃるのだろうと(思いながら)拝見する。時方の叔父の因幡守である人が領有する荘園に

はかなう［ク・用(音)］ 造り［四・用］ たる［助動・完・体］ 家 なり［助動・断・用］ けり［助動・過・終］。まだ［副］ いと［副］ 荒々しき［シク・体］ に［格助］、網代屛風 など［副助］、御覧じ［サ変・用］ も［係助］ 知ら［四・未］
かりそめに作った家であった。まだたいそう粗末で、網代屛風などは、(匂宮が)見知っても

ぬ［助動・打・体］ しつらひ に［助動・断・用］ て［接助］、風 も［係助］ ことに［副］ さはら［四・未］ ず［助動・打・用］、垣 の［格助］ もと に［格助］ 雪 むら消え［下二・用］ つつ［接助］、今
いらっしゃらない調度類で、風もたいして妨げられず、垣根のあたりに雪がまだらに消え残っては、今も

も［係助］ かき曇り［四・用］ て［接助］ 降る［四・終］。
(空は)曇って(雪が)降っている。

(浮舟)

語句の解説 3

8 **いとはかなげなるもの**　たいそう頼りなさそうなもの。

「はかなげなり」＝頼りなさそうだ。かりそめだ。

8 **明《あ》け暮《く》れ見出《みい》だす**　毎日見ている。邸内から毎日見ていたということ。

「明け暮れ」＝毎日。日常。

「見出だす」＝(中から外を)見る。

9 **はるかならむ《ン》岸《きし》にしも漕《こ》ぎ離《はな》れたらむ《ン》やう《ヨウ》に**　はるか遠くであるような対岸に(向かって)漕ぎ離れているように。この場面で渡っている宇治川は琵琶湖から流れ大阪湾に注ぐ川で、中州もあるそれなりに大きな川ではあるが、対岸が見えないほど川幅が大きいわけではない。しかし、浮舟は対岸に渡る行程を、長大で孤独な船旅であるように思い、心細く思っている。

10 **つとつきて抱《だ》かれたるもいとらう《ロウ》たし**　ぴったりとくっついて抱かれているのをとてもかわいい。心細く思う浮舟は、匂宮にぴったりとくっつき匂宮の腕に抱かれている。そんな不安な様子で自分に体をもたせてくる浮舟のことを匂宮はかわいいと思っている。

*「らうたし」＝かわいい。いとおしい。

10 **有明《ありあけ》の月《つき》**　陰暦十六日以降の、明け方まで残っている月のこと。

12 **大《おお》きやかなる岩《いわ》のさま**　大きな岩の様子。島の形状を表している。

13 **いとはかなけれど、千年《ちとせ》も経《ふ》べき緑《みどり》の深《ふか》さ**　本当に頼りないけれど、千年も変わらなそうな緑の深さ。意思のない植物は頼りないけれど、緑の深さは千年経ても変わらないだろうと述べ、意思ある人である自分たちの約束の確かさを導こうとしている。

14 **年《とし》経《ふ》とも変《か》は《ワ》らむ《ン》ものか**　たとえ年を経ても変わるようなものだろうか。直前の、千年たっても変わらない常緑樹の緑を受けて、自分が末永く浮舟を愛し続けるという誓いを詠んでいる。「とも」は逆接仮定条件を表す接続助詞で、終止形接続なので、「経」は終止形で「ふ」と読むことに注意。

15 **めづ《ズ》らしからむ《ン》道《みち》**　目新しいような道中。「明け暮れ見出だす」とあるので、浮舟は毎日のように川を見て、「橘の小島」のことも知っていただろうが、実際に舟に乗って近くまで行ったことはなかったため、目新しい、珍しい感じがしたのである。

16 **このうき舟《ふね》ぞ行方《ゆくえ》知《し》られぬ**　このつらい(世を渡る)浮き舟は行く末が知れないことです。「うき」は「憂き」と「浮き」の掛詞になっていて、「憂き」は、この先どうなるかわからない身の上のつらさを表し、「浮き」は舟が川面に浮いていることを表す。この和歌が、巻名と「浮舟」という呼び名のもとになっている。

教244ページ

1 **人《ひと》のさまに、を《オ》かしくのみ、何《なに》ごとも思《おぼ》しなす**　人の様子に(対して)、ただ美しいとばかり、万事しいてお思いになる。浮舟が何をしても美しいとばかり思っているということ。浮舟が身の上の不安を詠んでいることは無視している。

「思しなす」＝しいてお思いになる。思い込みなさる。「思ひなす」の尊敬語。

3 **何人《なにびと》をかくもて騒《さわ》ぎ給《たま》ふ《ウ》らむ**　どういう人をこのようにもてはやしていらっしゃるのだろう。浮舟のことをあまりに手厚く扱う匂宮を見て、呆れている。

5　**「見奉る」の主語は誰か。**

答　御供の人たち。

4 **領《ろう》ずる庄《そう》**　領有する荘園。

＊「領ず」＝領有する。

4 **はかなう《ノウ》造《つく》りたる家《いえ》**　かりそめに作った家。「はかなう」はク活用形容詞「はかなし」の連用形「はかなく」のウ音便。

5 **御覧《ごらん》じも知《し》らぬ**　見知っていらっしゃらない。「見知らぬ」に係助詞「も」を入れ、「見」を尊敬語「御覧じ」にした形。

6 **風もことにさは《ワ》らず**　風もたいして妨げられず。家が粗末で風を防げないということ。

＊「さはる」＝妨げられる。

6 **雪《ゆき》むら消《ぎ》えつつ**　雪がまだらに消え残っては。「むら消ゆ」＝（雪などが）まだらに消える。

課題

一　**浮舟のもとに来訪し、「川よりをちなる人の家」（243・1）に到着するまでの匂宮の行動を、順を追ってまとめてみよう。**

解答例　匂宮の行動を順に列挙すると以下のとおり。

・雪が降る中を浮舟のもとに来訪した。
　↓
・従者の時方に命じて、浮舟を連れて行く算段を整えさせる。
　↓
・右近が止めようとするのをかわし、浮舟を抱いて家を出た。
　↓
・小舟に乗って、対岸の人の家を目指す。岸に着くまで、浮舟を抱いていた。
　↓
・途中で止まった舟の中で、浮舟への今後も変わるはずのない思いを詠んだ。
　↓
・岸に着いたときに、自分で浮舟を抱いて舟から降りた。

二　**匂宮の突然の来訪を、右近はどのように受け止め、どのように行動しているか、まとめてみよう。**

解答例　匂宮から来るという連絡はあったが、雪が降り積もっている中、まさか来ないだろうと高をくくっていた右近は、匂宮の突然の来訪に驚く。不義の関係がどうなっていくのかと不安に思いながらも断れず、別の女房とともに浮舟のもとに案内し、匂宮の来訪が露見しないように、薫の来訪を装った。

三　**「年経とも……」（243・14）、「橘の……」（243・16）の歌にこめられた匂宮と浮舟の心情について話し合ってみよう。**

考え方　「年経とも……」の歌には、常緑樹のいつまでも変わらない緑の深さに関連させて、意思のない植物でさえ千年変わることがないのだから、意思のある私の愛は年を経ても変わるはずがない、と浮舟を末永く思い続けることを誓う心情が込められている。

「橘の……」の歌には、匂宮の誓いに対して、不安定な身の上がこれからどのようになっていくのか不安に思う心情が込められている。

語句と表現

一 次の傍線部の「を」を文法的に説明してみよう。

①御舟しばしさしとどめたるを見給へば、（243・11）
②千年も経べき緑の深さを。（243・13）
③橘の小島の色は変はらじをこのうき舟ぞ行方知られぬ（243・16）

解答 ①格助詞　②間投助詞　③接続助詞

参考　源氏物語玉の小櫛《おぐし》　もののあはれ

本居宣長《もとおりのりなが》

教科書P.246

【大　意】 教246ページ1～16行

物語は、もののあはれを知ることを第一としているが、儒仏の教えに背いていることも多い。源氏の君（＝光源氏）は儒仏の教えからいえば不義悪行の人だが、そのような儒仏の善悪の論にはこだわらず、もののあはれを理解することがこの物語の本意であり、よいことなのである。

【品詞分解／現代語訳】

さて物語は、もののあはれを知るを旨とはしたるに、その筋に至りては、
ところで物語は、もののあはれを知ることを第一とはしているけれど、その方面においては、

儒仏の教へには背けることも多きぞかし。
儒仏の教えには背いていることも多いものであるよ。

そはまづ、人の情の物に感ずることには、
それはまず、人の情が物事に（触れて）感じることには、

善悪邪正さまざまある中に、理に違へることには感ずまじきわざなれども、
善悪邪正さまざまある中で、道理に反することには情を動かしてはならないものなのだが、

情は我ながらわが心にも任せぬことありて、
情は自分（のもの）でありながら自分の思いどおりにはならないこともあって、

副　ク・体　ラ変・用　接助　サ変・体　ラ変・体　助動・断・終　格助　格助　四・未　接助
おのづから 忍びがたき 節 あり て、感ずる こと ある もの なり。源氏の君 の 上 にて 言は ば、
自然とこらえきれない事柄があって、情が動かされることもあるものである。源氏の君において言うならば、

副助　格助　格助　下二・用　接助　四・用　補尊・四・已(命)　助動・完・体　係助　副助　格助
空蝉の君・朧月夜の君・藤壺の中宮 など に 心 を かけ て 逢ひ 給へ る は、儒仏 など の
空蝉の君・朧月夜の君・藤壺の中宮などに思いをかけて契りを結ばれたのは、儒仏などの道で言う

格助　四・未　助動・仮・体　格助　係助　副　係助　ク・体　シク・体　助動・断・已　接助　格助　副　格助
道 にて 言は む には、世に 上 も なき いみじき 不義悪行 なれ ば、ほか に いかばかり の
とすれば、まことにこの上なくはなはだしい不義悪行であるので、他にどれほどのよいことがあったと

ク・体　ラ変・未　助動・仮・体　格助　係助　ク・体　格助　係助　ク・体　助動・当・体　接助　(代)　格助　助動・断・体
よき こと あら む にても、よき 人 と は 言ひがたかる べき に、その 不義悪行 なる
しても、(源氏の君を)よい人とは言いにくいはずなのに、その不義悪行である様子は特に指摘し

格助　係助　副　下二・用　接助　係助　四・未　助動・打・用　接助　副　(代)　格助　格助　格助　ク・体　格助
由 を ば さしも 立て て は 言は ず して、ただ その 間 の、もののあはれ の 深き 方 を、
て言及せずに、単にその間の、もののあはれの深いところを、

副　四・用　下二・用　接助　格助　係助　副　ク・体　格助　格助　サ変・用　接助　ク・体　格助
かへすがへす 書き 述べ て、源氏の君 を ば 旨と よき 人 の 本 と し て、よき こと の 限り
繰り返し書き述べて、源氏の君をもっぱらよい人の手本として、よいことの全てをこの君(＝

格助　(代)　格助　格助　格助　下二・用　助動・完・体　(代)　格助　助動・断・用　接助　(代)　格助　ク・体　シク・体　係助
を この 君 の 上 に 取り集め たる、これ 物語 の 大旨 に して、その よき 悪しき は、
光源氏)の身の上に取り集め(て書い)たのが、これが物語の本意であって、その善悪は、

副助　格助　格助　格助　ラ変・体　助動・断・終　接　(代)　格助　格助　格助　ク・終
儒仏 など の 書 の 善悪 と 変はり ある けぢめ なり。さりとて、かの たぐひ の 不義 を よし
儒仏などの書物の善悪とは違いのある区別である。そうかといって、あの類いの不義をよしとするのではない。

格助　サ変・体　助動・断・用　係助　ラ変・未　助動・打・終　副　格助　助動・断・体　格助　格助　連体　格助　格助
と する に は あら ず。ただ 世の中 の 物語 なる が ゆゑ に、さる 筋 の 善悪 の
ただ世の中の(ことを描いた)物語であるがために、そのような筋(＝儒仏の教え)の

論	は	しばらく	差し置き	て、	さしも	かかはら	ず、	ただ	もののあはれ	を	知れ	る	方	の
	係助	副	四・用	接助	副	四・未	助動・打・用	副		格助	四・已(命)	助動・存・体		格助

善悪の論はしばらく後回しにして、(そういうことには)あまりこだわらず、ただもののあはれを理解している方面のよいことを、

よき	を、	取り立て	て	よし	と	は	し	たる	なり。
ク・体	格助	下二・用	接助	ク・終	格助	係助	サ変・用	助動・完・体	助動・断・終

取りたててよいこととしたのである。

語句の解説

教246ページ

1**さて** ところで。そこで。前の話を受けたり、話題を変える時に用いる接続詞。

3**理《ことわり》に違《たが》へ《エ》ること** 道理に反すること。

「違ふ」=ここでは、反する、背く、の意。

3**感《かん》ずまじきわざ** 情を動かしてはならないもの。

「まじ」=打消当然の助動詞。…てはならない。

「わざ」=ここでは、もの、こと、の意。

4**我《われ》ながら** 自分(のもの)でありながら。

「ながら」=逆接の接続助詞。

5**忍《しの》びがたき** こらえきれない。動詞の連用形に接尾語「がたし」が付いて形容詞化した形。

7**いみじき** はなはだしい。「いみじき」は「いみじ」の連体形。

「いみじ」=ここでは、はなはだしい、並々でない、の意。

7**不義悪行《ふぎあくぎょう》** 道徳に反する悪い行為。

9**さしも** それほど。副詞「さ」+副助詞「し」+係助詞「も」。「さしも……(打消)」=それほど。さほど。ここは、「ず」と呼応している。

13**変《か》は《ワ》りあるけぢ《ジ》めなり** 違いのある区別である。

「変はり」=違い。異なり。

「けぢめ」=ここでは、区別、仕切り、の意。

15**差《さ》し置《お》きて** 後回しにして。

「差し置く」=ここでは、後回しにする、そのままにしておく、の意。

15**知《し》れる方《かた》** 理解している方面。

「知る」=ここでは、理解する、知る、承知する、の意。

六　評論（二）

無《む》名《みょう》草《ぞう》子《し》

教科書P. 250〜251

文《ふみ》

【大　意】　1　教250ページ1〜7行

この世にどうしてこんなにすばらしいものがあったのかと思われるのは手紙である。手紙には直接会って語り合う以上の良さがある。

【品詞分解／現代語訳】

(代)　格助　格助　副　ラ変・体　ラ変・用　助動・過推・体　格助　ク・用　下二・体　係助　係助(係)　ラ変・已(結)

こ の 世 に、いかで かかる こと あり けむ と、めでたく おぼゆる こと は、文 こそ 侍れ

この世に、どうしてこんなことがあったのだろうと、すばらしく思われることは、手紙ですよ。

終助　格助　副　四・用　接助　補丁・ラ変・体　助動・婉・已　接助　シク・用　四・体　格助　四・未　助動・打・已　接助　副

な。『枕草子』に、返す返す 申し て 侍る めれ ば、こと 新しく 申す に 及ば ね ど、なほ

『枕草子』に、くり返しくり返し申しているようですから、(今さら)新たに申すまでもないのだけれど、やはり

副　ク・体　助動・断・終　ナリ・体　格助　下二・用　接助　上一・未　助動・打・体　助動・断・已　接助

いと めでたき もの なり。遥かなる 世界 に かき離れ て、幾年 あひ見 ぬ 人 なれ ど、文

たいそうすばらしいものである。遠い場所に離れて、何年も会わない人であるが、(そ

格助　四・体　副助　上一・用　助動・完・已　接助　副　四・用　助動・存・体　サ変・用　接助　副　四・用

と いふ もの だに 見 つれ ば、ただ今 差し向かひ たる 心地 し て、①なかなか、うち向かひ

の人の)手紙というものさえ見ると、ただ今向かい合っているような気持ちがして、かえって、(その人と)直接

接助　係助　四・体　係助　四・未　助動・打・体　格助　格助　係助　四・用　四・未　助動・願・体　格助　係助　副

て は 思ふ ほど も 続けやら ぬ 心 の 色 を も 表し、言は まほしき こと を も こまごまと

向かい合っては心に思うほども続けて言い表せない心のさまをも書き表し、言いたいことをもこまごまと書き尽くしてあるのを見る気

四・用 助動・存・体 格助 上一・体 係助 シク・用 シク・用 四・用 助動・存・体 格助 四・用 接助 係助(係)
書き尽くし たる を 見る 心地 は、めづらしく、うれしく、あひ向かひ たる に 劣り て やは
持ちは、すばらしくも、うれしくもあり、互いに向かい合っているのに劣っていようか、いや、劣って

ラ変・体(結)
ある。
はいない。

語句の解説 1

教250ページ

1**かかること** こんなこと。このようなこと。「かかる」は、「かく」＋「あり」が縮まってできたラ変動詞「かかり」の連体形。

2**返《かえ》す返《がえ》す** くり返しくり返し。副詞。なお、「何度考えても」の意にも用いられ、「かへすがへすめでたけれ。」(教251ページ2行)はこれである。

❶ 「なかなか」はどこに係るか。

答 「めづらしく、うれしく」に係る。

7**劣《おと》りてやはある** 劣っていようか、いや、劣ってはいない。「やは」は反語。係助詞「や」に係助詞「は」がついて反語の意が強まったもの。

【大　意】 2 教250ページ8行～251ページ4行

古い手紙、ことに亡き人の手紙を見て、それが今書かれたばかりという感じがするのは感動的であり、昔のままであることがすばらしい。

【品詞分解／現代語訳】

ナリ・体 格助 格助 下二・用 助動・完・体 係助 副 (代) 格助 格助 サ変・用 接助 シク・用
つれづれなる 折、昔 の 人 の 文 見出で たる は、ただ そ の 折 の 心地 し て、いみじく
手持ちぶさたの折、昔の人の手紙を見つけ出したのは、全くその(手紙に接した)折の気持ちがして、非常にうれし

シク・用 係助(係) 下二・已(結) 副 ク・体 副助 格助 四・用 助動・完・体 副助 上一・体 係助 シク・用
うれしく こそ おぼゆれ。まして、亡き 人 など の 書き たる もの など 見る は、いみじく
く思われる。(生存者の古い手紙でもそうなのだから)まして、亡くなった人などの書いたものなどを見るのは、たいそう感慨

ナリ・用 格助 ク・用 四・用 助動・完・体 係助 副 四・用 接助 四・用 助動・完・体 助動・比・体 係助(係)
あはれに、年月 の 多く 積もり たる も、ただ今 筆 うち濡らし て 書き たる やうなる こそ、
深く、年月が多く過ぎていても、つい今しがた筆を濡らして書いたようなのは、

副　ク・已（結）　係助　副　四・用　助動・存・体　格助　副助　助動・断・用　接助
かへすがへす めでたけれ。なにごと も、ただ 差し向かひ たる ほど の 情け ばかり に て
どう考えてもすばらしい（ことだ）。何事も、ただ直面している間の情感だけ（で時がたつと薄らいでしまうもの）ですのに、

係助（係・結流）　補丁・ラ変・体　接助　（代）　係助　副　接助　副　四・体　ク・体　係助　副　ク・体
こそ 侍る に、②これ は、ただ 昔 ながら、つゆ 変はる こと なき も、いと めでたき こと
これ（手紙）は、全く昔のままで、少しも変わることがないのも、たいへんすばらしいことだ。

助動・断・終
なり。

語句の解説 2

教251ページ

8ただ　全く。ただもう。まさしく。副詞。

② 「これ」とは何を指すか。

答 昔の人の手紙。

【大　意】　3　教251ページ5〜7行

手紙は時間や空間を超越する。昔のことや異国のことも文字がなかったら後世に書き伝えられないと思うにつけ、これほどすばらしいものは他にない。

【品詞分解／現代語訳】

シク・用　助動・過・体　格助　格助　係助　格助　四・未　助動・打・体　格助　係助
いみじかり ける 延喜・天暦 の 御時 の 古事 も、唐土・天竺 の 知ら ぬ 世 の こと も、
すばらしかったという延喜・天暦の御代の昔のことも、中国・インドの見知らぬ世界のことも、

（代）　格助　格助　格助　四・体　ク・未　助動・反仮・未　接助　格助　格助　格助　係助　副　係助（係）
こ の 文字 と いふ もの なから ましか ば、今 の 世 の われら が 片端 も、いかで か
この文字というものがなかったならば、今の世の私たちがその一部分でも、どうして書き伝えら

下二・未　助動・反仮・体（結）　副助　四・体　格助　係助　副詞　副詞　ク・体　係助　副　ラ変・未　助動・打推・終
書き伝へ まし など 思ふ に も、なほ、かばかり めでたき こと は よも 侍ら じ。
れよう（いや、とてもできないだろう）などと思うにつけても、やはりこれほどすばらしいことはよもやありますまい。

語句の解説 3

6 文字《もじ》といふ《う》ものなからましかば　文字というものがなかったならば。「ましかば……まし」は「書き伝へまし」(教251ページ7行)の「まし」とのコンビネーションで「反実仮想」(事実に反する仮の想像)を表す。

「なから」は形容詞ク活用「なし」の未然形。

6 いかでか　どうして…か。「いかで」＝疑問の副詞。「か」＝反語の係助詞。上の反実仮想とも絡んで、どうして…か、いや…ではなかろう。の意となる。

7 よも侍《はべ》らじ　よもや(＝まさか)ありますまい。

＊「よも……(打消)」＝よもや…(ない)。「じ」が打消推量の助動詞であり、「侍ら」はラ変動詞「侍り」(＝丁寧語)の未然形なので、「よもやありますまい」の訳となる。

課題

一　「文」の「めでたき」点はどのようなところにあるとされているか、説明してみよう。

解答例　①直接会って語りあう以上の良さがある。②古い手紙、ことに亡き人の手紙を見て、それがたった今書かれたばかりのように感じられるのは感動的だ。①、②から、超空間性と超時間性が「めでたき」(＝すばらしい)点と言える。

二　「文字」のはたらきはどのように述べられているか、説明してみよう。

解答例　「文字というものがもしなかったとしたら、『延喜・天暦の御代の古いできごと』も、『中国・インドの知らぬ世界のこと』も今に生きる私たちが、その一部分でさえも書き伝えることができようか、いやできないだろう。」と述べている。手紙と同じように時間と空間を超えて、「書き伝えることができる」(古い時代の物を自分たちが〝読む〟ことで伝承されたものを理解できるし、また自分たちが〝書く〟ことで後世に伝えることができる)——そのことがすばらしい、と述べている。

三　手紙のもつ意義について、話し合ってみよう。

考え方　携帯やメールがなかった時代のことを理解することが大切。「手紙」の特性は何か、と考えてみると、遠く離れた地点と地点を空間を超えて結びつけてくれること、そして、メールとは違ってその人の「筆跡」がちゃんと残ること。しかも、それが、昔の人のものであったり、親しく接していた人で亡くなった人の筆跡であった時は、どのように感じるか、考えてみよう。

語句と表現

一　「この文字といふものなからましかば、今の世のわれらが片端も、いかでか書き伝へまし」(251・6)とは、どのようなことをいおうとしているか。傍線部に注意して説明してみよう。

解答例　実際には文字があるので、さまざまなことを書き伝えることができる、ということ。

風姿花伝《ふうしかでん》

世阿弥《ぜあみ》

教科書P.252～254

下手は上手の手本

【大　意】　1　教252ページ1～5行

上手にも悪い所があり、下手にもよい所がある。しかしそれを見極める人もいないし、当人も気がつかない。だから上手も下手も互いに人にその長所・短所を尋ねるべきだ。技能と工夫を極めたような人はこういう事を知っているに違いない。

【品詞分解／現代語訳】

接　格助　係助　ク・体　ラ変・終　格助　係助　ク・体　副　ラ変・体　助動・断・終　(代)　格助
そもそも、上手 に も わろき 所 あり。下手 に も よき 所、必ず ある もの なり。これ を
そもそも、上手にも悪い所がある。下手にもよい所が、必ずあるものである。これ(＝それ

上一・体　係助　ク・終　係助　四・未　助動・打・終　係助　格助　四・用　格助　四・未　助動・受・用　接助　ク・体　格助
見る 人 も なし。主 も 知ら ず。上手 は、名 を 頼み、達者 に 隠さ れ て、わろき 所 を
れの長所短所)を見極める人もいない。本人も知らない。上手は、名声に安住し、芸のうまさに隠されて、悪い所に気がつかな

四・未　助動・打・終　係助　副　ク・已　接助　ク・体　格助　係助　四・未　助動・打・已　接助　ク・体　格助
知ら ず。下手 は、もとより 工夫 なけれ ば、わろき 所 を も 知ら ね ば、よき 所 の
い。下手は、もともと工夫をしないので、悪い所にも気がつかないから、よい所が

副　ラ変・体　格助　係助　下二・未　助動・打・終　接　係助　係助　副　格助　下二・終　助動・義・終
たまたま ある を も わきまへ ず。されば、上手 も 下手 も、互ひに 人 に 尋ぬ べし。
たまたまあることもわからない。だから、上手も下手も、互いに人に(自分の長所短所を)尋ねるべきだ。

接　格助　格助　下二・用　助動・完・未　助動・婉・体　係助　(代)　格助　四・終　助動・当・終
さりながら、能 と 工夫 を 究め たら ん は、これ を 知る べし。
そうは言っても、技能と工夫を極めたような人は、このことを知っているに違いない。

語句の解説 1

教252ページ

2 名《な》を頼《たの》み　名声に安住し。

＊「頼む」＝あてにする。

3もとより　もともと。言うまでもなく。もちろん。「前から」の意ではない。

4わきまへ《え》ず　わからない。

＊「わきまふ」＝わかる。理解する。

5尋《たず》ぬべし　尋ねるべきだ。ここでの「べし」は「義務」の意。

5知《し》るべし　知っているに違いない。知っているはずだ。ここでの「べし」は「当然」の意。

【大　意】　2　教252ページ6行〜253ページ10行

どんなに下手な演者であっても、よい所があると見たら上手もこれを学ぶべきである。下手も上手の悪い所に気づいたら、人にも自分の悪い所を尋ねて工夫をすれば早く上達する。慢心があると自分のよい所さえ気づかない。だから自分の悪い所もよいと思ってしまう。これでは年月がいくらたっても上達はしない。下手の心とはこれである。

【品詞分解／現代語訳】

いかなる（ナリ・体） **をかしき**（シク・体） **為手** **なり**（助動・断・終） **とも、**（接助） **よき**（ク・体） **所** **あり**（ラ変・終） **と**（格助） **見**（上一・未） **ば、**（接助） **上手** **も**（係助） **これ**（代） **を**（格助） **学ぶ**（四・終） **べし。**（助動・義・終）

どんなに下手な演者であっても、よい所があると見たら、上手もこれを学ぶべきだ。

これ（代） **第一** **の**（格助） **手立て** **なり。**（助動・断・終） **もし**（副） **よき**（ク・体） **所** **を**（格助） **見**（上一・用） **たり**（助動・完・終） **とも、**（接助） **我**（代） **より**（格助） **下手** **を**（格助） **ば**（係助） **似す**（下二・終）

これこそ（上達のための）第一の策（＝方法）である。もし（下手の）よい所を見つけても、自分より下手な者の真似などしてなるものか

まじき（助動・打意・体） **と**（格助） **思ふ**（四・体） **情識** **あら**（ラ変・未） **ば、**（接助） **そ**（代） **の**（格助） **心** **に**（格助） **繋縛せ**（サ変・未） **られ**（助動・受・用） **て、**（接助） **わ**（代） **が**（格助） **わろき**（ク・体） **所** **を**（格助） **も、**（係助） **いかさま**（副）

という強情さがあるならば、その心に縛られ、捕らわれて、自分の悪い所にも、きっと気づか

知る（四・終） **まじき**（助動・打推・体） **なり。**（助動・断・終） **これ**（代） **すなはち、**（接） **究め**（下二・未） **ぬ**（助動・打・体） **心** **なる**（助動・断・体） **べし。**（助動・推・終） **また、**（接） **下手** **も、**（係助） **上手** **の**（格助）

ないだろう。これはつまり、（芸道を）極めない心なのであろう。また、下手も、上手の悪い所

わろき（ク・体） **所** **もし**（副） **見え**（下二・未） **ば、**（接助） **上手** **だに**（副助） **も**（係助） **わろき**（ク・体） **所** **あり、**（ラ変・用） **いはんや**（副） **初心** **の**（格助） **我**（代） **なれ**（助動・断・已） **ば、**（接助） **さ**（副） **こそ**（係助（係））

にもし気づいたら、上手でさえ悪い所があり、まして未熟な自分なら、さぞかし悪い

わろき（ク・体） **所** **多かる**（ク・体） **らめ**（助動・現推・已（結）） **と**（格助） **思ひ**（四・用） **て、**（接助） **これ**（代） **を**（格助） **恐れ**（下二・用） **て、**（接助） **人** **に**（格助） **も**（係助） **尋ね、**（下二・用） **工夫** **を**（格助） **いたさ**（四・未） **ば、**（接助）

所が多くあるであろうと思って、このことを恐れて、人にも（自分の短所を）尋ね、工夫をするならば、

いよいよ稽古になりて、能は早く①上がるべし。もしさはなくて、我はあれ体に
いよいよ（それが）勉強になって、能は早く上達するだろう。もしそうではなくて、自分はあのように悪い所は決

わろき所をばすまじきものをと、慢心あらば、わがよき所をも、真実知らぬ
してしないのになあと、慢心があるならば、自分のよい所をも、本当には知らない演者であ

為手なるべし。よき所を知らねば、わろき所をもよしと思ふなり。
ろう。（自分の）よい所がわからないので、（自分の）悪い所でさえもよいと思うのである。

さるほどに、年は行けども、能は上がらぬなり。これすなはち、下手の心なり。
そうこうしているうちに、年はとっても、能は上達しないのである。これがつまり、下手の心である。

語句の解説 2

7**似《に》すまじき**　真似などしてなるものか。「似す」＝似せる。真似をする。
「まじき」＝打消意志の助動詞の連体形。下にくる「情識」（＝強情）という語と併せて考えてみたとき、「…してなるものか」と強く訳せる。

8**いかさま**　きっと。いかにも。さだめし。ここは副詞である。名詞なら「にせ物」の意。形容動詞なら「どのように」と訳す。

教253ページ

2**いは《ワ》んや**　まして。動詞「言ふ」の未然形「いは」＋推量の助動詞「む」の連体形＋反語の係助詞「や」。教253ページ11～12行では「いはんや……をや」の形で出てくる。漢文の抑揚形と同じ。

① 「上がる」とは、どういうことか。

答 （能の腕前・演技力が）上達する、ということ。

7**あれ体《てい》**　あのようなさま。あれしき。（卑しめていう語）

7**ものを**　詠嘆の終助詞。「…のになあ」と訳す。接続助詞ではないので注意。下に「と」（格助詞）があるので、ここが文末。

9**さるほどに**　そうこうしているうちに。連体詞「さる」＋名詞「ほど」＋格助詞「に」がその組成。これを一語として考える。

【大 意】 3 教253ページ11〜15行

慢心があれば上手も能の腕は落ちる。まして下手は言うまでもない。だから上手は下手の手本、下手は上手の手本と考えて工夫せよ。「稽古は厳しくやれ。強情であってはならぬ。」とはそういう意味である。

【品詞分解／現代語訳】

されば(接)、**上手 に**(助動・断・用) **だに**(副助) **も**(係助)、**上慢 あら**(ラ変・未) **ば**(接助)、**能 は**(係助) **下がる**(四・終) **べし**(助動・推・終)。**いはんや**(副) **かなは**(四・未) **ぬ**(助動・打・体) **上慢**

だから、上手であってさえも、慢心があると、能(の腕)は落ちるだろう。まして(下手の)どうにもならない慢心は(なお

を(間助) **や**(係助)。**よくよく**(副) **公案し**(サ変・用) **て**(接助) **思へ**(四・命)。**上手 は**(係助) **下手 の**(格助) **手本、下手 は**(係助) **上手 の**(格助) **手本 なり**(助動・断・終) **と**(格助)、**工夫**

さら)言うまでもない。よくよく思案して考えよ。上手は下手の手本、下手は上手の手本であると(考えて)、工夫

す(サ変・終) **べし**(助動・義・終)。**下手 の**(格助) **よき**(ク・体) **所 を**(格助) **取り**(四・用) **て**(接助)、**上手 の**(格助) **物数 に**(格助) **入るる**(下二・体) **こと、無上至極 の**(格助) **理 なり**(助動・断・終)。

すべきだ。下手のよい所を取って、上手が(自分の)得意の芸に入れることは、この上ない真理である。

人 の(格助) **わろき**(ク・体) **所 を**(格助) **見る**(上一・体) **だに**(副助) **も**(係助)、**わが**(連体) **手本 なり**(助動・断・終)。**いはんや**(副) **よき**(ク・体) **所 を**(間助) **や**(係助)。**「稽古 は**(係助) **強かれ**(ク・命)。

人の悪い所に気づくことさえ、自分の手本である。ましてよい所(に気づくこと)は言うまでもない。「稽古は厳しくやれ。

情識 は(係助) **なかれ**(ク・命)**。」と**(格助) **は**(係助)、**これ**(代) **なる**(助動・断・体) **べし**(助動・推・終)。

強情であってはならない。」とは、このことであろう。

語句の解説 3

11 **いは《ワ》んやかなは《ワ》ぬ上慢《じょうまん》をや** まして(下手の)どうにもならない慢心は(なおさら)言うまでもない。「いはんや……をや」の反語の句法を省略された語句を補ってしっかり訳すこと。

*「かなふ」＝思いどおりになる。

15 **強《つよ》かれ** 厳しくやれ。

「強かれ」＝「強くあれ」が縮まって一語の形容詞となったもの。すぐ下の「なかれ」も「なくあれ」と命令している形。

課 題

一 筆者は「上手」「下手」に対して、どうあるべきだと述べているか、それぞれまとめてみよう。

考え方　第一段落で「上手」と「下手」それぞれの短所を述べて、それに従って論を進めている。まずそこを押さえよう。「上手」は名声に安住し達者な芸に隠されて自分の悪い所に気づかない。「下手」は工夫をしないから悪い所に気づかないし、自分によい所があることもわからない。では「上手」「下手」各々はどうすべきか。

解答例　「上手」＝①人に自分の長所短所を尋ねるべきだ。②下手な演者でもよい所があると思ったら、それを学ぶべきだ。③下手の真似をすまいと強情を張るべきではない。④下手は自分の手本と思え。⑤下手のよい所を取ってそれを自分の得意芸の中に入れるのは最上の真理。だからそれをやるべきだ。⑥人の悪い所に気づくのも自分の手本になること。だからそれもやるべきだ。

「下手」＝①人に自分の長所短所を尋ねるべきだ。②上手の悪い所に気づいたら、上手にさえ悪い所がある、まして未熟な自分ならなおさらだ、と思って人に尋ねて工夫せよ。③慢心すべきではない。④上手は自分の手本と思うべきだ。

二　**「稽古は強かれ。情識はなかれ。」（253・15）についてどのように思うか、話し合ってみよう。**

考え方　「上手」にも「下手」にも必要なのは、他者を手本とし、慢心しないこと（謙虚さ）である。そのためには自己に厳しくして、強情を張らないことである。この教訓はそれを端的に示している。考えたことを発表してみよう。

語句と表現

一　**「いはんやかなはぬ上慢をや」（253・11）、「いはんやよき所をや」（253・14）とは、どのようなことをいおうとしているか、それぞれ説明してみよう。**

解答例　「いはんやかなはぬ上慢をや」＝上手な人でも慢心があれば腕が落ちるのだから、下手な人に慢心があれば、なおさら腕が落ちる、ということ。

「いはんやよき所をや」＝人の悪い所が自分の手本になるのだから、人のよい所はなおさら自分の手本になる、ということ。

学びを広げる　世阿弥の言葉

教科書P.254

次の言葉が、世阿弥の著した『風姿花伝』『花鏡』の中でどのように使われているか、調べてみよう。

①初心忘るべからず（『風姿花伝』『花鏡』）
②離見《りけん》の見（『風姿花伝』）
③秘すれば花（『花鏡』）

解答例　①始めたばかりで未熟だったときの謙虚な気持ちを忘れてはいけない、という意味で使われている。
②自分を離れて客観的な立場で自分の姿を捉えるという意味で使われている。
③すべてを大っぴらにせず、秘密にしておくことで新鮮な感動を与えることができるという意味で使われている。すべての人が秘密を知ってしまえばそれほど珍しいものではなくなってしまう、という意味。

難波《なにわ》土産《みやげ》

教科書P.255〜257

虚実皮膜《ひにく》の間《あいだ》

【大 意】 1 教255ページ1〜6行

人形浄瑠璃のせりふは、実際のものをありのままにまねているうちに、それがまた芸になることもある。女形《おんながた》のせりふも実際の女は言わないことが多いが、それをかくさず言うので、それが観客にとっての楽しみとなるのである。

【品詞分解／現代語訳】

浄瑠璃 の(格助) 文句、みな 実事 を(格助) ありのままに(ナリ・用) 写す(四・体) うち に(格助)、また(接) 芸 に(格助) なり(四・用) て(接助) 実事 に(格助) なき(ク・体) こと

人形浄瑠璃のせりふは、全部実際のものをありのままにまねるうちに、(それが)また芸(の上のこと)になって実際にないこともある。

あり(ラ変・終)。近く(ク・用) は(係助) 女形 の(格助) 口上、おほく(副) 実 の(格助) 女 の(格助) 口上 に(格助) は(係助) え(副) 言は(四・未) ぬ(助動・打・体) こと 多し(ク・終)。これら(代)

身近(なところ)では女の役のせりふで、たいてい実際の女のせりふでは言うことができないことが多い。これらは

は(係助) また(副) 芸 と(格助) いふ(四・体) もの に(助動・断・用) て(接助)、実 の(格助) 女 の(格助) 口 より(格助) え(副) 言は(四・未) ぬ(助動・打・体) こと を(格助) 打ち出し(四・用) て(接助)

やはり芸というものであって、実際の女の口からは言うことができないことをかくさずに言うので、

言ふ(四・体) ゆゑ、そ(代) の(格助) 実情 が(格助) あらはるる(下二・体) なり(助動・断・終)。こ(代) の(格助) 類 を(格助) 実 の(格助) 女 の(格助) 情 に(格助) もとづき(四・用) て(接助)

その真実の心情が表に出てくるのである。この類いのことを実際の女の心に基づいて遠慮してはっきり言わない時は、

つつみ(四・用) たる(助動・完・体) 時 は(係助)、女 の(格助) 底意 なんど(副助) が(格助) あらはれ(下二・未) ず(助動・打・用) して(接助)、かえつて(副) 慰み に(格助) なら(四・未) ぬ(助動・打・体)

女の心の底などが表に出てこないで、かえって楽しみにならない原因である。

ゆゑ なり(助動・断・終)。

語句の解説 1

教255ページ

1 **実事《じつじ》**　ここでは、実際のこと、事実、の意。

1 **写《うつ》すうちに**　まねるうちに。

「写す」＝ここでは、まねる、模倣する、の意。

2 **おほく《オ》**　たいてい。全体の中で大きな役割を占めている様子。

2 **え言《い》は《ワ》ぬこと多《おお》し**　言うことができないことが多い。

「え……(打消)」＝不可能を表す。…できない。

4 **実情《じつじょう》があらはる《ワ》るなり**　真実の心情が表に出てくるのである。

「実情」＝ここでは、真実の心情、の意。

「あらはる」＝ここでは、表に出てくる、表面化する、露顕する、の意。

5 **底意《そこい》**　ここでは、心の底、心の奥、の意。

5 **慰《なぐさ》み**　ここでは、楽しみ、心を楽しませること、の意。

【大　意】　2　教255ページ7行～256ページ16行

ある人が、近頃の人は理屈が通った事実に違いないことを好み、役者も演技が事実に似ているのを第一とする、と言った。それに対し、近松(門左衛門《もんざえもん》)は、芸とは事実と虚構との境目にあり、その事実と虚構の紙一重の間に、芸を見る観客の楽しみがあるのである、と言った。

【品詞分解／現代語訳】

ある〔連体〕 **人** **の**〔格助〕 **いはく**〔(連語)〕、「**今時** **の**〔格助〕 **人** **は**〔係助〕、**よくよく**〔副〕 **理詰め** **の**〔格助〕 **実** **らしき**〔助動・定・体〕 **こと** **に**〔助動・断・用〕 **あら**〔ラ変・未〕 **ざれ**〔助動・打・已〕

ある人が言うことには、「近頃の人は、きわめて理屈が通った事実に違いないことでないと、

ば〔接助〕、**合点せ**〔サ変・未〕 **ぬ**〔助動・打・体〕 **世の中**。**昔語り** **に**〔格助〕 **ある**〔ラ変・体〕 **こと** **に**〔格助〕、**当世** **受け取ら**〔四・未〕 **ぬ**〔助動・打・体〕 **こと** **多し**〔ク・終〕。**されば**〔接〕 **こそ**〔係助〕、

承知しない世の中(である)。昔話にあることに(ついても)、現代では納得しないことが多い。そうであるからこそ、

歌舞伎 **の**〔格助〕 **役者** **など**〔副助〕 **も**〔係助〕、**とかく**〔副〕 **そ**〔(代)〕 **の**〔格助〕 **所作** **が**〔格助〕 **実事** **に**〔格助〕 **似る**〔上一・体〕 **を**〔格助〕 **上手** **と**〔格助〕 **す**〔サ変・終〕。**立ち役** **の**〔格助〕 **家老職**

歌舞伎の役者なども、ともすればその演技が実際のことに似ているのを上手(な役者)とする。善人である成人男子役の家

は〔係助〕 **本** **の**〔格助〕 **家老** **に**〔格助〕 **似せ**〔下二・用〕、**大名** **は**〔係助〕 **大名** **に**〔格助〕 **似る**〔上一・体〕 **を**〔格助〕 **もつ**〔四・用(音)〕 **て**〔接助〕 **第一** **と**〔格助〕 **す**〔サ変・終〕。**昔** **の**〔格助〕 **やうなる**〔助動・比・体〕

老職は本当の家老に似せ、大名(の役)は(本当の)大名に似ていることを最も大切なこととする。昔のような子どもだまし

子どもだまし **の**〔格助〕 **あじやらけ**〔下二・用〕 **たる**〔助動・存・体〕 **こと** **は**〔係助〕 **取ら**〔四・未〕 **ず**〔助動・打・終〕。」

のふざけたことは(演技に)取り入れない。」

近松 答へ〔下二・用〕て〔接助〕いはく〔(連語)〕、「こ〔(代)〕の〔格助〕論 もつとも〔ナリ(語幹)〕の〔格助〕やうなれ〔助動・比・已〕ども〔接助〕、芸 と〔格助〕いふ〔四・体〕もの の〔格助〕真実 の〔格助〕行き方

近松が答えて言うことには、「この論は当然のようだが、芸というものの本当のあり方を知らない説である。

を〔格助〕知ら〔四・未〕ぬ〔助動・打・体〕説 なり〔助動・断・終〕。芸 と〔格助〕いふ〔四・体〕もの は〔係助〕、実 と〔格助〕虚 と〔格助〕の〔格助〕皮膜 の〔格助〕間 に〔格助〕ある〔ラ変・体〕もの

芸というものは、事実と虚構との皮と肉の境目のような微妙なところにあるものなのだ。

なり〔助動・断・終〕。なるほど〔副〕、今 の〔格助〕世、実事 に〔格助〕よく〔副〕写す〔四・体〕を〔格助〕好む〔四・体〕ゆゑ、家老 は〔係助〕まこと の〔格助〕家老 の〔格助〕身ぶり、

いかにも、今の世は、実際のことによくまねるのを好むため、家老(の役)は本当の家老の身ぶり、

口上 を〔格助〕写す〔四・終〕と〔格助〕は〔係助〕いへ〔四・已〕ども〔接助〕、さらば〔接〕と〔格助〕て〔接助〕、まこと の〔格助〕大名 の〔格助〕家老 など〔副助〕が〔格助〕、立ち役 の〔格助〕ごとく〔助動・比・用〕

話しぶりをまねるとはいっても、そうだからといって、本当の大名の家老などが、善人である成人男子役のよう

顔 に〔格助〕紅、白粉 を〔格助〕塗る〔四・体〕こと あり〔ラ変・終〕や〔係助〕。また〔接〕、まこと の〔格助〕家老 は〔係助〕顔 を〔格助〕飾ら〔四・未〕ぬ〔助動・打・体〕と〔格助〕て〔接助〕、

に顔に紅、おしろいを塗ることがあるか(、いや、ありはしない)。また、本当の家老は顔を飾らないといって、

立ち役 が〔格助〕、むしやむしやと〔副〕ひげ は〔係助〕生えなり〔(連語)〕、頭 は〔係助〕はげなり〔(連語)〕に〔格助〕舞台 へ〔格助〕出〔下二・用〕て〔接助〕芸 を〔格助〕せ〔サ変・未〕ば〔接助〕、

男の善人の役が、もじゃもじゃとひげは生えたまま、頭ははげたままで舞台へ出て芸をすれば、

慰み に〔格助〕なる〔四・終〕べき〔助動・推・体〕や〔係助〕。皮膜 の〔格助〕間 と〔格助〕いふ〔四・体〕が〔格助〕ここ〔(代)〕なり〔助動・断・終〕。虚 に〔助動・断・用〕して〔接助〕虚 に〔助動・断・用〕あら〔ラ変・未〕

(観客の心の)楽しみになるだろうか(、いや、ならない)。(事実と虚構との)皮と肉の境目のような微妙なところというのがここである。虚構であって(全くの)

ず〔助動・打・用〕、実 に〔助動・断・用〕して〔接助〕実 に〔助動・断・用〕あら〔ラ変・未〕ず〔助動・打・終〕、こ〔(代)〕の〔格助〕間 に〔格助〕慰み が〔格助〕あつ〔ラ変・用(音)〕た〔助動・存・体〕もの

虚構でなく、事実であって(全くの)事実でない、この境(の微妙なところ)に(観客の)楽しみがあるものなのだ。

なり〔助動・断・終〕。

語句の解説 2

7今時《いまどき》の人《ひと》　近頃の人。現代の人。

7よくよく理《り》詰《づ》めの実《じつ》らしきこと　きわめて理屈が通った事実に違いないこと。

「よくよく」＝ここでは、きわめて、十分に、ひどく、の意。

「理詰め」＝理屈が通っていること。理屈にかなっていること。

「実」＝ここでは、事実、真実、まこと、の意。

「らし」＝根拠のある推定を表す助動詞。…に違いない。

8当世《とうせい》　ここでは、現代、今の世、の意。

8受《う》け取《と》らぬこと　納得しないこと。

「受け取る」＝ここでは、納得する、承知する、の意。

8さればこそ　そうであるからこそ。

「されば」＝ラ変動詞「さり」の已然形「され」＋確定条件を表す接続助詞「ば」の一語化。そうであるから。そうなので。

教256ページ

1とかく　ここでは、ともすれば、ややもすると、の意。
2本《ほん》の家老《かろう》に似《に》せ　本当の家老に似せ。
「似す」＝「似る」に対する他動詞。外見的な共通点を意識することで、受け手に似ている、と感じさせようとすることを表す語。
2大名《だいみょう》は大名《だいみょう》に似《に》る　「大名」は、将軍と直接の主従関係にある一万石以上の武士。ここでは、ただ武士を演じればよいのではなく、階級に応じたせりふの書き分けや演じ分けが必要だ、ということ。
2もつ《ツ》て　「もつ」の連用形「もち」＋接続助詞「て」→「もちて」の促音便化した語。前の事柄を強調して示す。
4もつ《ツ》ともの《ヨ》や《ウ》うなれども　当然のようだが。
「もつとも」＝「もつともなり」の語幹。当然だ。当たり前だ。
5虚《うそ》　うそ。いつわり。作りごと。ここでは、芸の虚構性のことをいう。
6なるほど　ここでは、いかにも、なかなか、の意。
8さらばとて　そうだからといって。
10ありや　あるか(、いや、ありはしない)。
「や」＝係助詞の文末用法ととった。反語を表す。
12生《は》えなり　下二段動詞「生ゆ」の連用形「生え」＋そっくりそれに従う意の接尾語「なり」。生えたままで。下にある「はげなり」も同様。
14虚《うそ》にして虚《うそ》にあらず　虚構であって(全くの)虚構でない。
「にして」＝…であって。
15あつ《ツ》たものなり　あるものなのだ。「ありたるものなり」の口語的表現。「た」は完了というより、確定した存在(事態)を確認する意が強い。

課題

一　**「女形の口上」(255・2)と「歌舞伎の役者」(256・1)における「実」と「虚」とは、それぞれどのようなことを指しているか、説明してみよう。**

解答例

〈「女形の口上」〉

「実」＝実際の女の話しぶりをまねる。

「虚」＝実際の女の口からは言うことができないことをかくさずに言う。

〈「歌舞伎の役者」〉

「実」＝家老の役は、本当の家老の身ぶり、話しぶりをまねる。

「虚」＝顔に紅、おしろいを塗って、ひげをもじゃもじゃ生やしたままや、頭がはげたままにはしていない。

二　近松は、浄瑠璃や歌舞伎の芸はどうあるべきだと述べているか、まとめてみよう。

考え方　一をふまえて考える。浄瑠璃では、実際の女の口からは言うことができないことをせりふにし、歌舞伎では、実際の家老がしない化粧などをする。その理由は、芸を事実らしく見せるためであって、事実そのものをまねることではないからである。そしてその違いこそが、「虚実皮膜の間」ということなのである。

解答例　全くの虚構でもいけない、全くの事実でもいけない、虚構と現実の紙一重の間にある芸で、観客に楽しみを与えるべきである。

三　「実と虚との皮膜の間にあるもの」（256・5）について、現代社会の中から例を探し、説明してみよう。

解答例　「実と虚との皮膜の間にあるもの」は、事実と虚構の境界にあるような微妙なところ、という意味で用いられている。文章が浄瑠璃に関して書かれていることをふまえると、現代社会においても、フィクションとよばれるもの（ドラマや映画、小説、漫画、アニメなど）は、たいてい事実性と虚構性が含まれているといえる。現実の姿をあまりにリアルに描いても面白さがなく、あまりに現実離れしすぎても視聴者の理解が及ばなくなる。また、実社会でも、人間関係はある意味で、事実性と虚構性を含んでいるといえるだろう。ありのままの自分で人と付き合えば軋轢《あつれき》を生むし、自分を偽りすぎても信用されない。ＳＮＳなどでのコミュニケーションは、その最たる例といえる。

語句と表現

一　「慰みになる」（256・13）がどのような意味で使われているか、話し合ってみよう。

考え方　「慰み」は、気晴らし、楽しみ、慰めという意味である。ここでは、実際の家老が顔を飾り立てないからといって、人形浄瑠璃の家老の人形が不精な姿であればいいのか、という文脈である。「慰みになる」を「楽しみになる」という意味で捉えれば、「慰みになるべきや」は、リアルな姿を写した人形だったら、観客は楽しいだろうか、ということになる。「慰みになる」を「気晴らしになる、慰めになる」という意味で捉えれば、「慰みになるべきや」は、リアルな姿を写した人形だったら、現実のつらさを忘れるための気晴らし、つらさを紛らわす慰めになるだろうか、ということになる。思ったことを発表してみよう。

玉勝間《たまかつま》

本居宣長《もとおりのりなが》

教科書P.258〜259

師の説になづまざること

【大意】 1 教258ページ1〜5行

私が古典《いにしえぶみ》を解釈する時、先生（＝賀茂真淵《かものまぶち》）の説の誤りを指摘することも多いが、これは先生の教えに従っているのである。

【品詞分解／現代語訳】

おのれ（代） 古典 を（格助） 説く（四・体） に、（格助） 師 の（格助） 説 と（格助） 違へ（四・已（命）） る（助動・存・体） こと 多く、（ク・用） 師 の（格助） 説 の（格助） わろき（ク・体） こと ある（ラ変・体）

私が古典を解釈する時に、先生の説と食い違っていることが多く、先生の説のよくないことがあるのを、

を（格助） ば、（係助） わきまへ言ふ（四・体） こと も（係助） 多かる（ク・体） を、（格助） いと（副） ある（ラ変・体） まじき（助動・打当・体） こと と（格助） 思ふ（四・体） 人 多か（ク・体（音）） めれ（助動・婉・已） ど、（接助）

判別して論ずることも多いのを、（弟子として）全くあってはならないことだと思う人が多いようだが、

これ（代） すなはち（接） わ（代） が（格助） 師 の（格助） 心 に（助動・断・用） て、（接助） 常に（副） 教へ（下二・未） られ（助動・尊・用） し（助動・過・体） は、（係助） 「のち に（格助） よき（ク・体） 考へ の（格助）

これがとりもなおさず私の先生の考えであって、（先生が）いつもお教えになったことは、「のちによい考えが出てきたような時

出で来（カ変・用） たら（助動・完・未） む（助動・婉・体） に（格助） は、（係助） 必ず（副） しも（副助） 師 の（格助） 説 に（格助） 違ふ（四・終） と（格助） て、（接助） な（副） 憚り（四・用） そ。」（終助） と（格助） なむ（係助（係）） 教へ（下二・未）

には、決して先生の説と食い違う（から）といって、遠慮してはいけない。」と教えてくださった。

られ（助動・尊・用） し。（助動・過・体（結）） こ（代） は（係助） いと（副） 尊き（ク・体） 教へ に（助動・断・用） て、（接助） わ（代） が（格助） 師 の（格助） 世に（副） 優れ（下二・用） 給へ（補尊・四・已（命）） る（助動・存・体）

これは実にすばらしい教えであって、私の先生がまことに優れていらっしゃることの一つである。

一つ なり。（助動・断・終）

語句の解説 1

教258ページ

1 **おのれ**　一人称の代名詞。卑下していうことが多い。自分。私。

1 **古典《いにしえぶみ》**　古代の書物。古典《こてん》。ここでは『万葉集』『古事記』『日本書紀』などを指す。

1 **違《たが》へる**　食い違っている。

「違ふ」＝ここでは、食い違っている、一致しない、の意。

1 **わろきことあるをば**　よくないことがあるのを。

「わろし」＝ここでは、よくない、正しくない、の意。

「をば」＝格助詞「を」＋係助詞「は」→「をは」が連濁したもの。「を」の意味を強めた表現。

2 **わきまへ《エ》言《い》ふ《ウ》**　判別して論ずる。「わきまふ」＋「言ふ」の複合語。

＊「わきまふ」＝ここでは、判別する、見分ける、の意。

2 **多《おお》かるを**　多いのを。

「を」＝格助詞ととった。接続助詞ともとれ、その場合は、多いけれども、と訳す。

2 **多《おお》かめれど**　多いようだが。「多かるめれど」の撥音便《はつおん》「多かんめれど」の撥音無表記。

3 **すなはち《ワ》**　ここでは、とりもなおさず、つまり、の意。

3 **わが師《し》の心《こころ》にて**　私の先生の考えであって。

「心」＝ここでは、考え、思慮、判断、の意。

3 **教《おし》へ《エ》られしは**　お教えになったことは。

「られ」＝尊敬の助動詞ととった。受身ともとれる。同文の文末にある「教へられし」の「られ」も同様。

4 **必《かな》ずしも**　決して。一般には部分否定を表すが、ここは全部否定で、「憚《はばか》りそ」を修飾している。

4 **な憚《はばか》りそ**　遠慮してはいけない。

「な……そ」＝禁止を表す。…するな。

5 **尊《とうと》き教《おし》へ《エ》にて**　すばらしい教えであって。

「尊し」＝ここでは、すばらしい、価値がある、の意。

5 **世《よ》に**　ここでは、まことに、たいそう、非常に、の意。

【大　意】　2　教258ページ6行～259ページ5行

多くの人の検討を経て、次々と説が詳しくなっていくのであるから、先生の説にこだわるべきではない。その説のよしあしを言わず、古い説を守るのは、学問の道では無益なことである。

【品詞分解／現代語訳】

おほかた（副）、古 を（格助） 考ふる（下二・体） こと、さらに（副） 一人 二人 の（格助） 力 もて（連語）（音）、ことごとく（副） あきらめ尽くす（四・終） べく（助動・可・用）

大体、古い時代について考えることは、決して一人や二人の力によって、全て明らかにし尽くすことができるはずもない。

係助 ラ変・未 助動・打・終 接 ク・体 格助 助動・断・未 助動・仮・体 接助 副 格助 格助 係助 係助 副 係助(係)
もあらず。また、よき人の説ならむからに、多くの中には、誤りもなどか
また、たとえ優れた学者の説であるといっても、多くの(学説の)中には、誤りもどうしてないことが

ク・未 助動・推・体(結) 副 ク・体 係助 四・未 接助 係助 副 ラ変・未 助動・打・終 (代) 格助 (代) 格助 格助 係助
なからむ。必ずわろきことも混じらではえあらず。そのおのが心には、今
あろうか(、いや、あるに違いない)。必ずよくないことも混じらないではいられない。その(説を立てた)人自身の心では、今

係助 格助 副 ナリ・終 (代) 格助 四・用 接助 係助 ラ変・体 助動・当・用 係助 ラ変・未 助動・打・終 格助
は古の心ことごとく明らかなり、これをおきてはあるべくもあらず、と
は古い時代の精神は全て明らかである、この説を差しおいては(他に正しい説が)あるはずもない、と思

下二・用 助動・存・体 係助 ナリ・用 格助 ナリ・体 ク・体 係助 カ変・体 助動・断・終
思ひ定めたることも、思ひのほかに、また人の異なるよき考へも出で来るわざなり。
い定めている説も、意外に、別の人の違ったよい考えも出てくるものである。

副 格助 格助 下二・体 副 格助 格助 格助 副 副 下二・体 接助 副
あまたの手を経るままに、先々の考への上を、なほよく考へ究むるからに、次々に
たくさんの人の検討を経るにつれて、以前の(学者の)考えの上のことを、やはりよく考え究明するだけで、次々と詳

シク・用 四・体 助動・断・已 接助 格助 助動・断・終 格助 接助 副 四・終 助動・当・体 助動・断・用 係助
詳しくなりもてゆくわざなれば、師の説なりとて、必ずなづみ守るべきにも
しくなっていくものであるから、先生の説であるといって、必ずしもこだわり守るべきでもない。

ラ変・未 助動・打・用 ク・体 シク・体 格助 四・未 助動・打・用 ナリ・用 ク・体 格助 四・体 係助 格助 格助 係助
あらず、よき悪しきを言はず、ひたぶるに古きを守るは、学問の道には
(その説の)よいか悪いかを言わず、ひたすら古い説を守るのは、学問の道においてはつまらない

ク・体 助動・断・終
言ふかひなきわざなり。
行いである。

語句の解説 2

6さらに……(打消)　決して。全然。ここでは、「ず」と呼応している。

6力《ちから》もて　力によって。
「もて」＝「もつ」の連用形「もち」＋接続助詞「て」→「もちて」の促音便「もつて」の促音無表記。

6あきらめ尽《つ》くすべくもあらず　全てを明らかにし尽くすことはできない、ということ。
＊「あきらむ」＝ここでは、明らかにする、十分に見きわめる、の意。

7説《せつ》ならむ《ン》からに　たとえ…説であるといっても。
「からに」＝格助詞「から」＋格助詞「に」が一語化した接続助詞。ここでは、推量（仮定）の助動詞「む」に付いて、逆接の仮定条件を表す。たとえ…ても。

8えあらず　いられない。
「え……（打消）」＝不可能を表す。

8そのおのが心《こころ》には　その人自身の心では。
「おの」＝ここでは、それ自身、自分、の意。

教259ページ

2あまたの手《て》を経《ふ》るままに　たくさんの人の検討を経るにつれて。
「あまた」＝ここでは、数多く、たくさん、の意。
＊「まにまに」＝ここでは、…につれて、…に従って、の意。

3なりもてゆく　しだいにそうなってゆく。だんだん…になっていく。

4ひたぶるに古《ふる》きを守《まも》るは　ひたすら古い説を守るのは。
＊「ひたぶるなり」＝ここでは、ひたすらだ、一途だ、の意。

5言《い》ふ《ウ》かひ《イ》なきわざなり　つまらない行いである。
「言ふかひなし」＝ここでは、つまらない、とるに足りない、の意。

【大　意】　3　教259ページ6〜9行

先生の説の誤りを指摘するのは恐れ多いことだが、何も言わずに取り繕ったままでいるようなのは、先生ばかりを尊び、学問の道を思っていないのである。

【品詞分解／現代語訳】

また（接）　おの（代）　が（格助）　師　など（副助）　の（格助）　わろき（ク・体）　こと　を（格助）　言ひあらはす（四・体）　は（係助）、いと（副）　も（係助）　畏く（ク・用）　は（係助）　あれ（ラ変・已）　ど（接助）、それ（代）

また自分の先生などの（学説の）よくないことを口に出すのは、とても恐れ多いことではあるけれど、それも

も（係助）　言は（四・未）　ざれ（助動・打・已）　ば（接助）、世　の（格助）　学者　そ（代）　の（格助）　説　に（格助）　惑ひ（四・用）　て（接助）、長く（ク・用）　よき（ク・体）　を（格助）　知る（四・体）　期　なし（ク・終）。師　の（格助）　説

言わなければ、世間の学者はその（よくない）説のために混乱して、長い間正しい説を知る機会がない。先生の説である

なり（助動・断・終）　と（格助）　し（サ変・用）　て（接助）、わろき（ク・体）　を（格助）　知り（四・用）　ながら（接助）、言は（四・未）　ず（助動・打・用）　つつみ隠し（四・用）　て（接助）、よざまに（ナリ・用）　つくろひをら（ラ変・未）

といって、よくないことを知りながら、言わずにつつみ隠して、よいように取り繕ったままでいる

む（助動・婉・体）は（係助）、ただ（副）師を（格助）のみ（副助）尊み（四・用）て（接助）、①道を（格助）ば（係助）思は（四・未）ざる（助動・打・体）なり（助動・断・終）。

ようなのは、ただ先生ばかりを尊んで、学問の道を（真剣に）思っていないのである。

語句の解説3

6**言《い》ひ《イ》あらは《ワ》すは**　口に出すのは。

「言ひあらはす」＝口に出す。打ち明ける。公表する。

6**畏《かしこ》くはあれど**　恐れ多いことではあるけれど。

「畏し」＝ここでは、恐れ多い、もったいない、の意。

7**その説《せつ》に惑《まど》ひ《イ》て**　その説のために混乱して。

「惑ふ」＝ここでは、混乱する、悩む、考えが乱れる、の意。

7＊**期《ご》**　ここでは、機会、時、時期、の意。

8**つくろひ《イ》を《オ》らむ《ン》は**　取り繕ったままでいるようなのは。

「つくろひをり」＝ここでは、取り繕ったままでいる、の意。「をり」は、動作・状態の継続を表す補助動詞。

❶ **「道」とは、何の道か。**

答　学問の道。

課題

一　「わが師の心」（258・3）とはどのようなものか、説明してみよう。

解答例　先生の説によくない点を見つけたときは、先生の説と食い違うことになっても、その点を指摘して論じることを遠慮してはならない、という考え。

二　筆者が「師の説」であっても批判するのは、学問をどのようなものだと考えているからか、話し合ってみよう。

考え方　筆者は、学問の真理究明はどのようになされていくものと考えているか、まとめるとよい。学問は、多くの研究者が検討を加えていくに従って究明されていくものであるから、たとえ先生の説であってもこだわり守るべきではない。考えたことを発表してみよう。

語句と表現

一　本文中の次の部分を、傍線部「からに」の違いに注意して現代語訳してみよう。

①よき人の説ならむからに、（258・7）

②なほよく考へ究むるからに、（259・2）

考え方　①接続助詞で、逆接仮定条件を表す。②接続助詞で、重大な結果をもたらす軽い原因を表す。

解答例　①たとえ優れた学者の説であるといっても、

②やはりよく考え究明するだけで、

七　近世の文学

●近世の文学とは

「近世の文学」とは、江戸時代の文学のこと。戦乱が収まり、幕府による貨幣制度の整備や文治政策が進められると、次第に町民たちが経済力をつけ、庶民文化を現出させていく。俳諧が盛んになり、浮世草子・仮名草子などの草子類、読本《よみほん》・滑稽本などの戯作といった散文が現れ、浄瑠璃・歌舞伎などの戯曲が生まれていった。

『西鶴諸国ばなし』とは、井原西鶴による、三十五話からなる浮世草子。一六八五(貞享《じょうきょう》二)年刊行。諸国の奇談を集めたものだが、社会の風潮やさまざまな人間の生活を描き出している。

『曾根崎心中』とは、近松門左衛門による浄瑠璃。一七〇三(元禄《げんろく》一六)年初演。実際に起こった心中事件を脚色した作品。

『南総里見八犬伝』とは、曲亭馬琴による読本。一八一四(文化一一)年～一八四二(天保《てんぽう》一三)年刊行。名字に「犬」の字と、牡丹《ぼたん》の形のあざを持つ八犬士の活躍を描いた伝奇小説。

『東海道中膝栗毛』とは、十返舎一九による滑稽本。一八〇二(享和二)年～一八一四(文化一一)年刊行。弥次郎兵衛《やじろべえ》と北八《きたはち》(喜多八)の二人が伊勢参りから京・大坂へと旅する様子をおもしろおかしく描いている。

西鶴《さいかく》諸国《しょこく》ばなし

井原西鶴《いはらさいかく》

教科書P.262～267

大晦日《おおつごもり》は合はぬ算用

【大　意】　1　教262ページ1行～263ページ1行

借金を取りに来た店の若い者を刀で脅し、横車を押して世を渡る男がいた。名を原田内助《はらだないすけ》といい、品川に借家住まいをしていたが、困窮して年の瀬を迎え、妻の兄に金を借りる手紙を送ったところ、義兄は見捨てることもできずに小判十両を送ってきた。

【品詞分解／現代語訳】

榧・かち栗・神の松・やま草　の(格助)　売り声　も(係助)　せはしく(シク・用)、餅　つく(四・体)　宿　の(格助)　隣　に(格助)、煤　を(格助)　も(係助)　払は(四・未)　ず(助動・打・用)、

(正月用の酒の肴の)カヤの実・かち栗・神棚に飾る松・正月飾りのシダの葉などの売り声も慌ただしく、餅をつく家の隣に、煤払いもせず、

副助 係助 四・未 助動・打・用 格助 格助 四・用 接助 副助 四・命 格助 四・体 接助 副
二十八日まで髭もそらず、朱鞘の反りをかへして、「春まで待てと言ふに、是非に
(暮れの)二十八日まで髭もそらず、朱塗りの鞘の刀を今にも抜こうとして、「(支払いを)来年まで待てと言うのに、どうして

四・未 助動・打・体 係助 格助 格助 ク・体(音) 格助 下二・用 接助 ナリ・体 格助 格助 格助 四・体
待たぬか。」と、米屋の若い者をにらみつけて、すぐなる今の世を横に渡る
も待たないか。」と、米屋の若い者をにらみつけて、まっすぐな(正しい)政治が行われている今の世を無理を

ラ変・終 係助 格助 四・用 接助 係助 ク・体 ク・体 格助 副助 下二・用 (代) 格助
男あり。名は原田内助と申して、かくれもなき浪人。広き江戸にさへ住みかね、この
通し、自分の思うままに世を渡る男がいる。名は原田内助と申して、はっきりそれとわかる浪人者で。広い江戸にさえ住めなくなり、この四、五

格助 格助 格助 四・用 接助 格助 格助 格助 四・用 格助 格助
四、五年、品川の藤茶屋の辺りに棚借りて、朝の薪にことを欠き、夕べの油火を
年は、品川の藤茶屋の辺りに借家を借りて、朝の(炊事の)薪にも事を欠き、夜の(灯火の)油もない。

係助 上一・未 助動・打・終 (代) 係助 シク・体 格助 格助 格助 格助 四・用 接助 格助
も見ず。これは悲しき年の暮れに、女房の兄、半井清庵と申して、神田の明神
これは(また)貧しい年の暮れに、女房の兄に、半井清庵と申して、神田の明神の横丁に

格助 格助 ラ変・終 (代) 格助 格助 格助 格助 四・用 助動・過・体 接助 副 接助
の横町に、薬師あり。このもとへ、無心の状を遣はしけるに、たびたび迷惑ながら
(住む)医者がいる。この(人の)もとへ、金品をねだる手紙をやったところ、たびたび(のことで)迷惑ではある

ク・用 四・用 接助 格助 格助 格助 ク・終 格助 四・用
見捨てがたく、金子十両包みて、上書きに、「貧病の妙薬、金用丸、よろづによし。」と記し
が見捨てにくく、小判十両を包んで、上書きに、「貧乏という病気の妙薬、金用丸、全てに効く。」と記して、

接助 格助 格助 格助 四・未 助動・尊・用 助動・過・体
て、内儀のかたへおくられける。
(内助の)妻のもとへお送りなさった。

語句の解説 1

教262ページ

1 **売《う》り声《ごえ》もせは《ワ》しく**　売り声も慌ただしく。

*「せはし」＝ここでは、慌ただしい、落ち着かない、の意。

1 **餅《もち》つく宿《やど》**　餅をつく家。当時は十二月二十八日が餅をつく日とされていた。

3 **是非《ぜひ》に待《ま》たぬか**　どうしても待たないか。
「是非に」＝どうしても。
4 **かくれもなき浪人《ろうにん》**　はっきりそれとわかる浪人。
「かくれもなし」＝ク活用形容詞「かくれなし」に、強意の係助詞を挿入したもの。「かくれなし」は、ここでは、はっきりしている、はっきりそれとわかる、の意。
5 **住《す》みかね**　住めなくなり。米代も払えないほど生活が苦しくて、江戸市中では家を借りることができず、品川に借家している。なお、品川は幕府の直轄地であるが、江戸の内とは見られていない。

7 **薬師《くすし》**　医者。幕府の典薬頭《てんやくのかみ》が半井《なからい》氏であったので、半井を名のる医者が多かったという。
8 **遣《つか》はしけるに**　やったところ。
「遣はす」＝尊敬の意が薄れた用法。やる。よこす。
9 **よろづ《ズ》によし**　全てに効く。
「よし」＝ここでは、効く、有効である。の意。
9 **おくられける**　お送りなさった。西鶴の文章には、文末を連体形で止めているものがよく見られる。ここもその一例。

【大　意】　2　教263ページ2～12行

内助は義兄の援助に喜び、日ごろ親しくしている浪人を呼んで酒盛りをする。例の上書きも見せ、酒盛りも終わりという時になって、十両あった小判が一両足りないことに気づく。

【品詞分解／現代語訳】

内助 よろこび(四・用)**、日ごろ 別して**(副)** 語る**(四・体)** 浪人仲間 へ**(格助)**、「酒 ひとつ**(副)** 盛ら**(四・未)** ん**(助動・意・終)**。」 と**(格助)**、呼び**(四・用)** に**(格助)** 遣はし**(四・用)**、**
内助は喜び、日頃特に親しくしている浪人仲間へ、「酒をちょっと盛ろう（＝ちょっと酒盛りをしよう）。」と呼びにやり、

幸ひ(副)** 雪 の**(格助)** 夜 の**(格助)** おもしろさ、今 まで**(副助)** は**(係助)** くづれ次第**(連語)** の**(格助)** 柴 の**(格助)** 戸 を**(格助)** 開け**(下二・用)** て**(接助)**、「さあ**(感)** これ**(代)** へ**(格助)**。」**
折よく雪の夜で興趣もすばらしく、今までは崩れたままの柴の戸を（きちんと）開けて、「さあこちらへ（お入りください）。」と言う。

と(格助)** 言ふ**(四・終)**。以上**(接)** 七人 の**(格助)** 客、いづれ**(代)** も**(係助)** 紙子 の**(格助)** 袖 を**(格助)** つらね**(下二・用)**、時 なら**(助動・断・未)** ぬ**(助動・打・体)** 一重羽織、**
合計七人の客は、どなたも紙子を着て、季節外れの一重羽織（を着ているありさまは）、

どこやら(副)** 昔 を**(格助)** 忘れ**(下二・未)** ず**(助動・打・終)**。常 の**(格助)** 礼儀 過ぎ**(上二・用)** て**(接助)** から**(格助)**、亭主 まかり出で**(下二・用)** て**(接助)**、「私**(代)**、仕合はせ の**(格助)** 合力**
どことなく昔（のたしなみ）を忘れていない。型どおりの挨拶がすんでから、主人（＝内助）が進み出て、「私は、運のよい援助を受けて、

格助 下二・用 接助 格助 格助 四・終 格助 四・已 接助 （代） 係助 格助 四・終
を 受け て、思ひ まま の 正月 を 仕る。」と 申せ ば、おのおの「それ は、あやかり物。」と 言ふ。
思いどおりの正月をいたします。」と申すと、（客は）めいめい「それは（結構なことで）、あやかりたいもの（です）。」

（代） 格助 四・用 格助 ラ変・終 格助 連体（音） 格助 四・已 接助 感 助動・断・体
「それ に つき 上書き に 一作 あり。」と、くだんの 小判 を 出だせ ば、「さても 軽口 なる
と言う。（内助が）「それについて上書きに一趣向あります。」と、例の小判（と包み紙）を出すと、「なんとまあ軽妙でしゃれたお言

格助 上一・用 接助 四・已 接助 格助 四・用 接助 ク・体（音） 副 格助
御事。」と、①見 て 回せ ば、盃 の 数 かさなり て、「よい 年忘れ、ことに 長座。」と、千秋楽
葉だ。」と、見て回すうちに、杯の数も重なって、「よい年忘れ（＝忘年会）で、殊のほか長居（いたしました）。」と、（宴

格助 四・用 格助 格助 サ変・用 接助 下二・未 助動・使・用 係助 副 四・用 補丁・四・命
を 謡ひ出だし、燗鍋・塩辛壺 を 手繰り に し て あげ させ、「小判 も まづ、御しまひ 候へ。」
会の終わりに謡う）千秋楽の文句を謡い出して、燗鍋・塩辛壺を手渡しにして片づけさせ、「小判もまず、おしまいください。」と集

格助 下二・体 接助 ラ変・用 助動・過・体 四・未 助動・打・終 四・用 副助 四・用 格助
と 集むる に、十両 あり し うち、一両 足ら ず。座中 居直り、袖 など ふるひ、前後 を
めると、十両あったうち、一両が足りない。その場にいる人々が座り直し、袖などを振るい、前後を見るけ

上一・已 接助 副 ク・体（音） 格助 四・用 助動・過・体
見れ ども、いよいよ ない に 極まり ける。
れども、まさしくないことが確実になった。

語句の解説 2

教263ページ

2 **ひとつ**　ここでは、ちょっと、の意。

3 **くづ《ズ》れ次第《しだい》の**　崩れたままの。

「次第」＝名詞や動詞の連用形に付いて、事の成り行きに任せる意を表す接尾語。

4 **さあこれへ**　さあこちらへ（お入りください）。人を招き入れる時の挨拶の言葉。

4 **以上《いじょう》**　ここでは接続詞で、合計、合わせて、の意。

5 **昔《むかし》を忘《わす》れず**　昔を忘れていない。浪人する前の、主君に仕えていた頃のたしなみを忘れていない、ということ。

5 **常《つね》の礼儀《れいぎ》**　時候の挨拶など、型どおりの挨拶をいう。

7 **あやかり物《もの》**　自分もそういう目にあいたいものだ、の意で、うらやましいという気持ちを、相手を尊重する形で表現する慣用句。

8 **くだんの小判《こばん》**　例の小判（の包み紙）。

＊「くだんの」＝「くだり（件）の」の撥音《はつおん》便で、例の、前述の、

の意。

❶ 何を「見て回」したのか。

答 義兄半井清庵《せいあん》が送ってくれた十両と、「貧病の妙薬、金用丸、よろづによし。」と上書きした十両の包み紙。

9 **ことに長座《ちょうざ》** 殊のほか長居いたしました。招待に対し、辞去する時の挨拶の言葉。

【大 意】 3 教263ページ13行～264ページ14行

客たちは嫌疑を晴らそうと着物を脱いでいったが、たまたま一両を持ち合わせた浪人がいて、身の潔白を明かせないと自害しようとする。その騒ぎの中、ここにあったと一両が出てくるが、さらに重箱の蓋についていたともう一両が見つかり、小判は十一両になってしまった。

【品詞分解／現代語訳】

あるじ の〔格助〕 申す〔四・体〕 は、〔係助〕「そ〔(代)〕 の〔格助〕 うち 一両 は、〔係助〕 さる〔連体〕 方 へ〔格助〕 払ひ〔四・用〕 し〔助動・過・体〕 に、〔接助〕 拙者〔(代)〕 の〔格助〕 覚え違へ。」 と〔格助〕

主人（＝内助）が申すことには、「そのうち一両は、ある所へ払ったので、（十両あると思ったのは）私の記憶違い

言ふ。〔四・終〕「ただ今 まで〔副助〕 たしか〔ナリ(語幹)〕 十両 見え〔下二・用〕 し〔助動・過・体〕 に、〔接助〕 めいよ の〔格助〕 事 ぞ〔係助〕 かし。〔終助〕 とかく〔副〕 は〔係助〕 銘々 の〔格助〕

（でした）。」と言う。（他の浪人たちは）「つい今しがたまで確かに十両あったのに、不思議な事であるよ。ともかくはおのおのが身に

身晴れ。」と、〔格助〕 上座 から〔格助〕 帯 を〔格助〕 解け〔四・已〕 ば、〔接助〕 そ〔(代)〕 の〔格助〕 次 も〔係助〕 改め〔下二・用〕 ける。〔助動・過・体〕 三人目 に〔助動・断・用〕 あり〔ラ変・用〕 し〔助動・過・体〕

かかった疑いを晴らすこと（である）。」と、上座（の客）から帯を解くと、その次（の客）も（身を）改めた。三人目であった男は、

男、渋面 つくつ〔四・用(音)〕 て〔接助〕 もの を〔格助〕 も〔係助〕 言は〔四・未〕 ざり〔助動・打・用〕 し〔助動・過・体〕 が、〔接助〕 膝 立て直し、〔四・用〕「浮き世 に〔格助〕 は、〔係助〕 かかる〔ラ変・体〕 難儀

渋い顔をして、ものも言わなかったが、膝を立て直し、「世の中には、このような難儀

も〔係助〕 ある〔ラ変・体〕 もの かな。〔終助〕 それがし〔(代)〕 は、〔係助〕 身 ふるふ〔四・体〕 まで〔副助〕 も〔係助〕 なし。〔ク・終〕 金子一両 持ち合はす〔四・体〕 こそ、〔係助(係)〕 因果 なれ。〔助動・断・已(結)〕

（にあうこと）もあることだなあ。私は体を振るうまでもない。金子一両を持ち合わせていることこそ、不運である。

思ひ〔四・用〕 も〔係助〕 よら〔四・未〕 ぬ〔助動・打・体〕 こと に、〔格助〕 一命 を〔格助〕 捨つる。〔下二・体〕」と、〔格助〕 思ひ切つ〔四・用(音)〕 て〔接助〕 申せ〔四・已〕 ば、〔接助〕 一座 口 を〔格助〕 そろへ〔下二・用〕 て、〔接助〕

思いもよらないことに、一命を捨てる（ことだ）。」と、覚悟を決めて申すと、その場にいる人々は口をそろえて、

「こなたに限らず、あさましき身なればとて、小判一両持つまじきものにも

「あなたに限らず、落ちぶれた身だからといって、小判一両持たないはずのものでもない。」と申す。

あらず。」と申す。「いかにもこの金子の出所は、私持ちきたりたる徳乗の小柄、

「まことにこの金子の出所は、私が(年来)所持してきた徳乗の小柄を、

唐物屋十左衛門かたへ、一両二分に、昨日売り候ふこと、紛れはなけれども、折ふしわるし。

唐物屋十左衛門のところへ、一両二分で、昨日売りましたことは、間違いはないのだが、(どうにも)時機が悪

つねづね語り合はせたるよしみには、生害に及びしあとにて、御尋ねあそばし、かばね

い。常々親しくしていた縁として、(私が)自害に及んだ後でお調べになって、死後に残

の恥をせめては頼む。」と、申しもあへず、革柄に手を掛くる時、「小判はこれ

る汚名を、せめては(晴らすように)頼む。」と、申し終わらないうちに、革柄に手を掛ける時、「小判はここにある。」

にあり。」と、丸行灯の陰より投げ出せば、「さては。」と事を静め、「ものには、念を

と、(誰かが)丸行灯の陰から投げ出したので、「さては(見つかったか)。」と(その場の)騒ぎを静め、「物事には、念を入れた

入れたるがよい。」と言ふ時、内証より、内儀声を立てて、「小判はこの方へ

ほうがよい。」と言う時、(家の)奥の方から、(内助の)妻が声を上げて、「小判はこちらの方へ来ていました。」と、

参つた。」と、重箱の蓋につけて、座敷へ出だされける。これは宵に、山の芋

重箱の蓋につけて、座敷へ出された。これ(＝重箱)は、宵に、山芋の煮

の煮しめ物を入れて出だされしが、その湯気にて取り付きけるか、さも

しめ物を入れて出されたものだが、その湯気で(小判が)くっついたのか、そんなこ

ラ変・体　助動・推・終
ある　べし。
ともあるだろう。

（代）格助　係助　　　　　格助　四・用　助動・過・体
これ　で　は　小判　十一両　に　なり　ける。
（しかし、）これでは小判が十一両になってしまった。

（代）係助　四・未　助動・尊・用　助動・過・体　係助　（代）格助
いづれ　も　申さ　れ　し　は、「こ　の
どなたもが申されたことには、「この小判

副　　　ク・用　四・体　　　ク・終　格助　四・終
金子、ひたもの　数　多く　なる　こと、めでたし。」と　言ふ。
が、ひたすら数が増えることは、めでたい。」と言う。

語句の解説 3

14 **めいよの事《こと》ぞかし**　不思議な事であるよ。
「ぞかし」＝連語として文末に用い、念押しや強調を表す。…であるよ。…ことだよ。

14 **とかく**　ここでは、ともかく、いずれにせよ、の意。

15 **帯《おび》を解《と》けば**　帯を解くと。帯を解いて着物を脱ぎ、小判を持っていないことを示したのである。

教264ページ

1 ＊**それがし**　ここでは、私、拙者、の意。自称の人称代名詞で、鎌倉時代以降の男性が用いた。

2 **思《おも》ひ《イ》切《き》つ《ッ》て**　ここでは、覚悟を決めて、意を決して、の意。

3 **こなた**　対称の人称代名詞。あなた。

3 **あさましき身《み》**　ここでは、落ちぶれた身、と訳した。主君をもたず、よって禄《ろく》もない貧しい浪人の身であることをいっている。
「あさまし」＝ここでは、情けない、見苦しい、の意。

4 **持《も》つまじきものにもあらず**　持たないはずのものでもない。打消当然の助動詞「まじ」と、打消の助動詞「ず」の二重否定。強い肯定を表す。

6 **紛《まぎ》れはなけれども**　間違いはないが。
「紛れはなし」＝成句の「紛れなし」に、強意の係助詞「は」を挿入したもの。「紛れなし」は、間違いない、明白だ、の意。

7 **御尋《おんたず》ねあそばし**　お調べになって。
「あそばす」＝尊敬の補助動詞。お…になる。多くは、上に「御」の付いた動詞の連用形に付く。近世以降の用法。

10 **この方《ほう》へ参《まい》っ《ッ》た**　こちらの方に来ていました。
＊「参る」＝「行く」「来《く》」の丁寧語。行きます。来ます。

11 **出《い》だされける**　出された。「れ」は尊敬の助動詞ともとれる。次行の「出だされし」の「れ」も同じ。

13 **いづ《ズ》れも**　どなたも。軽い敬意を含んで複数の人を指す対称の代名詞。

【大　意】　4　**教264ページ15行〜266ページ3行**

内助は、急場を救うために小判を出した人に、小判を返そうとするが、誰も名のり出ない。内助は一策を案じ、一升枡《ます》に一両を入れて庭に置き、一人一人送り出すことにし、小判は持ち主の手に返った。武士の即座の機知、付き合いというものは、格別に違ったものである。

【品詞分解／現代語訳】

亭主申すは、「九両の小判、十両の詮議するに、十一両になること、座中金子を
主人（＝内助）が申すには、「九両の小判、十両（あったはずだ）と調べていたのに、十一両になったことは、同席した人々の中で小

持ち合はせられ、②最前の難儀を救はんために、御出だしありしは疑ひなし。

判を持ち合わせておられて、先ほどの難儀を救おう（とする）ために、（自分の一両を）お出しになったことは疑いない。

この一両、わが方に納むべき用なし。御主へ返したし。」と聞くに、誰返事
この一両は私の手もとに納めるべきいわれはない。持ち主へ返したい。」と（皆に）聞くけれど、誰も返事をす

のしてもなく、一座異なものになりて、夜更鶏も鳴く時なれども、おのおの立ちかね
る者もなく、一座（の雰囲気は）白けた感じになって、夜更け鶏も鳴く時分であるけれども、おのおの（席を）立つことが

られしに、「このうへは、亭主が所存の通りにあそばされて給はれ。」

おできにならなかったので、（内助が）「この上は、主人（の私）の考えのとおりになさってください。」と願ったところ、

と願ひしに、「とかくあるじの心まかせに。」と申されければ、かの小判を
「ともかくご主人の思いどおりに。」と（客たちが）申されたので、（内助は）あの小判を一升

一升枡に入れて、庭の手水鉢の上に置きて、「どなたにても、この金子の主、
枡に入れて、庭の手水鉢の上に置いて、「どなたであっても、この小判の持ち主が、

取らせられて、御帰り給はれ。」と、御客一人づつ立たしまして、一度一度に
お取りになって、お帰りください。」と、客を一人ずつ立たせまして、一回一回ごとに戸を

戸をさしこめて、七人を七度に出だして、そののち内助は、手燭ともして見るに、
閉めて、七人を七回に分けて（送り）出して、その後内助は、手燭をともして（枡の中を）見ると、

誰〔(代)〕と〔格助〕も〔係助〕知れ〔下二・未〕ず、〔助動・打・用〕取つ〔四・用(音)〕て〔接助〕帰り〔四・用〕ぬ。〔助動・完・終〕

誰とも知れず、（一両を）取って帰っていた。

あるじ 即座 の〔格助〕分別、座 なれ〔下二・用〕たる〔助動・完・体〕客 の〔格助〕しこなし、かれこれ〔副〕武士 の〔格助〕つき合ひ、格別 ぞ〔係助〕かし。〔終助〕

主人（＝内助）の即座の機知、座なれた客のふるまい、あれこれ武士の付き合い（というものは）、格別なものであるよ。

語句の解説 4

15 **詮議《せんぎ》するに**　調べていたのに。

＊「詮議す」＝ここでは、よく調べて物事を明らかにする、の意。

「に」＝逆接の確定条件ととった。順接の偶然条件ともとれる。

② **「最前の難儀」とは、なんのことか。**

答　一両が紛失した時に、たまたま一両を持ち合わせた客が、それを証明できないがために、自害しようとしたこと。

教265ページ

2 **誰返事《たれへんじ》のしてもなく**　誰も返事をする者もなく。

「して」＝「仕手（為手）」と書き、する人、行う人、の意。

4 **立《た》ちかねられしに**　立つことがおできにならなかったので。

「かぬ」＝動詞の連用形に付き、…することができない、…しかねる、の意を添える接尾語。

6 **あそばされて給《たま》はれ**　なさってください。

「あそばす」＝「する」の意の尊敬語。なさる。

14 **立《た》たしまして**　立たせまして。正しくは「せ」となるはずのところである。「し」は使役の助動詞「す」の連用形。

「ます」＝室町時代以降に用いられた助動詞で、動詞型活用語の連用形に付いて、謙譲、丁寧、の意を表す。

15 **戸《と》をさしこめて**　戸を閉めて。

＊「さしこむ」＝「鎖し籠む」と書き、門や戸を固く閉じる、閉じ込める、の意。

教266ページ

2 **分別《ふんべつ》**　ここでは、理性的な判断、臨機応変な判断、機知、の意。

課題

一 **原田内助は、日頃どのような生活を送っている人物として設定されているか、まとめてみよう。**

解答例　年末に煤《すす》払いをせず、髭《ひげ》もそらず、米代を集金に来た年若い者を刀で脅して追い返すといった、無法な暮らし。その上妻の兄にたびたび金子をせびっている浪人者。

二 **原田内助が客たちに見せた十両をめぐって、どのように話が展開しているか、整理してみよう。**

解答例　酒盛りの終わりに、十両のうち一両が足りないことが判明する。→内助は事を収めようと、十両と思ったのは自分の記憶違いだと言う。↓客は身の潔白を証明しようと順番に着衣を改める。↓客の一人がたまたま一両持ち合わせており、切腹騒ぎとなる。↓ここにあったと、誰かが一両を投げ出す。↓奥に下げられていた重箱の蓋についていた一両が出てくる。↓内助が一両をもとの持ち主に返そうとするが、誰も名のり出ない。↓内助は一計を案じて、客を一人ずつ送り出す。↓内助が後で確かめると、誰かが一両を持って帰っていた。

三　**「かれこれ武士のつき合ひ、格別ぞかし」(266・2)とあるが、この話を読んで「武士のつき合ひ」についてどのように感じたか、話し合ってみよう。**

考え方　この文章では、名誉を重んじ、信義を大切にする武士を肯定的に描いている。一言でいえば「武士の矜持《きょうじ》」となるだろうが、それを滑稽に思うも、信義の厚さに感心するも、感じたことを自由に話し合えばよい。

語句と表現

一　**次の表現にはどのような工夫がみられるか、説明してみよう。**

①榧・かち栗・神の松・やま草の売り声もせはしく、餅つく宿の隣に、煤をも払はず、二十八日まで髭もそらず、(262・1)

②すぐなる今の世を横に渡る男あり。(262・3)

③貧病の妙薬、金用丸、よろづによし。(262・9)

解答例　①世間のあわただしさと、内助の様子をリズミカルに対比して描くことで、内助のだらしなさを強調している。

②隠喩を用いて、内助の無法ぶりを表現している。

③当時の決まり文句を真似て、小判を「貧病の妙薬」と表現して、滑稽さを生んでいる。

学びを広げる　読み比べ——太宰治《だざいおさむ》「貧の意地」　教科書P.267

一　**音読し、「大晦日は合はぬ算用」の冒頭部分と比べて、感じたことや気づいたことを話し合ってみよう。**

考え方　「貧の意地」における内助の人柄について、原文で描かれた、無理を通すような男という設定を削り、何をやっても駄目な男という滑稽な人物に改変している。また、「貧の意地」では、原文にはなかった、内助の見た目も丁寧に描写されている。気づいたことを発表してみよう。

二　**『新釈諸国噺』から作品を選び、もとになった作品と読み比べ、共通点や相違点をまとめ、発表してみよう。**

考え方　『新釈諸国噺』「猿塚」は、井原西鶴『懐硯《ふところすずり》』「人真似は猿の行水」がもとになっている。相愛の男女が駆け落ちし、やがて息子が生まれる。女が昔から飼う猿は、夫婦が留守中、夫婦を真似て、赤ん坊を熱湯に入れて死なせてしまう。猿はその後、墓参りを欠かさず、百日目に竹で喉を突いて自害する。

共通点…話の筋がおおむねもとの話と同じである。

相違点…原典では好色という設定の男が、「猿塚」では、自分に自信のない律儀そうな男となっている。心情の描写が加えられたり、結末に対して作者自身が異を唱える文が加えられたりしている。

曾根崎心中《そねざきしんじゅう》

近松門左衛門《ちかまつもんざえもん》

教科書P.268〜271

道行

【大　意】　1　教268ページ6行〜269ページ4行

心中するために連れ立っていくお初と徳兵衛《とくべえ》は、これが見納めと鐘の音を聞き、草木や空を眺める。渡っていく川を天の川にたとえ、梅田の橋を鵲《かささぎ》の橋に見立てて、必ず牽牛《けんぎゅう》と織女《しょくじょ》のような女夫星《めおとぼし》になろうと約束して、涙を流す。

【品詞分解／現代語訳】

(代)　格助　格助　係助　ナ変・用　格助　四・体　格助　下二・已　接助　格助

この世のなごり、夜もなごり、死にに行く身をたとふれば、あだしが原の道

この世の別れ、夜の別れと、死にに行く自分たちの身をたとえると、あだしが原の道の

格助　格助　下二・用　接助　四・体　格助　係助(係)　ナリ・已(結)　感　下二・已　接助　格助

の霜、一足づつに消えてゆく、夢の夢こそあはれなれ。あれ数ふれば、暁の、七つ

霜が、一歩踏むごとに消えていくように(死に近づいていくようなもので)、夢の中で見る夢みたいにはかなく哀れである。おや、数えると、暁の、七つ時

格助　格助　四・用　接助　四・体　格助　格助　格助　格助　格助　格助　四・体

の時が六つ鳴りて、残る一つが今生の、鐘の響きの聞き納め、寂滅為楽と響く

(を告げる鐘)が六つ鳴って、残る一つがこの世での鐘の響きの聞き納め、寂滅為楽と響くのである。

助動・断・終　副助　係助　係助　係助　係助　格助　下二・已　接助　ク・体　格助

なり。鐘ばかりかは、草も木も、空もなごりと見上ぐれば、雲心なき水の音、

(この世での最後は)鐘ばかりであろうか、草も木も、空も(これが)別れだと(思って)見上げると、雲は無心に流れ、水も無心に音を

係助　下二・用　接助　四・体　格助　格助　格助　格助　格助　四・用　接助　(代)

北斗は冴えて影映る、星の妹背の天の川、梅田の橋を鵲の橋と契りて、いつ

立てて流れている。北斗七星は冴えて光が(川面に)映っている、(その川はまさに)牽牛織女の天の川であり、梅田の橋を鵲の橋と(見立てて、夫婦の)契りを

副助　係助　(代)　格助　(代)　係助　副　副　格助　四・用　格助　格助　四・体

までも、我とそなたは女夫星、かならずさうとすがり寄り、二人がなかに降る涙、

込め、いつまでも、私とあなたは女夫星です、必ずそうなろうとすがり寄り、二人の中に流れる涙で、

川　の（格助）　水嵩　も（係助）　増さる（四・終）　べし（助動・推・終）。

川の水嵩も増すだろう。

語句の解説 1

教268ページ

6**死《し》にに行《ゆ》く身《み》**　死にに行く自分たちの身。お初と徳兵衛は心中するために、夜更けに天満《てんま》屋を抜け出している。

6**あだしが原《はら》の道《みち》の霜《しも》、一足《ひとあし》づ《ズ》つに消えてゆく**　あだしが原の道の霜が、一歩踏むごとに消えていく。霜が踏むごとに消えていくように、自分たちの存在もはかなく、少しずつ死へと向かっているということ。「消え」は「霜」の縁語。

7**暁《あかつき》の、七《なな》つの時《とき》**　午前三〜四時頃のこと。近世における時刻は、日の出と日の入りを基準に、一日を昼と夜に分け、それぞれを六等分して表した。よって、季節によって、時刻にずれが生じる。昼十二時頃と、夜の十二時頃をそれぞれ「九つ時」として、時間の経過とともに数字が「四つ時」まで減っていく。「暁七つ」は、日の出前後を表す「明け六つ」の直前の時間帯。

8**今生《こんじょう》**　今生きている現世。現世の前に生きていた世が「前生《ぜんしょう》」「前世」、死後に生まれ変わる世が「後生《ごしょう》」「来世」。

9**鐘《かね》ばかりかは**　鐘ばかりであろうか。この世で最後になるのは、鐘の他にもある、ということ。

9**雲心《くもこころ》なき水《みず》の音《おと》**　雲は無心に流れ、水も無心に音を立てて流れている。「心なし」は、ここでは「無心に」と訳した。自分たちは苦しみを抱えているが、雲や川は、苦しみなどなさそうに流れている、ということ。「心なき」は「雲」と「水の音」の両方にかかる。

教269ページ

1**北斗《ほくと》**　北斗七星。北の空にひしゃく形に連なって見える七つの星。

1**星《ほし》の妹背《いもせ》の天《あま》の川《がわ》**　牽牛《けんぎゅう》織女《しょくじょ》の天の川。今渡ろうとしている蜆《しじみ》川《がわ》を天の川にたとえている。牽牛はアルタイル、織女はベガのこと。ともに、夏の空に天の川を挟んで見える。

2**かならずさう《ソウ》**　必ずそうなろう。牽牛織女のような女夫星《めおとぼし》になろう、ということ。

3**川《かわ》の水嵩《みかさ》も増《ま》さるべし**　川の水嵩も増すだろう。お初と徳兵衛が流す涙で、川の水嵩が増すだろう、という誇張表現。

【大　意】　2　教269ページ5行〜271ページ5行

対岸の二階では今年起きた心中事件について話していて、心中事件を題材にした歌を聞くと、今の自分たちと重なり涙を流す。短い夜が明けそうになるころ、互いの縁の深さを確かめ、現世で夫婦になるという願いが来世で成就することを祈り、そのうちに曾根崎の森に着いた。

【品詞分解／現代語訳】

格助 係助 格助 係助 助動・断・用 接助 副 下二・未 助動・打・体
向かふの二階は、何屋とも、おぼつかなさけ最中にて、まだ寝ぬ灯影、声
川の対岸の二階は、何屋とも、はっきりしないが、逢瀬の最中で、まだ寝ないでいる（部屋の）ともしび（が見え、）

ク・用 格助 格助 係助(係) 四・終 助動・現推・体(結) 四・体 接助 係助
高く、今年の心中よしあしの、言の葉草や繁るらん。聞くに心もくれはどり、
声高で（話す声が聞こえ）、今年の心中事件のよしあしについての噂話が弾んでいるのだろう。聞いていると心が暗くなり、

ク(語幹) 間助 副助 係助 格助 四・用 助動・過・体 接助 格助 係助 (代) 係助 格助 格助
あやなや、昨日今日までも、よそに言ひしが、明日よりは我も噂の数に
わからないものだ、昨日今日までは、（心中など）他人事として話していたが、明日からは自分も噂の数に入り、

四・用 格助 四・未 助動・受・未 助動・推・終 四・未 接助 四・命 四・体 格助 四・已 接助
入り、世に歌はれん。歌はば歌へ、歌ふを聞けば、
世間で歌われるだろう。歌うなら歌えと、（誰かが）歌うのを聞くと、

副 格助 係助 四・用 係助 サ変・終 助動・打推・終 四・未 助動・打・体 助動・断・終 格助 四・已 接助
「どうで女房にや持ちやさんすまい。いらぬものぢやと思へども。」
「どうせ（私を）女房としてお持ちにならないでしょう。（こんなに思いつめるなど）無用なことだと思うけれど。」

副 四・已 接助 四・已 接助 係助 係助 四・体 助動・断・未 助動・打・用 (代) 格助 格助 接助
げに思へども、嘆けども、身も世も思ふままならず、いつを今日とて今日
本当に（歌のとおりだと）思うけれど、嘆くけれど、我が身もこの世も思うままにはならず、いつを、今日こそは（心が晴れた）と思えたか、

格助 副助 格助 上二・用 助動・過・体 係助 ク・用 四・未 助動・打・体 格助 格助
が日まで、心の伸びし夜半もなく、思はぬ色に、苦しみに、
今日までに、（そんなふうに）心が晴れた夜もなく、思いもよらない色恋のために、苦しみのために（と思っていると、）

副 サ変・用 助動・過・体 格助 助動・断・体 副助 下二・体 係助 ク・体 終助 (代) 格助 下二・用
「どうしたことの縁ぢややら、忘るる暇はないわいな。それに振り捨て
「どうしたことの因縁なのか、（あなたを）忘れる暇はないのよ。それなのに（私を）振り捨てて

四・未 助動・意・終 格助 係助 四・用 間助 サ変・用 助動・丁寧・未 助動・打・体 係助 格助 下二・用 接助 四・用 接助 四・用 接助 四・未
行かうとは、やりやしませぬぞ。手にかけて、殺しておいて行か
行こうとは（しても）、行かせはしませんよ。（行くのなら）手にかけて、（私を）殺しておいて行ってください。

助動・尊・命 終助 四・用 係助 四・未 助動・打意・終 格助 四・用 助動・過・已 接助
んせ な。放ち は やら じ と 泣き けれ ば。」
(あなたを)離しはしない と泣いたので。」

係助 ク・体 接助 (代) 格助 格助 係助(係) ラ変・已(結) 副助 四・体 係助 係助 係助 四・体 係助 (代)
歌 も 多き に あ の 歌 を、時 こそ あれ 今宵 しも、歌ふ は 誰 そ や、聞く は 我、
歌もたくさんあるのにあの歌を、時もあろうに 今宵に限って、歌うのは誰だろう。聞くのは私だ。

上二・用 助動・完・用 助動・過・体 係助 (代) 係助 格助 四・用 係助 四・未 助動・打・用 上一・用 助動・存・終
①過ぎ に し 人 も 我々 も、一つ思ひ と すがり付き、声 も 惜しま ず 泣きゐ たり。
昔の(心中で亡くなった)人も(これから心中する)我々も、同じ思いだと(二人は)すがり付き、声も惜しまないで泣いている。

(代) 係助 副 係助 ラ変・命 (代) 格助 係助 副 副 係助 ク・未 接助 係助 格助 格助
いつ は さ も あれ、こ の 夜半 は、せめて しばし は 長から で、心 も なつ の 夜 の
いつもはそうであってもよいが、今夜は、せめてしばらくは長い夜であってほしいと思うのに、そうではなくて、心ない夏の夜の

格助 下二・体 格助 下二・用 助動・完・未 接助 ク・終 間助 格助 格助 ナ変・未 助動・意・終 格助
習ひ、命 を 追はゆる 鶏 の 声、明け な ば うし や 天神 の、森 で 死な ん と
習いで、命を追い立てる鶏の声(が聞こえ)、夜が明けたらつらいことだ、天神の森で死のうと

格助 四・用 接助 格助 係助 (代) 格助 格助 係助 係助 副 係助
手 を 引き て、梅田堤 の 小夜烏、明日 は 我 が 身 を 餌食 ぞ や。まことに 今年 は
手を引いて(いく)、梅田堤の辺りで夜に鳴く烏が、明日は我が身を餌にするのだろうよ。本当に今年は、

(代) 係助 格助 格助 (代) 係助 格助 格助 接助 四・用(音) 助動・存・体
こな様 も、二十五歳 の 厄 の 年、わし も 十九 の 厄年 と て、思ひ合う たる 厄祟り、縁
あなたも、二十五歳の厄年、私も十九歳の厄年ということで、思い合わせたような厄祟りは、縁の

格助 格助 終助 間助 格助 四・用 助動・過・体 格助 格助 (代) 格助 格助
の 深さ の しるし かや。神 や 仏 に かけおき し、現世 の 願 を 今 ここ で、未来 へ
深さの印でしょうね。神や仏にかけておいた、現世(で夫婦になりたいと)の願を今ここで、来世で

サ変・用 格助 係助 副 副 係助 間助 格助 四・体 格助 格助 格助 格助
回向し、後 の 世 も、なほ しも 一つ蓮 ぞ や と、爪繰る 数珠 の 百八 に、涙 の 玉 の 数
成就することを祈り、あの世でも、やはり極楽浄土の同じ蓮華の上に生まれ変わろうと、爪繰る数珠の百八の珠に、涙の玉の数を加えて

添ひ	て、	尽きせ	ぬ	あはれ、	尽きる	道、	心	も	空	も	影	暗く、	風	しんしんたる	曾根崎	の	森
四・用	接助	サ変・未	助動・打・体		上一・体			係助		係助		ク・用		タリ・体		格助	

哀れさは尽きないが、（天神への）道は尽きて、心も空も暗くなり、風がしんしんと（静かに音を立てる）曾根崎の森に

に	ぞ	たどり着き	に	ける。
格助	係助（係）	四・用	助動・完・用	助動・過・体（結）

たどり着いたのだった。

語句の解説 2

5 **向《む》かふ《コウ》**　川の対岸。梅田の橋を渡って、振り返って見たときの遊里のこと。

5 **何屋《なにや》とも、おぼつかなさけ最中《さいちゅう》にて**　「何屋とも、おぼつかなし」、「なさけ（の）最中にて」ということ。二階に明かりがともったあの遊郭の名前はわからないが、逢瀬《おうせ》の最中である、ということ。

7 **心中《しんじゅう》**　相思相愛の者どうしが一緒に自殺すること。心中事件は当時の人々の関心の的であり、しばしば浄瑠璃や歌舞伎などの題材になった。『曾根崎心中』も実際の事件をもとに作られた。

9 **あやなや**　ク活用形容詞「あやなし」の語幹「あやな」に間投助詞「や」がついた形。
「あやなし」＝筋が通らない。わけがわからない。

10 **よそに言《い》ひ《イ》し**　他人事として話していた。心中のことなどは他人事だと思っていた、まさか自分が心中をすることになるとは思わなかった、ということ。

11 **我《われ》も噂《うわさ》の数《かず》に入《い》り**　自分も噂の数に入り。自分たちの心中も人々がする噂話としてカウントされるようになる、ということ。

14 **どうで女房《にょうぼう》にや……**　当時流行した、心中を題材にした歌「心中江戸三界」の一節。江戸へ行くと別れを告げに来た愛人を、遊女

ふさが引き留めようとする場面。

教270ページ

4 **思《おも》は《ワ》ぬ色《いろ》に、苦《くる》しみに**　思いもよらない色恋のために、苦しみのために。「心の伸びし夜半もなく」の理由にあたる部分。

11 **あの歌《うた》を、時《とき》こそあれ今宵《こよい》しも、歌《うた》ふ《ウ》**　あの歌を、時もあろうに今宵に限って、歌う。さまざまな歌があるのに、よりにもよって心中を題材にした歌を、自分たちが心中しようとしているときに歌うなんて、ということ。

答 ❶ 「過ぎにし人」とは誰のことか。

「どうで女房にや……」の歌で歌われている、心中した人。

14 **いつはさもあれ**　いつもはそうであってもよいが。いつもは夏の夜が短くてもよいが、ということ。

15 **命《いのち》を追《お》は《ワ》ゆる鶏《とり》の声《こえ》**　命を追い立てる鶏の声。鶏の声は時間の経過を告げ、二人の死が近づいていることを示す。

15 **明《あ》けなばうしや**　夜が明けたらつらいことだ。夜が明けたら、見つかって連れ戻されるからかと思われる。

教271ページ

1 **厄《やく》の年《とし》**　一生のうちで災いに遭いやすいとされる年。厄年。男は二十五歳、四十二歳など。女は十九歳、三十三歳など。つまり、徳兵衛は二十五歳、お初は十九歳ということになる。

2 **現世《げんせ》の願《がん》**　ここでは、現世で夫婦になろうという願い。

課題

一　徳兵衛とお初はどのような状況にあり、何を望んでいるか、説明してみよう。

解答例　（別の人との縁談話を断るために返却しなければならなかった）大金を友人の九平次にだまし取られた徳兵衛は面目を失い、お初とは夫婦になることができない状況であり、二人は心中を望んでいる。

二　人形浄瑠璃文楽は、能楽・歌舞伎とともにユネスコ無形文化遺産に登録されている。人形浄瑠璃文楽に関する次の項目について調べてみよう。

①歴史　②舞台　③太夫《たゆう》と三味線　④人形と人形遣い

解答例　①浄瑠璃は、十七世紀の後半に大坂（現在の大阪）で「語り物」と「人形」を組み合せて生まれた芸能。「語り物」は、楽器を演奏しながら物語に節をつけて語る芸能で、古くは琵琶法師が『平家物語』を語る「平曲」まで遡る。室町時代になると、『平家物語』以外の物語を語る琵琶法師も出てきて、浄瑠璃姫と牛若丸の恋物語が人気を博した。「浄瑠璃」の名前はこれに由来する。十七世紀後半に竹本義太夫が、「浄瑠璃」に当時流行の歌などを取り入れ、近松門左衛門が「世話物」という時事を脚色した作品を書き、人気となった。十九世紀には、やや下火となっていた浄瑠璃を、植村文楽軒が活気づけたことで、人形浄瑠璃を「文楽」というようになった。②向かって右側に客席まで張り出した舞台があり、そこで語りと演奏を行う。正面の舞台は、舞台の一部を掘り下げた「船底」というところがあり、人形遣いはそこで演じる。人形遣いは三人で演じる関係で人形を上に挙げて演じるため、客が見上げなくてもいいように、舞台自体が下がっているのである。③「太夫」は語りを行う人のことで、独特の節回しで地の文や台詞を読み分ける。三味線は伴奏に使われ、場面に合わせて、さまざまに演奏する。④高さ百三十センチメートルほどの人形を三人で動かす。人形は手元の仕掛けで目を動かしたり、目を閉じたりすることができる。

語句と表現

一　本文を繰り返し朗読して、「語りもの」である浄瑠璃のリズムを味わってみよう。

考え方　七五調のリズムを基本として、調子よく書かれている。「、」でリズムが切れるが、意味の切れ目とならない場合があるので、読むときは注意が必要である。

南総里見八犬伝

曲亭馬琴《きょくていばきん》

教科書P.272〜274

芳流閣《ほうりゅうかく》の決闘

【大意】 1 教272ページ4行〜273ページ10行

犬塚信乃《いぬつかしの》は、親の形見である名刀村雨丸《むらさめまる》を滸我成氏《こがなりうじ》に献上して、名を揚げ、家を再興しようとしていたが、村雨丸は偽物にすり替えられていた。間諜と疑われるも釈明する余地もなく、不名誉を避けるために、包囲を切り抜け、芳流閣の屋上に登ったが、逃げ場がなくなってしまった。

【品詞分解／現代語訳】

いにしへ の〔格助〕 人 言は〔四・未〕 ず〔助動・打・終〕 や〔終助〕、禍福 は〔係助〕 あざなふ〔四・体〕 縄 の〔格助〕 ごとし〔助動・比・終〕、人間 万事 往く〔四・終〕 と〔格助〕 し〔サ変・用〕
昔の人は言わなかったか、幸不幸はより合わせた縄のようなものだ、人間は何事をするにしても

て〔接助〕、塞翁が馬 なら〔助動・断・未〕 ぬ〔助動・打・体〕 は〔係助〕 なし〔ク・終〕。そ〔(代)〕 は〔係助〕 福 の〔格助〕 寄る〔四・体〕 所、はた〔副〕 禍 の〔格助〕 伏する〔サ変・体〕 所、かれ〔(代)〕 に〔格助〕
「塞翁が馬」でないものはない、と。それは幸福が寄ってくる場所であり(と思えば)、あるいは不幸がひそむ場所であり、あちらに

あれ〔ラ変・已〕 ば〔接助〕 これ〔(代)〕 に〔格助〕 あり〔ラ変・終〕、と〔格助〕 は〔係助〕 思へ〔四・已〕 ども〔接助〕 かねて〔副〕 より〔格助〕、誰〔(代)〕 か〔係助(係)〕 よく〔ク・用〕 そ〔(代)〕 の〔格助〕 極み を〔格助〕
ある(と思う)と、こちらにある(ようなものだ)、とは思うが、前もって、誰がよくその果てを

知ら〔四・未〕 ん〔助動・推・体(結)〕。
知っているだろうか。

憐れむ〔四・終〕 べし〔助動・命・終〕、犬塚信乃 は〔係助〕、親 の〔格助〕 遺言、形見 の〔格助〕 名刀、心 に〔格助〕 占め〔下二・用〕 つ〔助動・並列・終〕 身 に〔格助〕 つけ〔下二・用〕 つ〔助動・並列・終〕、
哀れに思え、犬塚信乃は、(滸我成氏に刀を献上せよとの)親の遺言(のために)、形見の名刀を、(いつも)心にもち身につけて、

格助 格助 格助 下二・用 接助 ク・体 格助 下二・用 助動・完・用 助動・過・已 接助 副 格助
艱苦のうちに年を経て、得がたき時を得てしかば、はるばる滸河へ
つらい苦しみのうちに年月を経て、(今回)得がたい(貴重な)機会を得たので、はるばる滸河へ(名刀を)

四・用 接助 格助 下二・用 格助 四・終 助動・当・用 助動・過・体 (代) 格助 係助 格助 四・用 助動・完・体
もたらして、名を揚げ、家を興すべかりし、その福は禍と、ふりかはりたる
持って行って、名を揚げ、家を再興するはずだった(が)、その幸福は不幸と振り替わり、(偽物に)振り替わった

格助 係助 格助 助動・断・未 接助 (代) 格助 格助 四・体 格助 係助(係) 四・用 助動・過・体(結)
村雨の、刃は元のものならで、わが身をつんざく仇とぞなりし、
村雨丸の刃は、元の(本物の)ものではなく、わが身を引き裂く害となった、

格助 (代) 格助 四・体 係助 ク・用 ナリ・用 接助 ナリ・用 ラ変・終 ナリ・用 格助 格助
憾みをここに釈くよしもなく、こと急にして意外にあり。僅かに当座の辱めを、
その嘆きをここで釈明する手段もなく、事態は差し迫って意外である(方面へ向かっていく)。少しでもこの場の不名誉を、

下二・未 終助 格助 四・体 副助 格助 格助 格助 四・用 接助 格助 格助 格助
避けばやと思ふばかりに、あまたの囲みを切り開きて、芳流閣の屋の上に、
避けたいと思うために、(犬塚信乃を捕らえようと集まった)たくさんの包囲を突破して、芳流閣の屋上に、

四・已 接助 副 四・終 助動・可・体 格助 ク・已 接助 (代) 格助 格助 下二・用 助動・存・体
よじ登れどもとにかくに、逃れ去るべき道のなければ、そこに必死を究めたる、心
よじ登ったが、いずれにせよ、逃げ去ることのできる道がないので、そこに必ず死ぬような状況が極限に達している、(犬塚

格助 係助 ナリ・用 助動・過推・体 四・体 副助 副 シク・終
の中はいかなりけん、想像るだにいと痛まし。
信乃の)心の中はどうだっただろうか、想像することさえたいそう痛ましい。

語句の解説 1

教272ページ

7 **憐《あわ》れむべし**　哀れに思え。名を揚げようとしたのに、スパイと間違われて、捕らわれそうになっている犬塚信乃の状況。

7 **心《こころ》に占《し》めつ身《み》につけつ**　心にもち身につけて。「……つ……つ」＝助動詞「つ」が続けて用いられていると、並列の意味になる。「……たり……たり」と訳すことが多い。

8 **艱苦《かんく》のうちに**　犬塚信乃の父は、姉夫婦に家督を奪われ、あらぬ言いがかりをつけられて自害した。その後、信乃はその姉夫婦に引き取られた。ここでは、そのような信乃の育った環境のこと。

8 **得《え》がたき時《とき》**　得がたい(貴重な)機会。亡父の遺言どおり、滸我成氏に村雨丸を献上する機会を得たこと。

9 **ふりかは《ワ》りたる**　「その福は禍と」と「村雨の」の両方にかかるものとして解した。

教273ページ

4 **当座《とうざ》の辱《はずかし》め**　この場の不名誉。不本意なことで捕まってしまうことを指す。

5 **あまたの囲《かこ》みを切《き》り開《ひら》きて**　捕らえるために多くの人が犬塚信乃を囲んでいる。その包囲する人々を倒して、突破したということ。

8 **必死《ひっし》を究《きわ》めたる**　「必ず死ぬ」という危険な状況が極限まで達している、ということ。

9 **想像《おもいや》るだにいと痛《いた》まし**　想像でさえ痛ましい思いになるのだから、犬塚信乃自身は甚だ痛切な思いだっただろう、ということ。

【大　意】　2　**教273ページ11行〜274ページ10行**

犬飼見八信道《いぬかいけんぱちのぶみち》は、牢に入れられていたが、犬塚信乃を捕らえるために、縛《いまし》めを解かれる。芳流閣の二層の屋根に登ったが、灼熱《しゃくねつ》の瓦が波を打っている。下には大河が流れ、進退窮まった信乃をなんとか捕らえようと三層の上まで登ると、二人は上と下でにらみ合う格好になり、鸛《こうのとり》の巣を大蛇が狙っているようである。

【品詞分解／現代語訳】

されば（接） **また**（接）、**犬飼見八信道** **は**（係助）、**犯せ**（四・已(命)） **る**（助動・完・体） **罪** **の**（格助） **あら**（ラ変・未） **ず**（助動・打・用） **して**（接助）、**月ごろ** **獄舎** **に**（格助） **つなが**（四・未）

さて、また、犬飼見八信道は、犯した罪はないが、数か月牢屋につながれていたが、

れ（助動・受・用） **し**（助動・過・体）、**禍** **は**（係助） **今** **恩赦** **の**（格助） **福**、**わ**（(代)） **が**（格助） **縛め** **の**（格助） **縄** **解け**（下二・用） **て**（接助）、**人** **に**（格助） **ぞ**（係助） **かかる**（四・体） **捕り手**

不幸は今許されて幸福となり、自分を縛っていた縄が解けて、人に襲い掛かる捕り手の

の（格助） **役義**、**犬塚信乃** **を**（格助） **からめよ**（下二・命） **と**（格助） **て**（接助）、**なまじひに**（ナリ・用） **選み出ださ**（四・未） **れ**（助動・受・用） **つ**（助動・完・終）。**他** **の**（格助） **憂ひ** **を**（格助） **身**

役目として、犬塚信乃をとらえよといって、むりやりに選びだされたのだった。他人の憂うべき事態を

の（格助） **面目** **に**（格助）、**今更**（副） **用ひ**（上二・未） **られ**（助動・受・未） **ん**（助動・婉・体） **こと**、**願はしから**（シク・未） **ず**（助動・打・終） **と**（格助） **思へ**（四・已） **ども**（接助）、**否み**（上二・用） **て**（接助） **許さ**（四・未）

自身の名誉にし、今更登用されるようなことは、望ましくないと思うけれども、(命令を)拒否して許さ

る（助動・受・終） **べく**（助動・当・用） **も**（係助） **あら**（ラ変・未） **ぬ**（助動・打・体）、**君命** **重く**（ク・用） **いや高き**（ク・体）、**か**（(代)） **の**（格助） **楼閣** **は**（係助） **三層** **なり**（助動・断・終）。**そ**（(代)） **の**（格助） **二層**

れるはずもなく、主君の命令は重く高く、ますます高いあの楼閣は三層である。その二層にある

助動·在·体　格助　副助　格助　四·未　助動·使·用　接助　四·用　接助　上一·已　接助　ク·用　ク·用　四·体
なる　軒　の　上　まで、身　を　霞ま　せ　て　登り　て　見れ　ば、足もと　遠く　雲　近く、照る　日
軒の上まで、身を霞のように隠して登って見てみると、足元は地上から遠く、雲は近く、照り付ける日

シク·用　ク·体　係助　係助　係助　格助　格助　四·体
烈しく　堪へがたき、時　は　六月二十一日、昨日　も　今日　も　乾蒸し　の、炎熱　を　わたる　敷き瓦
が激しく耐えがたい、時は陰暦六月二十一日、昨日も今日も雨が降らず蒸し暑く、熱気の広がる敷き瓦は、

係助　ク·用　格助　上一·用　接助　格助　係助　タリ·体　(代)　格助　格助　四·体
は、うねり　隙なく　波　に　似　て、下　に　は　大河　滔々たる、ここ　生き死に　の　海　に　入る、
うねりが隙間もなく広がり波に似て、(芳流閣の)下には大河が滔々と流れ、ここは、生きるか死ぬかの海に注ぎ入る

係助　格助　四·体　格助　格助　下二·用　接助　副　四·用　助動·過·体
流れ　は　名　に　負ふ　坂東太郎。水際　の　小舟　楫　を　絶え　て、進退　既に　窮まり　し、敵
その流れは名高い坂東太郎(＝利根川)。(川の)水際の小舟は楫をなくして、(犬塚信乃の)進退は既に窮まった、敵で

助動·断·用　副助　ラ変·已　接助　副　(代)　下二·未　助動·意·終　格助　格助　四·体　助動·比·用　副
に　し　あれ　ば　いかで　我、つなぎ止め　ん　と　むささび　の、樹伝ふ　ごとく　さらさらと、
あるので、なんとかして私が(犬塚信乃を)、つなぎとめようと思い、(犬飼見八は)むささびが枝から枝へ飛び移るように、さっと、

下二·用　助動·完·体　格助　格助　係助　四·体　係助　ク·用　副　格助　四·用　接助
登り果て　たる　三層　の、屋根　に　は　目柴　差す　よし　も　なく、互に　隙　を　うかがひ　つつ、
登り切った三層の屋根には、射翳差す手段もなく、(犬塚信乃と犬飼見八が)互いに隙をうかがい

四·用(音)　接助　四·用(音)　助動·存·体　格助　助動·在·体　格助　格助　格助　四·体　格助　上一·用
にらまへ合ふ　て　立つ　たる　形勢、浮図　の　上　なる　鸛　の　巣　を、巨蛇　の　ねらふ　に　似
ながらにらみ合って立っている様子は、塔の上にあるこうのとりの巣を、大蛇がねらっている様子に

助動·存·用　助動·詠·終
たり　けり。
似ているのだった。

語句の解説 2

11 **されば**　以降、犬飼見八の視点になる。

13 **禍《わざわい》は今恩赦《いまおんしゃ》の福《ふく》**　不幸は今許されて幸福となり。第一段落の「禍福はあざなふ縄のごとし」を受けている。

14 **人《ひと》にぞかかる捕《と》り手《て》の役義《やくぎ》**　犬飼見八は捕り物の名手。

16 **他《よそ》の憂《うれ》ひ《イ》を身《み》の面目《めんぼく》に**　他人の憂うべき事態を自身の名誉にし。

犬塚信乃にとって現状は窮地であり、そのような他人の不幸を自分の名誉として利用することを、犬飼見八はよしとしていない。

教 274ページ

2 **いや高《たか》き**　「君命」と「かの楼閣」の両方にかかるものとして解した。「いや」は、ますます、という意味を添える接頭語。

4 **時《ころ》は六月《みなつき》二十一日《にじゅういちにち》**　陰暦六月なので、現代では七月頃にあたる。

4 **乾《から》蒸《む》し**　雨が降らないで、蒸し暑いこと。

5 **生《い》き死《し》にの海《うみ》に入《い》る**　生きるか死ぬかの海に注ぎ入る。坂東太郎（＝利根川）の説明だが、「うねり隙なく波に似て」を受けて、今から生死をかけた決闘が行われようとしている芳流閣の屋根の上を暗に示している。

6 **水際《みぎわ》の小舟楫《おぶねかじ》を絶《た》えて、進退既《しんたいすで》に窮《きわ》まりし**　犬塚信乃の後に引けない状況を説明している。

8 **目柴差《まぶしさ》すよしもなく**　隠れるところがない、ということ。

9 **にらまへ《エ》合《お》ふ《ウ》て立《た》つ《ッ》たる**　にらみ合って立っている。「合ふて」は、「合ひて」のウ音便「合うて」の「う」が「ふ」と表記されたものと思われる。「立つたる」は「立ちたる」の促音便。

9 **浮図《ふと》の上《うえ》なる鸛《こう》の巣《す》を、巨蛇《おろち》のねらふ《ウ》に似《に》たりけり**　犬飼見八が芳流閣の一番上の屋根に立っていて、その下に犬塚信乃がいる、という状況である。

課題

一　八犬士の名前やそれぞれの特徴を調べてみよう。

解答例　・犬塚《いぬつか》信乃《しの》戍孝《もりたか》…宝刀村雨をすり替えられる。

・犬川《いぬかわ》荘助《そうすけ》義任《よしとう》…濡れ衣を着せられるが処刑寸前に犬士たちに助けられる。

・犬山《いぬやま》道節《どうせつ》忠与《ただとも》…主君の仇、扇谷《おうぎがやつ》定正《さだまさ》を討とうとしている。

・犬飼《いぬかい》現八《げんぱち》信道《のぶみち》…芳流閣で信乃と戦うが、八犬士と気づく。

・犬田《いぬた》小文吾《こぶんご》悌順《やすより》…行徳に流れ着いた信乃と見八をかくまう。

・犬江《いぬえ》親兵衛《しんべえ》仁《まさし》…他の犬士よりも年下。里見義実を救う。

・犬坂《いぬさか》毛野《けの》胤智《たねとも》…女田楽士に化けて親の仇を討つ。

・犬村《いぬむら》大角《だいかく》礼儀《まさのり》…化け猫の偽の父に苦しめられる。

二　芥川龍之介《あくたがわりゅうのすけ》『戯作三昧《げさくざんまい》』などを参考にして、曲亭馬琴について調べてみよう。

解答例　芥川龍之介『戯作三昧』は、曲亭馬琴が創作の苦しみに疲れ、芸術に振り回されるむなしさを感じながらも、人生をかけて創作活動に向き合うことに誇りを感じる様子が描かれている。曲亭馬琴は下級武士の家に生まれ、二十代半ば頃から作品を発表した。勧善懲悪の長編小説を数多く残した。晩年は失明したが、息子の妻のお路《みち》の助力により、作品を書き続けた。

語句と表現

一　文章のもつリズムを味わいながら朗読してみよう。

考え方　読点「、」ごとに区切り、その間を一気に読むことで、リズムを味わうことができる。

東《とう》海《かい》道《どう》中《ちゅう》膝《ひざ》栗《くり》毛《げ》

十《じっ》返《ぺん》舎《しゃ》一《いっ》九《く》

教科書P.275〜277

【大　意】 1 教275ページ3行〜275ページ12行

茶店で、松原に悪い狐が出るという話を婆々から聞いた弥《や》次《じ》郎《ろ》兵《べ》衛《え》は、赤坂まで行くのに気乗りがしなくなるが、北八が先に行ったのでやむを得ず出発する。

語句の解説 1

教275ページ

7 **おざる**　ございます。「ある」の丁寧語。

7 **おまへ《エ》**　あなた。おめえ。「おまへ」は、高貴な人に対する「あなた様」などの意があったが、江戸期では、敬意が下落し、崩れた言い方に変化した。

8 **化《ば》かされ**　だまされ。「化かす」は人の心を迷わせて正常な判断ができなくするの意。

10 **そりや《リャ》ア気《き》のねへ《エ》話《はなし》だ**　婆々から、これから行く道に悪い狐が出るという話を聞いて、弥次は行くのに気乗りしなくなっている。しかし、北八が待っているので、行かなくてはならない。

10 **連《つ》れ**　同行する者。ここでは、北八のこと。

11 **やらかしてくれふ《リョウ》**　やってやろう。ここでは、悪い狐の噂《うわさ》を気にしないで、目的地まで歩くという弥次の決意を表す。

【大　意】 2 教276ページ1行〜277ページ13行

はるか向こうに狐の鳴き声を聞いた弥次が警戒しているところへ、土手に腰かけた北八が声をかけた。同行しようと思っていた北八を、弥次は狐だと思い警戒する。途中で疑いは晴れたと思えるが、弥次は冗談ながらに北八と連れ立って行く。

語句の解説 2

教276ページ

1 **暗《くら》さは暗《くら》し**　とても暗いことを強調している。

❶ **「まゆ毛につばをつけ」るのは何のためか。**

答　悪い狐にだまされないようにするため。まゆにつばをつけると、狐狸《こり》にだまされないという迷信があった。

3 **ソリヤ鳴《な》きやアがるは。おのれ出《で》て見《み》ろ**　弥次は遠くで鳴く狐の声を聞いて、気味の悪さを感じながら、精一杯強がっている。

9 **手《て》めへ《エ》**　おまえ。目下の者に用いることが多い。

10 **宿《やど》とり**　宿泊する宿をとるために。

12 **心《こころ》つき**　気がつき。「心つく」は、気がつくという意。

12 **きや《キャ》つめ**　あいつめ。相手をいやしめて言う言葉。

14 **糞《くそ》を食《く》らへ《エ》**　相手をののしって言う言葉。

15 **食《く》ひ《イ》なせへ《エ》**　食べなさい。

17 **ばかアぬかせ**　ばかなことを言うな。「ぬかす」は「言う」をいやしめる意がある。

17 **馬糞《ばふん》が食《く》らは《ワ》れるものか**　弥次は、北八が餅を勧めてくるのを、化けた狐が馬糞を食わせようとたくらんでいると思っている。弥次の「糞を食らへ」という言葉を踏まえて、おかしみのある表現になっている。

教277ページ

1 **ハハハハハハ**　北八の笑い声。自分を狐が化けた姿だと疑う弥次を笑っている。

2 **俺《おれ》だもすさまじい**　俺だとはあきれたことだ。「すさまじ」とは、あきれたことだ、とんでもない、の意。不調和な事態に対する不快感を示す。

2 **畜生《ちくしょう》め**　「畜生」は、もとは動物や虫・魚などの総称。ここでは、人をののしるときの言葉。

3 **アイタタタタ**　北八が痛がる声。北八を狐だと疑った弥次が、北八の体をつねったりたたいたりしたのだろうと思われる。

7 **痛《いた》かア正体《しょうたい》を現《あらわ》せ**　痛かったら正体を現せ。

9 **尻尾《しっぽ》を出《だ》せ**　弥次は、北八を狐が化けた姿だと思っているので、狐の尻尾が生えているはずだと思い、北八の尻を触っている。

課題

一　東海道の宿場から一カ所を選び、歌川広重《うたがわひろしげ》の浮世絵《うきよえ》「東海道五拾三次《ごじゅうさんつぎ》」などを参考にして、その宿場や周辺について調べ、宣伝用パンフレットを作ってみよう。

考え方　歌川広重の「東海道五拾三次」では「日本橋」や「蒲原」などが有名だ。図書館の資料やインターネットなどで、その宿場や宿場の周辺のことを調べ、宣伝用パンフレットを作ろう。次の点に留意するとよい。

・何を(当時の宿場と今の地域を対比させて地域を宣伝する、当時の宿場の名産などを宣伝するなど)宣伝するのか、その目的を明確にする。
・絵と現在の地域の写真を対比させて歴史の変遷を示す。
・パンフレットの構図を考えてインパクトのあるものにする。

語句と表現

一　登場人物ごとに役割を分担して、朗読してみよう。

考え方　次の登場人物を分担する。

・あるじの婆々…登場の場面が少ないので、印象に残るように臨場感豊かに朗読する。悪い狐が出るというせりふは、気味の悪さがにじみ出るように工夫して朗読する。
・弥次郎兵衛…少し荒っぽくて気が短い感じの人物像が伝わるように、せかせかした感じで朗読する。
・北八…わりにのんびりした感じの人物像が伝わるように、少し間のびした感じで朗読する。弥次郎兵衛と北八の対照的な人物像が伝わるように工夫して朗読しよう。

近《ちか》松《まつ》浄瑠璃

湯《ゆ》川《かわ》秀《ひで》樹《き》

教科書P.287～290

●教材のねらい

「近松浄瑠璃」に対する筆者の思いを捉える。

●主　題

ある形を絶対的なものと認めると独創性は発揮できない。近松の文章の構造の中には知能と知性の構造がある程度反映している。

●段　落

一　教p.287・上1～288・下13　近松浄瑠璃の仮構の世界

二　教p.288・下14～290・上5　知性の世界と無意識の世界

三　教p.290・上6～下10　物理学者の筆者の視点での近松浄瑠璃

段落ごとの大意と語句の解説

第一段落　教287ページ上1行～288ページ下13行

筆者は近松浄瑠璃に親しんできた。半分は仮構の世界であることに近松浄瑠璃の存在理由がある。

教287ページ

上11**仮構《かこう》**　仮にあるとしてこしらえること。フィクション。

第二段落　教288ページ下14行～290ページ上5行

近松が作り出した虚実皮膜の世界。老荘思想の影響を受けた近松は、二重、三重の構造を持った名文を生みだした。

教289ページ

上10**陰影《いんえい》**　変化に富んで深みや味わいのある様子。

第三段落　教290ページ上6行～下10行

近松の文章の構造には独創力を発揮する知能の働きが感じられる。

教290ページ

下5**独創力《どくそうりょく》**　自分で考えつくり出す力。

これまで古文を学んできた中で、魅力を感じたり、疑問をもったりした経験について、発表してみよう。

考え方　筆者は、情景と心情が二重、三重になった奥行きのある近松浄瑠璃の表現は、社会のタブーを突き破っていこうとする意欲があったからだと考えている。これまで古文のさまざまな作品を読み、昔の人々の独特の感性に新鮮さを覚えたり、今と変わらない思いに人間の普遍性を見いだしたりしたことはあっただろうか。これまでに学んだ古文作品を振り返ってみよう。